LEGALIDADE E FRAUDE À LEI:
O "REAL" E O "APARENTE" NO DISCURSO DA DOGMÁTICA JURÍDICA

CIP-BRASIL. CATALOGAÇÃO NA PUBLICAÇÃO
SINDICATO NACIONAL DOS EDITORES DE LIVROS, RJ

L994L

Luzes, Cristiano
Legalidade e fraude à lei : o "real" e o "aparente" no discurso da dogmática jurídica / Cristiano Luzes. - 1. ed. - São Paulo : Noeses, 2021.

288 p. ; 23 cm.
Inclui bibliografia
ISBN 978-65-992879-7-8

1. Direito tributário - Brasil. 2. Fraude - Brasil. 3. Elisão fiscal - Brasil. I. Título.

21-69550 CDU: 34:351.713(81)

Leandra Felix da Cruz Candido - Bibliotecária - CRB-7/6135

Cristiano Luzes

Mestre pela Faculdade de Direito do Recife – UFPE.
Especialista em Direito Tributário pelo IBET.
Professor-Conferencista do IBET. Advogado.

LEGALIDADE E FRAUDE À LEI:

O "REAL" E O "APARENTE" NO DISCURSO DA DOGMÁTICA JURÍDICA

2021

editora e livraria
NOESES

Copyright © Editora Noeses 2021
Fundador e Editor-chefe: Paulo de Barros Carvalho
Gerente de Produção Editorial: Rosangela Santos
Arte e Diagramação: Renato Castro
Revisão: Georgia Evelyn Franco
Designer de Capa: Aliá3 - Marcos Duarte

2021

editora e livraria
NOESES
Editora Noeses Ltda.
Tel/fax: 55 11 3666 6055
www.editoranoeses.com.br

À memória de meu avô, Pedro Onofre

Ao homem íntegro e sonhador, composto de amor e poesia

Ao artista que em mim deixou o intangível e a expressão de quem sou.

"Mover-se é viver, dizer-se é sobreviver. Não há nada de real na vida que o não seja porque se descreveu bem. [...] Não creio que a história seja mais, em seu grande panorama desbotado, que um decurso de interpretações, um consenso confuso de testemunhos distraídos. O romancista é todos nós, e narramos quando vemos, porque ver é complexo como tudo."

Fernando Pessoa. **Livro do Desassossego**. São Paulo: Cia das Letras, 2006, p. 60.

"Devias saber que estar de acordo nem sempre significa compartilhar uma razão, o mais de costume é reunirem-se pessoas à sombra de uma opinião como se ela fosse um guarda-chuva. Tertuliano Máximo Afonso abriu a boca para responder, [...] mas o senso comum já ali não estava, tinha se retirado sem ruído, não propriamente derrotado, mas indisposto consigo [...]."

José Saramago. **O Homem Duplicado.** São Paulo: Cia das Letras, 2002, p. 59.

AGRADECIMENTOS

A experiência do mestrado foi desafiadora e edificante. Viver em outra cidade e frequentar o privilegiado ambiente da Faculdade de Direito do Recife trouxe, a um só tempo, momentos de alegria e dificuldade. Tanto no aspecto acadêmico, quanto no pessoal, a cidade e a Faculdade me fizeram abandonar crenças, convicções e formas de ver o mundo e o Direito. Um vazio ficou no lugar e, não sem esforço, tive que me refazer. Até aqui, a passagem mais marcante de minha vida, da qual não teria superado sem a ajuda de muitas pessoas.

Agradeço aos meus pais, Roberto e Cristina, pelo afeto e dedicação incondicionais. Ao meu avô, Pedro Onofre, hoje falecido, pelo exemplo de postura moral, política e intelectual. Aos meus tios do Recife, Fátima e Chico, pelo fraterno acolhimento.

Sou grato ao Prof. Torquato Castro Jr., pelas arrebatadoras, inquietantes e inesquecíveis lições e pela inesgotável generosidade. Não é exagero dizer que o presente trabalho não teria existido sem as provocações intelectuais do Prof. Torquato. Agradeço ao Prof. Gustavo Just, exemplo a todos de excepcional acadêmico, pela gentil disponibilidade para ouvir e debater os tópicos deste trabalho. Minha gratidão ao Prof. Hugo Leonardo Santos, companhia que inspira o pensamento, pela amizade e interlocução ao longo dos meus anos de formação. Grato também ao Prof. Alexandre Da Maia, pelas excelentes contribuições ao texto feitas na banca de defesa da dissertação, com sugestões e desafiadoras questões lançadas. Ainda hoje revisito a versão do manuscrito da dissertação entregue pelo Prof. Da Maia, repleta de apontamentos, rabiscados página a página. Agradeço ao Prof. Gabriel Ivo, pelo exemplo de postura intelectual que me inspira desde a formação em Alagoas e pela arguição na banca, que muito contribuiu para o amadurecimento do texto.

Aos amigos que fiz no Recife, pelos momentos compartilhados. Aos amigos de sempre, pelo apoio e incentivo.

APRESENTAÇÃO

A verdade consiste num tema nuclear do discurso jurídico. Todos falam em nome da verdade que, muitas vezes, sofre limitações processuais para ser determinada. O próprio interesse das partes envolvidas no processo interfere na sua determinação. Mas é uma busca, ou crença de que se busca, sempre, a verdade, porquanto é tida como uma afirmação racional, ou um conceito operacional de aplicação do direito. A verdade expressa um confronto de enunciados. Algo que, no nível do pensamento, nos possibilita confrontar dois enunciados como verdadeiros. É uma abstração necessária. As limitações do direito, e mesmo os interesses envolvidos, não garantem que os fatos provados sejam, sempre, verdadeiros, embora a prova seja o meio de o direito voltar ao passado, mediante o processo. A séria pesquisa que, agora, se transforma em publicação para todos que se interessam pelo discurso jurídico efetua uma análise crítica e profunda desses aspectos. Por isso, é com prazer que apresento o presente livro, que consiste num grande esforço empreendido sobre o estudo da linguagem dos juristas.

O conceito de fraude à lei, assim como o de abuso de direito, sempre vem envolto em importantes cizânias semânticas, o que proporciona forte ambiguidade em seu entorno, gerando reflexos, inclusive, no campo do direito tributário. Isso não passou ao olvido do autor, que dedica parte do livro para tratar do discurso da fraude à lei na dogmática civilista e tributária. É corrente dizer-se que, inicialmente, as ações que conduzem à fraude à lei não estão proibidas de um ponto de vista literal, no plano dos enunciados prescritivos. São condutas reguladas pelo modal permitido. Mas, quando vistas por meio de um ângulo maior, não encontram sustentação no sistema jurídico, especialmente quando este é construído com base nos princípios, tidos na doutrina como uma espécie de norma. São condutas proibidas. Por isso a pretensão da anulação desses atos.

O trabalho do Cristiano Luzes aborda, sem sombra de dúvida, um grande assunto discutido no âmbito do direito, sendo uma porta aberta, um índice temático, para o estudo da própria teoria do direito. O título, "LEGALIDADE E FRAUDE À LEI: o 'real' e o 'aparente' no discurso da dogmática jurídica", logo desperta interesse, porquanto desenvolve a luta do discurso jurídico em busca da verdade, seja no texto do direito positivo, a interpretação, seja na avaliação da natureza dos fatos, a prova. O livro, contudo, vai além do seu título, o que logo será percebido pelo leitor, bastando que lance os olhos pelo índice para constatar o trajeto trilhado pelo autor e escolher os caminhos que a leitura possibilita.

O trabalho decorre de excelente dissertação de mestrado, reconhecida por todos os membros da Banca Examinadora, defendida com raro brilho, no belo Espaço Memória, da histórica e charmosa Faculdade de Direito do Recife, da Universidade Federal de Pernambuco, sob a orientação do ilustre Professor Doutor Torquato Castro Junior, que faz jus à tradição da Faculdade de Direito e da Escola do Recife, movimento que passou por vários temas e momentos, e que até hoje se mantém vivo e renovado. Bem escrita, a dissertação que se transforma em livro, expõe muito bem, conforme o modelo adotado, a questão da fraude à lei. O autor trabalha com segurança e competência o modelo teórico de Tercio Sampaio Ferraz Junior, bem como as concepções de Manuel Atienza, Juan Ruiz Manero e outros autores constantes na rica bibliografia que o volume exibe.

O livro possibilita excelente oportunidade para uma reflexão crítica sobre o tema objeto da pesquisa: legalidade e fraude à lei. O jurista atua acreditando que a vinculação à lei possibilita uma racionalidade controladora da arbitrariedade, já que seria uma forma de controlar o sentido a ser produzido pelo aplicador do direito, o intérprete autêntico. Buscando tal desiderato, os juristas constroem modelos de interpretação e de compreensão do direito para examinar e moderar as possibilidades de agir. A criação de conceitos abstratos permite a neutralização, racional, da decisão. A fraude à lei, tema escolhido pelo autor, entra nesse enredo, uma vez que transmite o sentido, a ideia, de burlar, de enganar, de ocultar a verdade, que é uma pressuposição do discurso jurídico.

Já no momento da Banca, que com subida honra compus, afirmei que as conclusões da dissertação eram coerentes e muito bem cerzidas com o corpo do trabalho e o modelo teórico escolhido, e as intervenções e perguntas foram feitas para ouvir o autor sobre pontos importantes do trabalho. Assim, a partir da compreensão do direito como uma forma de comunicação específica, e prática compartilhada que não possui base referencial fora das concepções dos próprios sujeitos de direito, e do mútuo controle das ações, o autor designa o objeto de sua análise: a fraude. Conceito que, a partir de uma profunda análise crítico-filosófica da dogmática acerca do tema, e de estudo de abordagem pragmática, serve como ponto de partida para uma abordagem do discurso que pressupõe a existência de referenciais objetivos e racionais que a todos vinculam.

A tensão entre real e aparente, lícito e ilícito, é de onde o autor parte para constatar a insuficiência dos esquemas concebidos *a priori* para a interpretação. Ao considerar a norma jurídica como mediação linguística da relação discursiva, discute a fraude à lei a partir de como o relato da norma deve ser compreendido, considerando as circunstâncias da situação comunicativa, inserido numa disputa de diferentes expectativas em que não apenas o conceito é agente, mas também estruturas de ação e poder.

A obra demonstra que os supostos referenciais objetivos são constrangimentos discursivos, incluindo avaliações éticas na escolha do sentido normativo, fazendo com que a prática jurídica se aproxime cada vez mais de uma ação ética e política. O autor adentra no tema da relação entre generalidade e concretude do discurso a partir do tratamento que a dogmática confere ao princípio da legalidade como uma realidade natural, sendo necessário apenas um juízo de verificação, de descobrimento.

O livro deixa claro que essa mesma pretensão que se dá em função do controle, previsibilidade e neutralidade da função jurisdicional, faz com que a fraude seja concebida como categoria geral com pretensão de controle sobre a concretização judicial, uma verdadeira "exceção regrada", generalizando os critérios sobre situações específicas que não se enquadram nas expectativas usuais da lei. No entanto, o autor conclui que a situação de uso do conceito de fraude à lei se compreende mediante o conflito sobre as expectativas mútuas de ação e reação dos interlocutores, que toma configuração institucional e é mediado pela linguagem normativa, uma vez que o parâmetro se torna o sentido da norma jurídica. As discussões levantadas na obra convergem para a ideia de que a dogmática sobre fraude à lei e violação indireta das normas visa a neutralizar ideologicamente o discurso jurídico decisório, buscando abstrair os aspectos dos casos concretos desse conflito que, para o autor, é onde se encontram as fronteiras entre lícito e ilícito, em que estão em jogo interesses e opiniões.

Como se pode perceber nesta angusta apresentação, que apenas aborda linhas gerais, o livro, que consiste numa metateoria, pois tem como foco o discurso da dogmática jurídica, permite questionamentos sempre presentes no estudo do direito, como a questão de se saber se a ciência seria capaz ou não de propiciar uma decisão correta, ou de fornecer elementos para uma decisão certa, única. Da mesma maneira, como no mundo atual da comunicação intensa seria possível verificar a interação entre ouvintes e saber a reação deles. Em alguns pontos do trabalho, fica até mesmo na nossa mente a dúvida acerca da possibilidade de o direito promover a regulação da conduta humana. Um aspecto que requer reflexão é saber, haja vista que o sentido só ocorre na enunciação, se os aplicadores do direito estão subordinados a normas antes da solução de um caso concreto. Uma abordagem interessante contida no trabalho viabiliza um diálogo com outras formas de estudar o direito. Seria o caso de se questionar que tendo em vista a distinção entre o conceito de norma e o de texto, se a dogmática que toma a norma como objeto não seria, ela também, pragmática. Só posso falar de norma como método, enunciação. Depois de aplicada, ela torna-se texto – enunciado prescritivo.

Em alguns momentos na defesa da dissertação, quando da discussão sobre uma suposta correta aplicação do direito, perguntei se não haveria no trabalho uma aproximação com a moldura de Hans Kelsen tecida na Teoria Pura do Direito, que não fala em decisão correta, mas em possíveis. Outro ponto indagado foi se seria possível, tendo em vista a posição do autor, solucionar um caso sem a promoção da subsunção. A multiplicidade de pontos de vista sobre o assunto, não constituiria, apenas, caminhos diversos para se chegar à subsunção? As respostas, o leitor poderá buscar e encontrar na leitura do excelente livro do Cristiano Luzes.

Ao final do livro o autor afirma que o conceito de fraude à lei dissimula a criatividade e as escolhas éticas do julgamento, necessariamente presentes no contexto concreto do conflito. Uma espécie de ardil. Seria uma forma de os juristas fazerem política sem a linguagem própria dos políticos? Um meio sofisticado e invertido de exercerem seu poder? O discurso jurídico, visto dentro de um processo de realidades e aparências, acabará por conduzir ao exercício de um poder, de um "eu quero"? A resposta a esses pontos só a leitura de livro possibilitará, inclusive nas suas entrelinhas, pois ele desperta o leitor para indagações que vão além do que se acha escrito.

É um livro importante e que honra a Faculdade de Direito do Recife, escola que sempre me faz recordar o insuperável Mestre Lourival Vilanova, que tive a fortuna de conhecer.

Cristiano Luzes, que além de pertencer ao mundo acadêmico, é um advogado com atuação profícua, percorre o caminho que Lourival Vilanova sempre enfatizava: o jurista é o ponto de intersecção entre a teoria e a prática, entre a ciência e a experiência. O livro também é um presente para os estudiosos do direito. Para aqueles que não se contentam com o mercado superficial em que se transformou o estudo do direito. O livro é uma luz. É um livro que nos torna melhores depois da sua leitura. Um livro que também acende uma esperança, pois nem tudo, ainda bem, está perdido. A Editora Noeses está de parabéns pela publicação, porquanto possibilita esse momento para o leitor.

Boa leitura!

Gabriel Ivo

Professor da Universidade Federal de Alagoas

PREFÁCIO

Fraude à lei... A sina do jurista é qual a do médico, ligada a uma falta, uma falha, um defeito, um mal, quase quase uma doença.

O Autor é jurista, jurista mesmo, deve-se perdoá-lo a condição. E, como tal, apresenta seu diagnóstico e medicamento para um mal longe de incomum.

Quem conhece a prática do Direito, sabe quão complexa e incompleta é a fiscalização e o controle tributário dos negócios pelo Estado, há "brechas da lei", ou "lacunas do direito". E há também malícia para escapar desse controle.

A engenhosidade nessa área chega a ser admirável. Admitir isso, claro, não importa aceitar o estado de coisas encontrado e reproduzi-lo indefinidamente ou admiti-lo como "normal", embora também sempre o seja, em alguma medida, como o são as doenças.

Mas há muitos outros normais possíveis, bem melhores que esse, da perplexidade e impotência ante a malícia. Um livro como o que o leitor tem às mãos, que tenho a grande satisfação de prefaciar, foi escrito com a certeza de que melhorar o modelo é tanto possível quanto urgente.

É preciso ser astuto para entender a malícia e até para dispensar o exame da malícia, quando ela se torne obstáculo para a configuração do desvio.

E quando a atenção nos desce a essas trevas do que não deveria ser, mergulhamos em nossos fantasmas e somos diante de nós mesmos, pelo próprio conhecê-la, capazes da fraude, sabedores do pecado, comedores do fruto proibido.

O saber jurídico, a *jurisprudentia*, de há muito nada tem com a ingenuidade.

Figuras já consagradas da doutrina, como o abuso de direito e a aqui tratada fraude à lei, são exemplos claros, mas não únicos, de uma história que é parte da, digamos, história geral da inteligência humana: a história do Direito.

Como é importante poder ver, ao longo do tempo, a maleabilidade, o movimento retórico do variado uso dos conceitos, sua superação, renovação, eliminação, ao adaptarem-se às circunstâncias da astúcia, própria e alheia, na construção dos modos de controle burocrático-estatal por meios argumentativo-normativos.

O formalismo jurídico lastreia a prática guiada por textos e fórmulas sacramentais, mas nela uma casuística inteligente corrige rumos reais e imprevistos.

A questão da fraude à lei é um dos aspectos da dissociação entre aparência e realidade, de que se ocupa tão profunda e proficientemente nosso Autor. É também, no mais das vezes, aspecto da mentira, que, posto que inelutavelmente indesejável, é, segundo os estudiosos da área, índice óbvio de inteligência animal. Só mente quem pode. E pode o inteligente.

Mas a mentira, a camuflagem, a ilusão, quando evolutivamente apreciadas, antecipam em muito a própria existência de cérebros em animais... A própria natureza parece se divertir com ilusão.

Poucas questões podem, efetivamente, ser tão radicais quanto a da distinção aparência *versus* realidade, mesmo quando hoje a damos por superada, ou quase. Na filosofia de hoje, quase sempre se elimina a distinção, identificando, por astúcia, de novo o aparente com o real.

É preciso estar esperto: a cura contra a ilusão da malícia, muito provavelmente, encontra-se na astúcia mesma, em que a malícia sempre mora. Porque a malícia não mora sozinha. Há também nessa casa do engano, astúcia de intenção "idônea". A reflexão filosófica sobre a mentira também tematiza a possibilidade de haver falsidade que não vise a prejudicar, mas a ajudar; um espécime do oximoro *dolus* bônus. Assim, uma coisa o problema da mentira, outra o da malícia e, como explicará o Autor, outro ainda o da fraude.

Claro, toda questão recairá sobre o que seja idôneo, quando. Mas, astutamente essa pergunta cai entre parênteses, e se segue o raciocínio a partir de um idôneo qualquer, o idôneo *quelconque*.

A possibilidade da percepção da fraude surge pelo contraste com o idôneo e requer uma dupla recursão. Recorro à minha compreensão para compreender a compreensão de outrem, que preciso pressupor capaz de compreender o que eu compreendi, do contrário a coisa não pode ser o que eu compreendi ter sido...

Precisa-se do que se pode chamar de uma "teoria da mente" para reconstruir o sentido subjacente de uma declaração negocial. Isso sempre. Mas a coisa é mais dramática quando se tem aquele negócio que aparentemente é uma coisa e "no fundo" outra. De propósito, ou não.

A astúcia do método, da análise, está bem longe de ser maliciosa. É esse o caminho do presente livro. Uma análise metodologicamente bem informada na filosofia da linguagem, assim como na teoria jurídica. Uma verdadeira lição de mestre.

O texto a seguir tem a marca nítida da pessoa que o escreveu. O Autor se examina nas entrelinhas, se oculta ao examinar o tema, obcecadamente, procurando fundo com o bisturi de suas perguntas, cortando pelas raízes filosóficas da questão. E pergunta: que astúcia é essa? Como assim?

Tive a enorme satisfação de ser o orientador do Autor em seu mestrado na Faculdade de Direito do Recife, UFPE.

O texto carrega muito da personalidade do nosso Cristiano Luzes, uma pessoa cuja presença logo evidencia talento intelectual e seriedade acadêmica. Mas o texto também carrega as marcas do programa onde foi produzido. É um retrato da pessoa e da instituição que a abrigou mui proficuamente. Um orgulho para mim e para a Casa de Tobias Barreto que pesquisas desse nível estejam ocorrendo a todo vapor entre nós, mesmo em meios às dificuldades do tempo e do lugar, que, como se conhece, não são poucas.

Entretanto, como dizem os alemães, *Not macht erfindlich,* a necessidade é a mãe da invenção, e viva segue nossa instituição e decidido segue nosso labor. Nos enche de orgulho esse primeiro livro do jurista Cristiano Luzes. Faz pensar. É altamente inteligente e profundamente instigante.

Que venham mais.

Torquato Castro Jr.

Araçá, 05 de agosto de 2020.

SUMÁRIO

INTRODUÇÃO

A verdade é uma forte pressuposição no discurso dos juristas. Difícil admitir que em absoluto todos acreditem na verdade do discurso como critério para decisões adequadas, mas seguramente é essa a crença geral. Desenvolvem seu trabalho sob a crença de que se busca a verdade, de que toda argumentação está voltada unicamente para a descoberta de essências ainda não reveladas, seja no texto da lei, seja na natureza dos fatos. O discurso pauta-se no real e a verdade do outro, do discurso adversário, é tão só aparência, verdade provisória. Nesse jogo de realidades e aparências que se exerce o poder. O jurista moderno se habituou a ver sua própria ação como ciência, isto é, o seu fazer seria propriamente um saber, de modo que as teses argumentativas são avaliadas como falsas ou verdadeiras, a partir da pretensão de há algo de real e objetivo que sirva de parâmetro avaliativo. No dizer de Tercio Ferraz Jr.,[1] "O jurista pressupõe que, no discurso normativo, são fornecidas razões para agir de um certo modo e não de outro, que refletem escolhas do legislador a partir de um conjunto de crenças e preferências". A crença geral é a de que a vinculação à lei proporciona uma racionalidade teórica que controla qualquer arbitrariedade, e, assim, deixa-se de compreender a decisão

1. FERRAZ JR., Tercio Sampaio. Direito, Linguagem e Interpretação. In: MACEDO JR., Ronaldo Porto; BARBI-ERI, Catarina Helena Cortada (Orgs.). *Direito e interpretação: racionalidades e instituições*. São Paulo: Saraiva, 2011, p. 117.

como agir ético envolvido em contextos histórico-ideológicos. Daí, então, o enorme esforço teórico, pretensamente científico, em fornecer modelos abstratos e sistemáticos de interpretação, reduzindo as possibilidades de agir pela dogmática jurídica.

A fraude à lei é um desses conceitos abstratos que neutraliza ética e politicamente o processo decisório. O vocábulo fraude transmite o sentido de burla, ato de enganar. A fraude induz a aparência e obscurece a verdade, leva ao engano. Está onipresente no discurso dos juristas, compreendida como a transgressão sub-reptícia de uma norma cujas condições de aplicação estão presentes.[2] Segundo se crê, aquele que age em fraude está apenas "aparentemente" no campo do lícito, pois em "essência" sua conduta é ilícita. A fraude é um poderoso argumento, ela ameaça o discurso do outro com a arma da verdade ainda não revelada. No MS n. 34.070, o Ministro Gilmar Ferreira Mendes, do Supremo Tribunal Federal, suspendeu a nomeação de Luiz Inácio Lula da Silva para o cargo de Ministro-Chefe da Casa Civil. Até então não se compreendia existir qualquer proibição constitucional para a nomeação, o ex-Presidente da República cumpria todos os requisitos jurídicos para ocupar o cargo. Mas, levantava-se suspeita de que a nomeação teria a finalidade espúria de obter foro privilegiado e evadir da instância ordinária do Poder Judiciário, onde corria inquérito policial pela prática de crimes. Diante de tão grave hipótese, como impedir a nomeação sem violar o que expressamente dispõe a Constituição? Bastou dizer que houve fraude à lei, que a nomeação do ex-Presidente, então investigado, tinha "aparência de legalidade", mas estava "'autoevidente' que o deslocamento da competência é forma de obstrução ao progresso das medidas judiciais".

Ocorre que a fraude desafia a regularidade da lei, irrita a crença nos padrões da legalidade. Nesse ponto é que o problema do pensamento ontológico na dogmática culmina na complexa

---

2. ALLAND, Denis; RIALS, Stéphane (Orgs.). *Dicionário de cultura jurídica*. São Paulo: Martins Fontes, 2012, p. 821.

tensão entre abstração e concretude. Na disputa entre o real e o aparente, o lícito e o ilícito, mostra-se a insuficiência dos esquemas *a priori* concebidos para a interpretação. O conceito de fraude à lei intenta controle justamente para os casos em que as pretensões de racionalidade dos juristas se mostram mais ameaçadas, isto é, quando se clama por soluções de equidade inexistentes nos contornos abstratos da lei ou da doutrina.

Assim, o conceito de fraude à lei se apresenta neste trabalho como um ponto de experimentação. Consectário da legalidade, o conceito é um perfeito exemplo de como se desenvolve no discurso da dogmática jurídica o primado da verdade e a pressuposição de que a tese a ser derrotada é mera aparência, sem força aderente. Pretendemos, aqui, desenvolver um estudo crítico acerca da crença na existência de referenciais objetivos, acessíveis a todos por meio da razão e que, por isso mesmo, a todos vincula sob quaisquer perspectivas. Ao passo em que avaliamos a hipótese de que tais referenciais objetivos são constrangimentos discursivos e, portanto, intersubjetivos, que não subtraem, mas muito pelo contrário, incluem, avaliações éticas na escolha do sentido normativo.

O estudo pragmático do conceito de fraude à lei e de seus usos pela dogmática jurídica permite enxergar sua efetiva função discursiva, isto é, entender o que *fazem* os juristas ao discutirem acerca de "fraudes" ou "violações indiretas à lei". Aqui, os conceitos jurídicos são estudados não como realidade apriorística que de alguma forma se verifica objetivamente, mas como elementos discursivos constituídos nos usos e pelas funções que desempenham em determinados contextos de interação discursiva conflitiva. A questão parece denunciar o quanto a prática jurídica se aproxima da ação ética e política em torno do que se compreende por justo, aspecto esse que é, por vezes, dissimulado pela pretensão de se estar cumprindo significados previamente estabelecidos por um "legislador racional".

A primeira dificuldade reside na definição do que se entende por pragmática, tendo em vista os fins aqui propostos. De forma bastante geral, podemos dizer que a pragmática se dedica ao estudo dos usos da linguagem, a partir de contextos e sujeitos bem definidos,[3] isto é, assume que os significados se fazem pelos usos, em contextos determinados de interação comunicativa, e não somente com fins referenciais, mas constitutivos de ações. Isso implica ênfase no processo de interação comunicacional entre os sujeitos, bem como no papel que eles ocupam nessa interação e a função dos seus atos de fala. Assume-se a premissa de que os fatores concretos da interação dos sujeitos no uso da linguagem promovem condicionamentos na relação dos significados das expressões, de modo que o contexto histórico e ideológico da comunicação é determinante para a formação do significado e das condições de verdade do que é expressado.[4]

Essa primeira aproximação da pragmática por si já revela duas consequências básicas que a abordagem escolhida enseja. Em certo aspecto, a pragmática consiste num paradigma filosófico que permite uma leitura crítica geral em torno dos conceitos jurídicos, para vê-los como discursos práticos de ação, sempre envolvidos pelos múltiplos fatores dos contextos de aplicação. Esse aspecto da pragmática, que possui variáveis em torno do grau de ceticismo acerca da compreensão dos conceitos e significados, tem como premissa comum que as condições de verdade dependem dos elementos do contexto da interação comunicativa, e não da referência direta ao real. Em outro aspecto, a pragmática fornece instrumental teórico para compreender aquilo que fazem os juristas quando argumentam em torno dos conceitos no processo de interação comunicativa conflitiva, isto é, permite perquirir sobre os efeitos performativos dos atos de fala em determinados contextos, para mostrar a função dos conceitos, para além de sua locução.

Aqui, entre as diversas perspectivas possíveis, dedicaremos maior atenção ao trabalho de Tercio Sampaio Ferraz Jr., representativo da influência da filosofia pragmática da

---

3. ARMENGAUD, Françoise. *A Pragmática*. São Paulo: Parábola, 2006, p. 12-11.

4. WARAT, Luis Alberto. *O direito e sua linguagem*. Porto Alegre: Sergio Antonio Fabris Editor, 1995, p. 46.

linguagem no direito. Não fosse o bastante se tratar de um dos jusfilósofos mais influentes de sua geração, foi o primeiro e, acreditamos, mais importante brasileiro a realizar estudos no campo da pragmática jurídica. A pragmática do autor, como ele mesmo anuncia, se ocupa dos aspectos comportamentais da interação comunicativa, isto é, compreende que a linguagem e os significados não são mais do que interação entre sujeitos, que se perfaz por atos de fala.[5] Assim, elabora um denso instrumental teórico para compreensão da relação discursiva das práticas jurídicas e das condições de formação do significado normativo, enxergando esse processo não como verificação de objetos prontos e acabados, mas decorrente de conflitos e interações complexas. Sua filosofia do direito vai ainda além e explora diversos problemas centrais, tais como o *status* do pensamento científico no direito e a função da dogmática jurídica, o que se mostra também pertinente para o estudo crítico das doutrinas da fraude à lei.

A partir desse referencial, já podemos antecipar onde iremos chegar. Partimos da hipótese de que as teorias da fraude à lei e da violação indireta das normas possui a função pragmática de neutralizar ideologicamente o discurso jurídico decisório na forma como ele se apresenta, dissimulando o poder judicial de criar exceções aos limites lei, limites não do texto, mas decorrentes de hábitos e consensos existentes. A complexidade de certos casos desafia as normas e conceitos abstratos, bem como a pressuposição da vinculação à lei no agir jurídico, isto é, em casos-limite fica escancarada a insuficiência de soluções *a priori*, mas o conceito de fraude à lei é sacado da manga e o conflito não precisa mais ser posto diante de suas conexões histórico-ideológicas. A partir de uma concepção pragmática da linguagem e das condições de verdade do discurso, firme na premissa de que conceitos são construções linguísticas que se perfazem nas ações discursivas em contextos de conflito,

5. FERRAZ JR., Tercio Sampaio. *Teoria da norma jurídica*: ensaio de pragmática da comunicação normativa. Rio de Janeiro: Forense, 2009, p. 4; FERRAZ JR., Tercio Sampaio. *Direito, retórica e comunicação*: subsídios para uma pragmática do discurso jurídico. São Paulo: Atlas, 2015, p. 11.

podemos entender a fraude à lei como discurso de justificação para tomada de decisão, revelando as possíveis conexões ideológicas que se situam por trás do conceito e que o fazem ser aceito como critério de decisão. A crítica filosófico-pragmática faz perceber que as fronteiras do lícito e do ilícito não estão nos conceitos e sentidos abstratos, mas na disputa dos casos práticos, em que estão em jogo interesses e opiniões.

Essa abordagem crítica também recai sobre o conceito de legalidade e de vinculação à lei. A doutrina nacional trata o princípio da legalidade como realidade natural, bastando que a lei "contenha" todos os elementos necessários para vinculação e que o caso concreto apresente esses elementos em concreto para que se promova a correta subsunção. Seria necessário, então, apenas um juízo de verificação, como se o processo decisório pudesse ser "metodicamente enquadrado" e a lei fosse "expressão de uma vontade certa, determinada e pré-fabricada".[6] Esse esforço dogmático se dá em função do controle, previsibilidade e neutralidade da função jurisdicional, sendo exatamente esta a mesma pretensão que envolve o conceito de fraude à lei, que se mostra como uma exceção regrada ou arbítrio controlado. Para que a exceção tenha legitimidade, é preciso que ela se apresente como regra, daí a construção de esquemas conceituais. Isso mostra como o paradigma da legalidade e da vinculação à lei, isto é, a crença no controle racional da atividade judicial, motiva também o controle das exceções, mesmo sem ser capaz de negá-las. Mas, segundo compreendemos, a fidelidade à lei não se trata de outra coisa senão propriamente de uma crença, que não representa qualquer realidade exterior objetiva que se possa apreender e metodicamente controlar, sendo o mesmo com a fraude à lei.[7]

---

6. JUST, Gustavo. O Princípio da Legalidade Administrativa: o problema da interpretação e os ideais do direito público. In: BRANDÃO, Cláudio; CAVALCANTI, Francisco; ADEODATO, João Maurício (Coord.). *Princípio da legalidade*: da dogmática jurídica à teoria do direito. Rio de Janeiro: Forense, 2009, p. 235.

7. CASTRO JR., Torquato. Metáforas de Letras em Culturas Jurídicas da Escrita: como se é fiel à vontade da lei? In: BRANDÃO, Cláudio; CAVALCANTI, Francisco; ADEODATO, João Maurício (Coord.). *Princípio da Legalidade*: da dogmática jurídica à teoria do direito. Rio de Janeiro: Forense, 2009, p. 152.

Nesse sentido, em termos pragmáticos, a argumentação pela fraude à lei se dá num conflito comunicativo que surge quando são frustradas expectativas normativas do sujeito acerca do cometimento da norma, ou seja, das relações envolvidas. Na medida em que vemos a norma como mediação linguística de relação discursiva, não como objeto naturalizado, podemos dizer que argumentar sobre a ocorrência de fraude à lei é discutir sobre como o relato da norma deve ser compreendido tomadas todas as circunstâncias especiais da situação comunicativa, numa disputa entre diferentes expectativas geradas, em que entram em cena não apenas conceitos, mas estruturas de ação e poder. Ou seja, o próprio relato da norma é dialogicamente construído, levando-se em conta o contexto e a posição dos sujeitos envolvidos,[8] e por trás do debate sobre conceitos e significados *a priori*, estão em jogo a liberdade, a distribuição de papéis sociais, concepções sobre princípios e diretrizes políticas, que estão dissimuladas, mas não eliminadas. Dessa forma, a ocorrência ou não da fraude à lei não mostra o engano ou desvela a realidade escondida na aparência, ela é sintoma de uma conquista sobre determinadas posições sociais.

Anunciados os propósitos e hipótese do trabalho, cumpre falar de sua estrutura. São quatro capítulos. O primeiro deles trata da exposição geral de alguns dos principais problemas e teses da filosofia pragmática da linguagem, com o fito de fornecer uma iniciação às reflexões a serem realizadas ao longo de todo o texto. Será definido o campo propriamente da filosofia pragmática da linguagem; a definição de pragmática e sua distinção de outras esferas de reflexão da linguagem (sintaxe e semântica); a compreensão dos impactos que os estudos da pragmática causaram para a filosofia ocidental, ao que veio a ser chamado de guinada linguístico-pragmática; e, por fim, o problema da pretensão designativa da linguagem e da verdade como descrição de estados de coisas objetivos no mundo.

---

8. FERRAZ JR., Tercio Sampaio. *Teoria da norma jurídica*. São Paulo: Forense, 2009, p. 38 e 55.

No segundo capítulo será feito estudo sobre a pragmática jurídica. Mostraremos o direito como uma prática compartilhada, regrada e institucionalizada, mas que não possui qualquer base referencial fora das crenças dos sujeitos no próprio direito e do mútuo controle das ações. Depois, veremos o direito como uma específica forma de comunicação, que possui uma estrutura particular, composta pelos interlocutores e pela presença de um terceiro, com linguagem apartada do conflito e encarregado de tomar uma decisão. Aqui estará a base para, em seguida, mostrarmos que as pretensões de correção com base na verdade e na realidade não passam de crenças num jogo comunicacional, que implica disputa e controle, revelando como a racionalidade se relaciona com o poder.

Ingressando no tema central do presente estudo, o terceiro capítulo promove uma análise descritiva, mas também crítica, da fraude à lei no discurso da dogmática jurídica. O capítulo mostra diversos usos do conceito e sua configuração doutrinária, investigando as pretensões de racionalidade pressupostas. A fraude à lei será vista como tentativa de conferir racionalidade ao julgamento por equidade. Será analisada a configuração da fraude à lei entre os romanos; a forma como foi retomada pela doutrina civilista na modernidade; a sua incorporação para o discurso da doutrina do planejamento tributário; e, ao fim, sua concepção entre os autores do chamado pós-positivismo jurídico, na tentativa de esboçar as diferentes funções pragmáticas que o conceito desempenhou nesses cenários.

Por fim, o quarto capítulo pretende fazer uma crítica ao conceito de fraude à lei e às suas pretensões de verdade e objetividade, mostrando que o esforço de racionalidade da dogmática dissimula o poder judicial de criar exceções e decidir com equidade. Aqui, diremos que a fraude é concebida como uma categoria geral com pretensão de controle sobre a concretização judicial, funcionando como uma exceção regrada, isto é, consiste no esforço de generalizar sistematicamente os critérios de decisão sobre situações específicas não abrangidas pelas expectativas usuais da lei. Assim, nesse capítulo enfrentaremos a relação entre generalidade e concretude do discurso, e como os juristas se esforçam a generalizar mesmo as exceções. Mostraremos que, não obstante o esforço por controle racional, a decisão judicial deve ser vista como ação ética, não apenas ato de conhecimento. Exporemos ainda que as pressuposições de aparência e realidade são metáforas para manter a legitimidade judicial pela razão, dissimulando o resíduo de arbitrariedade em cada escolha.

1. FILOSOFIA PRAGMÁTICA DA LINGUAGEM

1.1 Sobre o que fazemos ao fazer filosofia (do direito)

É adequado que quem diga algo no ambiente acadêmico deixe explícitas suas premissas. É preciso que se diga sobre o lugar teórico de quem fala, que é o mesmo que dizer da sua linguagem. Não se dedicar à explicitação dessas bases revela certa postura dogmática, que não se permite à dúvida e relativização das próprias convicções, como se tal esforço fosse desnecessário pelo fato de a verdade se apresentar autoevidenciada. Uma postura rigorosamente pragmática assume que qualquer enunciado que se faça, por mais convicto que seja, é sempre discurso contextualizado, não dado absoluto.

Dizer, então, sobre o lugar teórico de quem fala, no presente trabalho, envolve diretamente a pergunta sobre o que é filosofia e, mais, sobre o que é filosofia do direito. A tendência seria responder em termos descritivos, tal como é estritamente feita a pergunta, ou seja, responder sobre o que *é*. Assumir essa resposta seria adotar uma concepção ontológica da própria filosofia, como um objeto entre os outros, e aí bastaria dizer que se trata de um ramo do conhecimento que cuida de questões como metafísica, deontologia, epistemologia *etc*. Essa postura, aqui, não seria a mais coerente. Vista sob uma perspectiva pragmática, filosofia e filosofia do direito são formas de ação, são discursos realizados para funções determinadas. Com Martin Heidegger, diz-se: "filosofia não é nenhuma 'disciplina'. Filosofar não é coisa de habilidade ou técnica, muito menos jogo de incursões desordenadas. Filosofia é filosofar e nada além disso",[9] trata-se de um "tipo fundamental de comportamento".[10] Filosofia é uma atitude, particular uso da palavra.[11] Consequentemente, definir filosofia é firmar seus limites e contornos, estabelecer uma forma de fazê-la. Ao perguntar o que é filosofia, pergunta-se sobre o que fazemos ao fazer filosofia.

Só o esclarecimento sobre a filosofia como atividade é que permite a compreensão das incontáveis mudanças paradigmáticas sobre o objeto da filosofia e sua função. Com efeito, é difícil falar sobre "a" filosofia do direito, porque simplesmente há várias.[12] Mas, de forma geral, a atitude filosófica consiste em realizar indagações fora das constrições do mundo, tal como uma criança. Afirma Tercio Sampaio Ferraz Jr.:[13] "A pergunta infantil é uma pergunta atrevida. É a pergunta de quem chega ao mundo. É a pergunta de quem não foi subjugado pelo mundo. Subjugado pelo mundo no sentido de subjugado pela língua que permite falar do mundo".

Mas perguntar para além das subjugações da linguagem não significa buscar o contato direto com a essência das coisas, como se pressupõe em indagações metafísicas. O filosofar é ato livre, por assim dizer, na medida em que é ação que trespassa as interpretações das regras de validade do discurso ordinário, buscando razões para justificação do enunciado em

---

9. HEIDEGGER, Martin. *Introdução à filosofia*. São Paulo: Martins Fontes, 2009, p. 11.

10. Idem, p. 27.

11. PONZIO, Augusto; CALEFATO, Patrizia; PETRILLI, Susan. *Fundamentos de filosofia da linguagem*. Petrópolis: Vozes, 2007, p. 283.

12. FERRAZ JR., Tercio Sampaio. Filosofia do Direito: do perguntador infantil ao neurótico filosofante. In: ALVES, Alaôr Caffé. *O que é a filosofia do direito*. São Paulo: Manole, 2004, p. 109.

13. Idem, p. 111.

instâncias discursas até então não compartilhadas ou simplesmente inexistentes para o determinado contexto de fala, que passam a surgir através de associações e conexões com outros esquemas de validade, com outra língua. Assim, a atitude filosófica é, a par de todas as variações possíveis, marcada pelo "plurilinguismo dialógico", o que significa que "a filosofia não tem língua própria, que lhe pertença de modo exclusivo, na qual ela se possa colocar inteiramente e encontrar nomeados os próprios objetos".[14]

Esse conceito pragmático de filosofia como ação discursiva para além de códigos definidos e, ao mesmo, em interlocução com diferentes códigos, distancia-se do "isolamento da consciência em uma palavra unívoca, em uma unilateral visão monológica de uma só língua".[15] Rejeita-se uma compreensão estática da filosofia. Todo agir filosófico é contingencial e, portanto, sempre imerso na história.[16] Não se trata de atitude reflexiva sobre objetos invariavelmente definidos – tal como a contemplação da verdade –, o filosofar perquire sobre discursos estabelecidos através de novos discursos, em função de necessidades práticas do contexto.

O que se disse até agora se aproxima da função de filosofia traçada por Ludwig Wittegenstein. A filosofia não deve descobrir verdades que estão além da linguagem ou buscar critérios epistemológicos para adequada investigação do real. A função da filosofia, então, é descrever de forma distanciada e relativizada os diversos usos da linguagem, seja de que ordem for. Trata-se de explicar os usos das palavras, suas respectivas funções nas interações comunicativas e a forma como esses usos são compartilhados em contextos determinados, descrevendo também suas implicações e pressuposições ideológicas. E esse agir discursivo sobre outras realidades

---

14. PONZIO, Augusto; CALEFATO, Patrizia; PETRILLI, Susan. *Fundamentos de filosofia da linguagem*. Petrópolis: Vozes, 2007, p. 288.

15. Idem, p. 289.

16. HEIDEGGER, Martin. *Introdução à filosofia*. São Paulo: Martins Fontes, 2009, p. 10.

discursivas também serve para fins práticos do contexto. Assim, "o trabalho do filósofo é compilar recordações para uma determinada finalidade".[17]

Essa compreensão pragmática da filosofia guarda relação também com a filosofia retórica. Opondo-se à ontologia em geral, a retórica compreende a linguagem como único ambiente do mundo, de modo que não há fatores externos para definição da verdade objetiva e, assim, todo conhecimento se funda em acordos linguísticos intersubjetivos. Consequentemente, a postura retórica é cética, por refutar sentidos objetivos não discursivos, e historicista, por afirmar que a verdade se define por fatores histórico-contextuais. Assim, cumpre ao retórico refletir sobre os relatos sobre mundo e dos métodos e estratégias desenvolvidos pelos sujeitos, porém "abstraindo-se de atitudes valorativas".[18]

E quais as implicações dessas afirmações sobre a filosofia do direito? Perguntas habituais da filosofia do direito, tais como sobre o que é o direito, nunca foram definitivamente respondidas porque não há respostas definitivas. Não cabe à filosofia do direito indagar sobre a essência do direito, de forma unilateral e unívoca, mas perquirir sobre o que está em jogo quando se adota determinada definição do direito.[19] O mesmo vale para os métodos da dogmática jurídica ou as teorias da justiça. Uma filosofia do direito nesses termos, que se pode dizer pragmática, não seria a busca de respostas às referidas perguntas em termos absolutos sob perspectiva unilateral, tal como fazem de um modo geral escolas positivistas e jusnaturalistas, mas sim um colocar-se sob o "olhar de fora", para observar cada uma das escolas em suas próprias contingências e mostrar as razões funcionais que fazem tal ou qual discurso prevalecer. Em

17. WITTGENSTEIN, Ludwig. *Investigações filosóficas*. Petrópolis: Vozes, 2009, p. 75.

18. ADEODATO, João Maurício. História das Ideias Jurídicas no Brasil: metodologia de estudo. In: BRANDÃO, Cláudio; SALDANHA, Nelson; FREITAS, Ricardo (Coord.). *História do direito e do pensamento jurídico em perspectiva*. Rio de Janeiro: Atlas, 2012, p. 245.

19. MORRISON, Wayne. *Filosofia do direito*. São Paulo: Martins Fontes, 2012, p. 2.

suma, essa "concepção mais ampla de filosofia do direito não deve ficar restrita a uma ou outra ideia sobre o direito, mas sim perguntar-se como é possível haver tanta diversidade".[20]

Uma filosofia do direito desse tipo, no Brasil, foi empreendida por Tercio Sampaio Ferraz Jr., em seus *Função Social da Dogmática Jurídica*,[21] *Ciência do Direito*[22] e *Introdução ao Estudo do Direito*.[23] Na primeira obra, o autor desenvolve um estudo funcional da dogmática jurídica, o que significa estudar a que serve a dogmática enquanto discurso constitutivo de ações, na medida em que "o conhecimento é visto como uma atividade capaz de servir de mediação entre os dados da realidade e a resposta comportamental do indivíduo".[24] Seu estudo é quase como uma "sociologia do conhecimento dogmático".[25] Já na segunda, o objetivo é conceituar ciência jurídica, mas sem adotar qualquer posição unilateral estática do que seja seu objeto ou método, isto é, realiza um escorço de diversas concepções e formas de fazer de ciência do direito para atribuir um sentido que relativiza o próprio conceito de pensamento científico, o que

20. MORRISON, Wayne. *Filosofia do direito*. São Paulo: Martins Fontes, 2012, p. 2.

21. FERRAZ JR., Tercio. *Função social da dogmática jurídica*. São Paulo: Max Limonad, 1998.

22. FERRAZ JR., Tercio. *Ciência do direito*. São Paulo: Atlas, 2010.

23. FERRAZ JR., Tercio. *Introdução ao estudo do direito*. São Paulo: Atlas, 2008.

24. FERRAZ JR., Tercio. *Função social da dogmática jurídica*. São Paulo: Max Limonad, 1998, p. 16.

25. Vale transcrever a leitura de Maranhão: "Ao investigar a função da Dogmática na comunidade em FSDJ, o professor Tercio parte de uma genealogia da instituição, separa três tipos centrais e inter-relacionados de atividade (analítica, hermenêutica e decisão), examina a forma de fundamentação de suas proposições, questionando seu status como ciência. Esse objetivo não tem por objetivo uma reconstrução dessa fundamentação, o que diverge do *mainstream* de sua época [...]. Ao mudar o foco de obras propostas a salvar ou reformular a 'metodologia jurídica' consagrada pelo positivismo, em seu esforço de conferir status científico ao conhecimento jurídico, o professor Tercio buscava propiciar uma espécie de terapia, no sentido de Wittgenstein, em um momento no qual se falava de 'crise' da dogmática jurídica" (MARANHÃO, Juliano Souza de Albuquerque. O Discurso da Dogmática Jurídica. In: RODRIGUEZ, José Rodrigo; COSTA, Carlos Eduardo Batalha da Silva e; BARBOSA, Samuel Rodrigues (Orgs). *Nas fronteiras do formalismo*. São Paulo: Saraiva, 2010, p. 76).

demonstra, mais uma vez, o tom pragmático nas entrelinhas. Por fim, na terceira obra, o autor, diferentemente do roteiro típico dos manuais do gênero, não se preocupa em desenvolver um conceito do direito, mas traça seu perfil histórico enquanto objeto de conhecimento e, ao fazê-lo, coloca no mesmo plano a definição ontológica, a teoria do conhecimento e a ação história, enquanto formas de discurso para a legitimação e exercício do poder. Enfim, nas obras de Ferraz Jr. estão presentes, expressa ou implicitamente, as marcas do pensamento pragmático, relativizando o conceito de dogmática e de filosofia do direito em seus contextos, revelando-os como discursos com pretensões para o sucesso em função de determinados fins, e não relatos acerca da realidade, isto é, a verdade do saber jurídico se apresenta como estratégia de legitimação e de "obediência sem violência".[26] É um perfeito exemplo de filosofia pragmática.

Por fim, uma última questão. Levada às últimas consequências, a afirmação de que a filosofia não é necessariamente discurso sobre a verdade conduz a se questionar sobre a diferença entre filosofia e literatura, entre ciência e estética. Habermas indaga: "Será a orientação através de questões de verdade um critério suficiente para a tradicional demarcação entre ciência e literatura?".[27] A mesma pergunta se pode fazer em relação à filosofia. Na medida em que se coloca o conhecimento sobre o ser como interação comunicativa (linguagem) e se rompe com o paradigma da filosofia da consciência e da subjetividade, perdem sentido distinções tais como entre o científico e o estético, o literal e o metafórico, a lógica e a retórica, a realidade e a ficção.[28] Todo saber não é mais que discurso de apresentação, e uma suposta referência à realidade não muda isso.

---

26. FERRAZ JR., Tercio. *Função social da dogmática jurídica*. São Paulo: Max Limonad, 1998, p. 19.

27. HABERMAS, Jürgen. *Pensamento pós-metafísico*: estudos filosóficos. Rio de Janeiro: Tempo Brasileiro, 2002, p. 236.

28. Idem, p. 237.

Posições céticas mais extremadas defendem a impossibilidade de qualquer sustentação para as referidas distinções, situando na mesma esfera o discurso literário e o discurso filosófico e científico, afinal seriam todos discursos.[29] Contudo, a postura pragmática aqui proposta, adequadamente compreendida, não chega a tal grau de ceticismo, pois, se é certo que filosofia e literatura são discursos, também é certo que são discursos que falam de lugares e em contextos distintos. Os critérios de validade da ação discursiva na esfera da filosofia são distintos dos da literatura, são "jogos de linguagem" diferentes. As pressuposições e pretensões em cada ação que definem seu *status*. Diferente dos textos literários, os textos filosóficos e científicos "desafiam para uma crítica, a qual se dirige às pretensões de validez levantadas no interior do texto";[30] quer dizer, "um texto filosófico pode criticar um outro".[31] O filosofar está voltado para certos interlocutores, que esperam justificativas para a ação, por mais fluídas que elas possam ser. Na filosofia, há um limite para o que se pode dizer que na literatura não há.

1.2 Sintaxe, semântica e pragmática: sobre um conceito de pragmática

Feitas as considerações sobre o que se compreende como fazer filosófico e estabelecida a proposta discursiva do presente trabalho, cumpre especificar o que se entende por pragmática. O que se segue é um desdobramento do que acabou de ser feito, pois, se o presente trabalho se propõe a realizar uma filosofia pragmática do direito, nada mais natural que se passe a dizer em que consiste essa específica perspectiva filosófica.

29. SCAVINO, Dardo. *A filosofia atual*: pensar sem certezas. São Paulo: Noeses, 2014, p. 13.

30. HABERMAS, Jürgen. *Pensamento pós-metafísico*: estudos filosóficos. Rio de Janeiro: Tempo Brasileiro, 2002, p. 253.

31. Idem, p. 254.

A pragmática é uma específica forma de estudo da linguagem, que se distingue de outras abordagens que também cuidam de problemas linguísticos. Ficou bastante conhecida entre linguistas, filósofos e juristas, a distinção tricotômica da semiótica por Charles William Morris, entre sintaxe, semântica e pragmática. Sob a influência da semiótica de Charles Sanders Peirce, Morris promove uma divisão tripartite da semiótica de acordo com as relações bipolares dos signos,[32] isto é, cada esfera de conhecimento da semiótica investiga determinadas relações entre dois polos: de um lado, o signo e, de outro, os outros signos (sintaxe), os objetos (semântica) ou os sujeitos (pragmática).

A sintaxe estuda a relação formal dos signos entre si, através das estruturas pelas quais o encadeamento entre os signos se dá. O estudo sintático foca nas regras lógicas de formação de sentenças completas ("*well-formed sentences*"), definindo qual sequência e combinação de palavras são permitidas para que haja sentido.[33] Como diz Marcondes,[34] "Caracteriza-se como uma ciência formal, definindo as regras de formação das proposições, enquanto entidades abstratas, a partir das combinações possíveis entre os signos". Questões como a sintaxe gramatical e as estruturas lógicas das proposições deônticas estão no âmbito de preocupação dessa disciplina. Esse foi campo de estudos da filosofia primeira de Ludwig Wittegenstein, em seu *Tractatus Logico-Philosophicus*, quando se dedicou ao estudo das condições lógicas de figuração do mundo, sem se dedicar aos problemas da verdade dos próprios enunciados, porque isso já não seria, na sua concepção, um problema a filosofia, que deveria se ocupar unicamente das condições lógicas da linguagem precisa.

---

32. CASTRO JR., Torquato. *A pragmática das nulidades e a teoria do ato jurídico inexistente*. São Paulo: Noeses, 2009, p. 32.

33. MARTINICH, A. P. Introduction. MARTINICH, A. P. (Org.). *The philosophy of language*. Oxford: Oxford University Press, 1996, p. 11.

34. MARCONDES, Danilo. *A pragmática na filosofia contemporânea*. Rio de Janeiro: Jorge Zahar Editores, 2005, p. 8.

A semântica, por sua vez, cuida da relação dos signos com os objetos a que se refere, face ao âmbito de suas denotações. Os estudos semânticos investigam as possibilidades do significado enquanto referência, isto é, quais as relações possíveis entre as palavras e o significado.[35] Mais uma vez na definição de Marcondes,[36] "a semântica diz respeito, portanto, ao conteúdo significativo dos signos à verdade das sentenças em que os signos estão incluídos". Foi campo de dedicação dos estudiosos, tais como Frege, que estudaram a chamada semântica pura, ciência linguística que tem como princípio fundamental a "vericondicionalidade", isto é, a premissa de que "o sentido das frases repousa sobre a noção de condições de verdade" e "captar o sentido de uma frase é saber as condições que devem ser preenchidas para que ela seja verdadeira".[37]

Por fim, a pragmática se ocupa da relação dos signos com seus intérpretes, o que remete ao "comportamento do emissor e do receptor no processo comunicacional, teorizando sobre a reação verificada diante do signo".[38] A pragmática, nessa definição, lida com a relação entre os signos e os usuários da língua, revelando os aspectos comportamentais da comunicação, de modo que o âmbito dessa matéria abrange fenômenos psicológicos, sociológicos e até neurológicos.[39] Essa definição de pragmática tem estreita relação com a base behaviorista do pensamento de Morris, na medida em que a relação pragmática entre signo e usuário se dá por meio de comportamentos-tipo, isto é, condições comportamentais para que determinadas palavras tenham determinado sentido.[40]

---

35. MARTINICH, A. P. Introduction. MARTINICH, A. P. (Org.). *The philosophy of language*. Oxford: Oxford University Press, 1996, p. 11.

36. MARCONDES, Danilo. *A pragmática na filosofia contemporânea*. Rio de Janeiro: Jorge Zahar Editores, 2005, p. 9.

37. ARMENGAUD, Françoise. *A pragmática*. São Paulo: Parábola, 2006, p. 34.

38. CASTRO JR., Torquato. *A pragmática das nulidades e a teoria do ato jurídico inexistente*. São Paulo: Noeses, 2009, p. 32.

39. LEVINSON, Stephen. *Pragmática*. São Paulo: Martins Fontes, 2007, p. 2.

40. ARMENGAUD, Françoise. *A pragmática*. São Paulo: Parábola, 2006, p. 50.

A definição de pragmática a partir da tripartição da semiótica por Morris possui ao menos três problemas. Primeiro, alarga demasiadamente o âmbito de estudo da pragmática para âmbitos que não são próprios da linguística, tais como a sociologia e a psicologia. Segundo, pressupõe uma gradação condicional do sentido, de forma que a sintaxe define as condições básicas da semântica e, por sua vez, a sintaxe e a semântica definem as condições básicas da pragmática. Terceiro, compreende a pragmática como âmbito comportamental decorrente da relação do sujeito com o signo, mas não assume os radicais impactos da guinada pragmática na filosofia, no sentido de considerar o comportamento enquanto ação discursiva, não apenas a linguagem como seu estímulo ou condicionante.

Quanto à primeira crítica, é preciso que se diga que não há qualquer objeção para que a pragmática se dedique a estudos comportamentais. A rigor, a pragmática pressupõe uma abertura de perspectiva que abre mão de estudos restritos aos conceitos formais e abstratos da sintaxe e da semântica, para empenhar-se na análise da linguagem enquanto ação, o que conduz, evidentemente, para uma visão mais holística das coisas. Contudo, o conceito de Morris, tão difundido e repetido, da relação do signo com os usuários, traz nas entrelinhas a ideia de que a linguagem é algo que se relaciona com o comportamento, interferindo, influenciando, condicionando etc., e vice e versa. Ao propor um conceito relacional e bipolar de pragmática, Morris parte da premissa de que há distinção entre linguagem e comportamento ou linguagem e sujeito, e, assim, o comportamento é visto como algo fora da linguagem. Isso conduz para estudos do comportamento visto em si mesmo, que apenas sofre aplicação de viés linguístico, vindo disso a psicolinguística e a sociolinguística. Em vez de um estudo do comportamento *pela* comunicação, analisa-se o comportamento *na* comunicação. Essa é a razão para que alguns linguistas tenham lançado críticas à demasiada abertura científica da pragmática,[41] o que não se justifica se considerarmos o estudo ficar na ação discursiva dos sujeitos e a linguagem abordada enquanto forma de agir. A pragmática compreende que a linguagem é "uma atividade humana como andar, passear, colher etc.", de modo que "há aqui uma íntima relação, se não identidade, entre linguagem e ação, de tal modo que a linguagem é considerada espécie de ação".[42] Com isso, queremos significar que a análise comportamental que cumpre à pragmática compreende a ação dos sujeitos nos contextos de interação discursiva, através de seus atos de fala, ao passo em que a linguagem é compreendida justamente como ação que na própria linguagem se perfaz.[43]

Quanto à segunda crítica, a tricotomia de Morris implica a primazia da sintaxe sobre a semântica e, por conseguinte, da sintaxe e semântica sobre a pragmática. Ou seja, as condições primeiras de compreensão da linguagem estão na sintaxe, enquanto estrutura formal básica dos enunciados, depois parte-se para as condições semânticas da linguagem, porque trata da verdade dos enunciados, e, somente ao fim, investigam-se as condições comportamentais para que determinados enunciados sejam compreendidos e aceitos. Nesse sentido, um enunciado sintaticamente mal formado nada pode significar, mesmo que suas partículas tenham correspondência semântica ou que seja aceito pelos interlocutores, da mesma forma que um enunciado falso, por não representar os fatos, não pode

---

41. Para sumarização da crítica, vide Levinson (LEVINSON, Stephen. *Pragmática*. São Paulo: Martins Fontes, 2007, p. 2-ss).

42. OLIVEIRA, Manfredo Araújo de. *Reviravolta linguístico-pragmática na filosofia contemporânea*. São Paulo: Edições Loyola, 2006, p. 138.

43. "Aceitar a pertinência teórica destas questões é evidentemente entender a língua como atividade. Não apenas no sentido em que esta atividade se manifesta pelo uso que os indivíduos fazem da língua (o que corresponderia de certo modo a noção de fala saussuriana), mas como atividade que se inscreve sistematicamente no interior da própria língua. Que as línguas naturais tenham valor de conhecimento é indiscutível. Mas que além disso tenham valor de ação, parece-me também inegável. A ação deve ser entendida como ação social que une, separa, influi, persuade, modifica e fundamenta comportamentos para os indivíduos de uma mesma comunidade" (VOGT, Carlos. *Linguagem pragmática e ideologia*. São Paulo: Unicamp, 2015, p. 136).

significar, ainda que tenham apelo e adesão dos interlocutores. Trata-se de uma análise gradual de acordo com as condições de possibilidade da linguagem que efetivamente comunica algo a alguém. A filosofia pragmática, contudo, tem o condão radical de inverter essa ordem, para que as condições primeiras da comunicação sejam pragmáticas, porque antes de ser referência sobre o mundo, a linguagem é interação comunicativa. Passa da verdade para a validade como definição das condições de possibilidades de comunicação, isto é, não é a verdade do enunciado, mas as condições de sua aceitabilidade em determinado ambiente de comunicação que definem o que pode ser dito. A sintaxe e a semântica não dão as condições da pragmática, mas o contrário, pois a experiência concreta da fala que concentra a possibilidade do sentido, de modo que a sintaxe e a semântica são formas de análise por abstração das condições pragmáticas existentes.[44] Essa perspectiva contraria as crenças da filosofia na racionalidade, porque explica e justifica que determinadas asserções podem ter sucesso comunicacional mesmo que desprovidas de qualquer referência com o mundo ou rigor lógico-estrutural. Com efeito, o surrealismo pode romper com os padrões da arte e nada referir, mas, ainda assim, comunica e constrói significados, da mesma forma que um juiz pode decidir com base em idiossincrasias e, não obstante, sua sentença ser aclamada e cumprida.

Por fim, quanto à última crítica, pode-se dizer que a definição da pragmática na tricotomia de Morris não se insere nos amplos influxos da guinada pragmática na filosofia. Definir pragmática como estudo da relação entre os signos e os usuários ainda é centralizar nos signos como entidades abstratas em relação à sua produção, pois, nessa definição, interessa mais o sentido do enunciado produzido do que efetivamente sua produção. Contudo, o fator distintivo fundamental da visão radicalmente pragmática é de que ela sai do campo dos

44. MARCONDES, Danilo. *A pragmática na filosofia contemporânea.* Rio de Janeiro: Jorge Zahar Editores, 2005, p. 10.

enunciados para estudar as enunciações.[45] Não é o signo enquanto entidade abstrata que se relaciona com o usuário da linguagem, mas a própria enunciação praticada pelo usuário que interessa como fator de significação e estudo. Se mais interessa a enunciação do que o enunciado, o significado passa a ser visto como ação realizada através da linguagem em contextos específicos de interação perante o outro. Assim, não é a forma como o sujeito se comporta diante da linguagem disponível, mas sim a forma como a ação do sujeito cria a linguagem[46] que interessa à abordagem pragmática.

Já é hora, então, de apresentar um conceito de pragmática que satisfaça a essas críticas. Françoise Armengaud[47] sintetiza o que se compreende por pragmática em três conceitos básicos: *ato*, *contexto* e *desempenho*. A pragmática compreende a linguagem como *ato*, no sentido de que ela "não serve só, nem primeiramente, nem sobretudo, para representar o mundo", mas para realizar ações. "Falar é agir" e, mais, "agir sobre outrem". Nesse sentido, uma investigação pragmática compreende o estudo dos usos da palavra, porque somente nos usos, enquanto ação, que o sentido se torna possível. É perquirir como as pessoas se pronunciam e o que estão fazendo ao se pronunciar. A linguagem como ato, então, se contrapõe à visão estruturalista que sobrepõe a língua à fala e crê

45. RICOEUR, Paul. *O si-mesmo como outro*. São Paulo: Martins Fontes, 2014, p. 19.

46. A pragmática no conceito aqui criticado não agrega nada além do que já fez a semântica. É preciso entender que o uso da palavra é que constitui o único significado possível. O problema do conceito de pragmática comumente difundido é que parte da compreensão evolutiva da ciência, de que todo conhecimento vem só para agregar novos elementos de compreensão a um objeto existente, isto é, novas teorias revelam facetas que visam o que a teoria anterior não tinha explorado. Como diz Carlos Vogt, "o problema é que a linguística parece proceder por acúmulo de conhecimentos e aposta apenas no progresso que lhe permitirá aos poucos ir ampliando o campo do objetivável. Espera-se que os fenômenos que ontem eram desiguais possam hoje, e amanhã mais ainda, ser trazidos para a rede de relações abstratas que constituem o objeto da ciência" (VOGT, Carlos. *Linguagem pragmática e ideologia*. São Paulo: Unicamp, 2015, p. 136). Melhor compreender a pragmática como uma guinada radical de perspectiva, que centra a compreensão dos significados nas interações discursivas, e não nos objetos.

47. ARMENGAUD, Françoise. *A pragmática*. São Paulo: Parábola, 2006, p. 12-13.

em entidades abstratas e objetivas do sentido, que tem base na visão racionalista do mundo que só admite a verdade como unidade do ser ontológico e que não admite variações infinitas de significado que não satisfaçam a um sistema unificador.

Além disso, a linguagem é ato em determinado *contexto*, que inclui o espaço, tempo, sujeitos, cultura, ideologia etc., porque não há linguagem como ato no plano único da abstração ou apriorismo. Todo significado é contextual porque todo significado depende das condições concretas de interação. E não se trata aqui do estudo dos elementos do enunciado que se remetem ao contexto, os chamados símbolos indexicais ou dêiticos, como o fez Bar-Hillel, para quem, na sua pragmática pura, o contexto é elemento de referência.[48] Em outras palavras, não se trata de investigar as possiblidades de sentido dos elementos do enunciado que se remetem às condições de tempo, à identidade dos sujeitos, aos estados emocionais etc. Isso não seria mais do que a semântica dos advérbios, pronomes e interjeições. Pragmática não é a linguagem *sobre* o contexto, é a linguagem *no* contexto, e por contexto deve se entender duas instâncias distintas e igualmente relevantes, quais sejam, a da situação dialógica concreta da fala e da situação ampla das relações intersubjetivas que compõe aquilo que genericamente se chama cultura.[49]

Por fim, a linguagem é *desempenho* porque a possibilidade da comunicação não está na verdade dos enunciados enquanto referência ao mundo, mas na sua validade, isto é, na presença da competência linguística que garante a confirmação do que foi dito, ao passo em que a própria competência é atualizada, no sentido de ser reconhecida e confirmada pelos interlocutores, no próprio contexto de enunciação.[50]

---

48. MARCONDES, Danilo. *A pragmática na filosofia contemporânea.* Rio de Janeiro: Jorge Zahar Editores, 2005, p. 11; VOGT, Carlos. *Linguagem pragmática e ideologia.* São Paulo: Unicamp, 2015, p. 135.

49. LEVINSON, Stephen. *Pragmática.* São Paulo: Martins Fontes, 2007, p. 9.

50. ARMENGAUD, Françoise. *A pragmática.* São Paulo: Parábola, 2006, p. 13.

Tem-se, assim, que a linguagem não é canal que estabelece as referências objetivas do mundo, de modo que o domínio da língua possa transportar, pelas mensagens, da consciência do locutor para a consciência do ouvinte, a verdade sobre a presença de um estado de coisas. A pragmática compreende que as formas difusas de usos, que atualizam as regras de competência dos falantes, possibilitam a comunicação, e nesse sentido passa-se das condições de verdade para as condições de validade: "assim como uma teoria semântica está interessada na atribuição recursiva de condições de verdade a fórmulas bem-formadas, a pragmática está interessada na atribuição recursiva de condições de adequação",[51] isto é, ocupa-se das condições contextuais de aceitação, que são as regras de competência. E os usos atualizam as regras de competência justamente porque o falar também é constitutivo, já que o enunciado é reconhecido e confirmado quando obedece a certas regras de competência linguísticas, ao passo que reconhece e confirma essas mesmas regras de competência. As regras de competência que garantem o correto desempenho da fala não são abstratas e *a priori*, elas também se constituem na experiência da fala.[52]

Todos esses três aspectos, em maior ou menor medida, a depender da abordagem adotada, estão presentes nos estudos pragmáticos. Arriscando uma definição intencional, tem-se na pragmática uma esfera de estudos que investiga a linguagem enquanto ação discursiva, em contextos determinados de interação e que tem pressupostos nas regras de competência, assim compreendidas as condições não referenciais de reconhecimento e confirmação do enunciado pelos interlocutores. A investigação dessa situação concreta de fala pode sofrer

---

51. LEVINSON, Stephen. *Pragmática*. São Paulo: Martins Fontes, 2007, p. 29.

52. Searle sintetiza o que aqui queremos dizer: "*meaning is a matter of the imposition of conditions of satisfaction on conditions of satisfaction; and the fact is combined with the fact that institutional facts are created within institucional systems, whereby an agent imposes a fuction without some sorte of collective acceptance or recognition of that function*" (SEARLE, John. *Rationality in Action*. Cambridge: The MIT Press, 2001, p. 57).

abstrações e delimitações, surgindo daí o âmbito das condições de referência (semântica) e das estruturas lógicas (sintaxe), isto é, a pragmática se relaciona com a sintaxe e a semântica por esforço de abstração das condições concretas da interação, as quais, contudo, nunca deixam de ser a base da linguagem.

Esse âmbito de análise possibilita estudos das mais diversas ordens, tais como os estudos sobre a teoria pragmática do significado (Wittgenstein, Austin, Searle e Grice), estudos sobre o comportamento enquanto interação discursiva (Watzlawick e Ferraz Jr.) e os estudos sobre os fundamentos da razão prática na intersubjetividade linguística (Apel e Harbemas). Esses estudos compartilham das mesmas premissas filosóficas gerais agora descritas, de modo que não se pode falar de cada abordagem como se fossem escolas autônomas com objetos de estudos exclusivos – tal conclusão sequer seria própria da filosofia pragmática, que tende a desconfiar de segmentações rigorosas de esferas do conhecimento de acordo com seu objeto. Não obstante, vale dizer que, para os fins do presente estudo, a pragmática se apresenta como fundamento filosófico para as reflexões sobre a legalidade e fraude à lei, com certa ênfase, sobretudo a partir do diálogo com Ferraz Jr., nos aspectos comportamentais da interação comunicativa, isto é, na compreensão da linguagem como interação entre sujeitos, que se perfaz por atos de fala.[53] Essa perspectiva possibilita a crítica sobre o *status* científico e pretensão de verdade da dogmática jurídica e abre a possibilidade para compreensão da historicidade dos conceitos e da ideologia que subjaz o discurso dos juristas – objetivos almejados no presente trabalho.

---

53. FERRAZ JR., Tercio Sampaio. *Teoria da norma jurídica:* ensaio de pragmática da comunicação normativa. Rio de Janeiro: Forense, 2009, p. 4; FERRAZ JR., Tercio Sampaio. *Direito, retórica e comunicação:* subsídios para uma pragmática do discurso jurídico. São Paulo: Atlas, 2015, p. 11.

1.3 Guinada linguístico-pragmática

O conceito de pragmática desenvolvido é implicação daquilo que na história da filosofia genericamente foi chamado guinada linguístico-pragmática[54] ou, simplesmente, "giro linguístico" ("*linguistic turn*"). É certo que a linguagem é objeto da atenção de diversas correntes filosóficas, mas algumas especulações do último século provocaram uma radical mudança de perspectiva. Falar em guinada na filosofia pressupõe a existência de um estado de coisas anterior e que teve seu curso alterado por uma mudança paradigmática. Propomos, então, apresentar os fundamentos da pragmática enquanto movimento antitético, em que há um antes que se refuta, para afirmar o que vem depois.

O pensamento filosófico ocidental cultivou a crença de que a linguagem deve se referir à essência das coisas, isto é, deve representar a verdade, aferível por meio da referência aos objetos de que se fala, o que pressupõe que há sempre algo anterior à linguagem e que circunscreve os limites do que pode ser dito. A linguagem aparece, na tradição do pensamento filosófico, "como uma terceira coisa que se interpõe entre o sujeito e o objeto, formando uma barreira que dificulta o conhecimento humano de como são as coisas em si mesmas".[55] De um modo geral, podemos dizer que o paradigma da filosofia anterior à guinada linguística é marcado por ao

---

54. Oliveira tornou conhecida a expressão a partir do título de sua obra "Reviravolta Linguístico-Pragmática na Filosofia Contemporânea" (OLIVEIRA, Manfredo Araújo de. *Reviravolta linguístico-pragmática na filosofia contemporânea.* São Paulo: Edições Loyola, 2006), embora aqui, assim como fez Just ao se referir à filosofia hermenêutica (JUST, Gustavo. Guinada Interpretativa. In.: BARRETTO, Vicente Paulo. *Dicionário de filosofia do direito.* Rio de Janeiro: Renovar, 2009, p. 394), se prefira falar em "guinada". O vocábulo reviravolta conduz ao sentido de um giro sobre o mesmo eixo, uma volta que se revira, que se desfaz, e, no entanto, a intenção do autor, com sua tradução do *linguistic turn*, nitidamente foi de expressar uma mudança total de compreensão da filosofia e de seus limites. Aqui se utiliza "guinada" para conotar tão só um ajuste ou mudança de direção das reflexões filosóficas, já que as bases de tudo o que foi feito antes não são esquecidas ou desconsideradas, mas simplesmente relidas.

55. STRECK, Lenio Luiz. *Hermenêutica jurídica e(m) crise.* Porto Alegre: Livraria do Advogado, 2009, p. 164.

menos três pressupostos básicos, quais sejam, o *pensamento ontológico*, segundo o qual devemos conhecer a essência das coisas na sua unidade racional; a *função designativa ou referencial da linguagem*, em que a linguagem é apenas descrição da realidade e com papel intermediário entre o sujeito e o objeto na formação do conhecimento; e a *filosofia da subjetividade ou da consciência*, segundo a qual o sujeito define os horizontes de compreensão do mundo em sua experiência racional e subjetiva. A chamada guinada linguístico-pragmática promove justamente uma nova forma de compreensão do papel da linguagem no processo de conhecimento, o que implica modificações profundas nas noções de verdade e nesses pressupostos do paradigma filosófico anterior.

Em dois momentos na história da filosofia, a linguagem se tornou o eixo central de reflexão dos filósofos, tendo Ludwig Wittgenstein como protagonista em ambas as ocasiões. O primeiro momento foi com o chamado positivismo lógico, representado por um movimento do começo do início do Século XX conhecido como "Círculo de Viena", que contava com acadêmicos das mais diversas áreas (filosofia, linguística, lógica, matemática, direito, psicologia etc.). O segundo momento, que se pode dizer propriamente pragmático, tem início em meados do Século XX, sobretudo com a chamada "filosofia da linguagem ordinária" e com uma série de outros estudos que revolucionaram a forma de compreender a filosofia e a linguagem.

Não obstante igualmente preocupados com a linguagem, os dois momentos da história da filosofia apresentam pressupostos antagônicos. A passagem do positivismo lógico do "Círculo de Viena" para a pragmática da "filosofia da linguagem ordinária" é ilustrativa das mudanças operadas pela guinada linguístico-pragmática quanto à compreensão da linguagem. Com efeito, o positivismo lógico compartilha dos mesmos pressupostos básicos da tradição filosófica ocidental, enquanto que a filosofia da linguagem ordinária representa a antítese imediata dessa perspectiva que conduziu à mudança paradigmática na filosofia. Tendo Wittgenstein, em diferentes fases do seu pensamento, como o principal personagem dos dois paradigmas, nada mais elucidativo que explorar o autor como forma de exposição da guinada linguístico-pragmática na filosofia ocidental.

1.3.1 Positivismo lógico e a Filosofia Primeira de Wittgenstein

O positivismo lógico tem como marca comum a tomada de posição contrária à metafísica na filosofia. A partir de forte influência empirista, tinha como premissa que a filosofia nada pode dizer sobre o mundo, porque o conhecimento é a referência objetiva das coisas. Os problemas recorrentes da filosofia seriam falsos problemas, porque não podem ser provados empiricamente. A função da filosofia estaria limitada à investigação dos métodos lógicos para a linguagem precisa e uniforme sobre a realidade, isto é, a investigação acerca dos pressupostos lógicos de uma sentença válida, de modo a reduzir vaguezas e ambiguidades. A função da filosofia é fornecer as regras lógicas da linguagem científica, e daí que a linguagem se tornou tema central, e até mesmo único, das preocupações filosóficas.

Para o positivismo lógico, a filosofia não deve se ocupar da verdade, como fez a tradição do pensamento metafísico ocidental. Importa, para a filosofia que se desenvolvia, sob uma perspectiva lógica, a capacidade de representar de forma coerente os objetos, através de um critério de coerência lógica, pois as condições de verdade do enunciado dependem da experiência empírica.[56] Os positivistas lógicos "acreditam que, para ser relevantes, as proposições devem ser ou analíticas, no sentido em que as proposições lógicas e matemáticas são analíticas, ou verificáveis por meio da observação; as proposições nem analíticas nem verificáveis são meramente emotivas".[57] Como não é possível verificar pela observação os ob-

---

56. SOUZA, Luiz Sergio Fernandes. *Abuso de direito processual:* uma teoria pragmática. São Paulo: Revista dos Tribunais, 2005, p. 232.

57. POSNER, Richard. *Problemas de filosofia do direito.* São Paulo: Martins Fontes, 2007, p. 91.

jetos ideais, cabe à filosofia abandonar o problema da verdade especulativa da metafísica e se ocupar da relação lógica de coerência analítica. Ou seja, a análise do enunciado está na sua relação lógica com outros enunciados, sendo a preocupação da verdade da referência um problema empírico próprio das ciências, não da filosofia. Assim, a filosofia consiste numa metalinguagem – linguagem que fala sobre a linguagem natural – a respeito das condições lógico-sintáticas de um discurso preciso, pouco importando as questões metafísicas,[58] porque a verdade ontológica se define pela empiria das ciências.

Expressão máxima dessa corrente é o *Tractatus Logico-Philosophicus,*[59] de Ludwig Wittgenstein, em que o autor se ocupou das possibilidades do que pode racionalmente ser dito e da eliminação do disparate lógico. Considerava que os problemas filosóficos são apenas desacordos decorrentes de vaguezas e ambiguidades na linguagem filosóficos, de modo que as muitas das questões metafísicas são vazias pelo simples fato de a filosofia não ser capaz de apresentar-lhes soluções definitivas. As únicas soluções definitivas que a filosofia pode apresentar são de caráter lógico-sintático, todo o mais está no campo do "místico", isto é, daquilo sobre o que não se pode dizer precisamente.[60] A tese fundamental do positivismo lógico é a do "ceticismo diante de proposições não analíticas e não verificáveis",[61] de modo que, não havendo possibilidade de a filosofia se referir a fatos verificáveis, resta aos filósofos se ocuparem de proposições analíticas, isto é, das condições lógico-sintáticas pelas quais as proposições podem se implicar coerentemente.

---

58. SOUZA, Luiz Sergio Fernandes. *Abuso de direito processual:* uma teoria pragmática. São Paulo: Revista dos Tribunais, 2005, p. 235.

59. WITTGENSTEIN, Ludwig. *Tractatus logico-philosophicus.* São Paulo: Editora da Universidade de São Paulo, 2010.

60. HADOT, Pierre. *Wittegenstein e os limites da linguagem.* São Paulo: Realizações Editora, 2014, p. 24.

61. POSNER, Richard. *Problemas de filosofia do direito.* São Paulo: Martins Fontes, 2007, p. 91.

No *Tractatus*, Wittgenstein assume como função da linguagem apenas a descritiva e referencial do mundo. Sua tese fundamental é a de que a linguagem "figura o mundo": primeiro o sujeito pensa as coisas para depois dizê-las, mas só podemos pensar aquilo que podemos dizer. A figuração, pressupõe, então, a expressividade do pensamento, no sentido de que pensar e falar são faces de uma mesma instância. Entre o pensamento e o mundo há a imagem do sujeito, isto é, uma projeção possível da configuração do mundo, tal como uma fotografia.[62] A correspondência do pensamento ao mundo se dá na figuração (do alemão "*Bild*"), e, por sua vez, o que permite essa coincidência é a forma lógica. Assim, como diz Hadot[63] acerca do conceito de forma lógica, "para que o pensamento possa representar a realidade, é preciso que as proposições pelas quais queremos representar a realidade sejam da mesma estrutura que a realidade, quer dizer, que os elementos que compõem a proposição estejam juntos numa mesma relação na qual se encontram os elementos da realidade".

Com isso, Wittgenstein propõe um isomorfismo entre linguagem e realidade ou "paralelismo lógico-físico",[64] e a linguagem somente tem sentido quando essa relação com o real está presente. Mas, no *Tractatus*, não se trata de saber se a linguagem é verdadeira, mas se a linguagem possui sentido, e só tem sentido com a correta estruturação lógica. Assim, o sentido não atribuição do enunciado verdade, é tão só a possibilidade de um enunciado ser verdadeiro ou falso. O sentido é a possibilidade lógica de o enunciado ser verdadeiro, de modo que, se não há similaridade estrutural entre o pensamento e os fatos a que se refere, não há sentido e o enunciado é um disparate lógico. Com isso, elimina aquilo que não pode, de forma alguma, ser dito. O que

62. "A proposição é uma figuração da realidade. A proposição é um modelo da realidade tal como pensamos que seja" (WITTGENSTEIN, Ludwig. *Tractatus logico-philosophicus*. São Paulo: Editora da Universidade de São Paulo, 2010, p. 165).

63. HADOT, Pierre. *Wittegenstein e os limites da linguagem*. São Paulo: Realizações Editora, 2014, p. 26.

64. HADOT, Pierre. *Wittegenstein e os limites da linguagem*. São Paulo: Realizações Editora, 2014, p. 47.

interessa à filosofia é a forma lógica do enunciado com sentido, e é essa filosofia que permite definir as bases do pensamento que seja a imagem correta dos fatos pela similaridade estrutural.[65]

Daí decorre a crítica de Wittgenstein à metafísica: "não poderemos absolutamente responder a questões desse gênero, podemos somente estabelecer o fato de que são contrassensos. A maior parte das proposições e das questões da filosofia assentam-se nisso: não compreendemos a lógica da nossa linguagem".[66] Na medida em que a forma lógica depende da coincidência da estrutura das proposições com as estruturas da realidade, a metafísica redunda no disparate, porque nada significa. Só pode ser dito, o que é dito exatamente, e a exatidão está na forma lógica, que é a coincidência da estrutura da proposição com a estrutura do mundo. Por isso sua última e enigmática conclusão: "sobre o que não se pode falar, deve-se calar".[67] Se não se pode falar sobre algo que não se possa referir à realidade, então resta para a filosofia se ocupar dos problemas analíticos, isto é, da correta e coerente estruturação das proposições, para que figure corretamente o mundo. A filosofia, portanto, não deve cuidar de juízos sintéticos – relação da proposição com algo que lhe é externo –, apenas de juízos analíticos – relação interna das partículas de uma proposição. Os juízos sintéticos do campo do "místico", daquilo que não se pode dizer em filosofia.[68-69]

---

65. Idem, p. 48.

66. WITTGENSTEIN, Ludwig. *Tractatus Logico-Philosophicus*. São Paulo: Editora da Universidade de São Paulo, 2010, p. 165.

67. WITTGENSTEIN, Ludwig. *Tractatus Logico-Philosophicus*. São Paulo: Editora da Universidade de São Paulo, 2010, p. 281.

68. O místico é aquilo sobre o que não se pode dizer, é o inefável. Com isso, Wittgenstein está a falar de algo sobre o que não podemos dizer com exatidão e que, por isso, não pode ser tratado pela filosofia. Como diz Hadot, "ele [Wittgenstein] entende como místico o sentimento que nos toma quando nos chocamos com os limites da nossa linguagem e do nosso mundo e que pressentimos que haja, como diz Wittegenstein, com uma voluntária imprecisão, um 'inexprimível'" (HADOT, Pierre. *Wittegenstein e os limites da linguagem*. São Paulo: Realizações Editora, 2014, p. 38).

69. Essa perspectiva, porém, abre espaço a um paradoxo que revela sua impossibilidade de desligamento da metafísica. Quer dizer, se a filosofia se ocupa apenas de

O pensamento primeiro de Wittgenstein, máxima representação do positivismo lógico, coloca a linguagem como o objeto único e possível da filosofia, porém apenas enquanto estudo analítico-formal das possibilidades de um enunciado com sentido, assim entendido o enunciado cujas partículas representem adequadamente a estrutura do mundo. A linguagem aparece aqui como circunscrição total do mundo exprimível, na medida em que só se pode pensar sobre o que se pode expressar, contudo a linguagem não é mais do que figuração do mundo. Com isso, Wittgenstein se mostra um pensador profundamente solipsista: "o sujeito não pertence ao mundo, mas é um limite do mundo".[70] Seu solipsismo é linguístico, porque o homem não pode pensar para além da linguagem, mas a linguagem aqui é apenas figuração subjetiva do mundo.

Por isso, essa primeira guinada linguística não operou revolução paradigmática no pensamento filosófico, porque, embora centrada na linguagem como campo de reflexão e limites de compreensão do mundo, ainda esteve presa ao aspecto referencial da linguagem e ao solipsismo linguístico. Quer dizer, para os positivistas lógicos, a linguagem apenas descreve o mundo e o conhecimento do mundo se dá por essas conexões com algo que não é linguístico, ao passo em que esse processo de conhecimento se dá pela ação passiva de internalização pelo sujeito. Uma mudança verdadeiramente significativa no paradigma da filosofia requer rompimento com a chamada filosofia a consciência ou do sujeito.

---

proposições analíticas – relação entre as partículas da proposição – e não com questões empíricas, em que se assenta a afirmação sobre o próprio conhecimento verdadeiro ser apenas empírico? E mais, dado que a lógica nada representa, apenas mostra relações possíveis de objetos, qual é a base da própria lógica? Ou seja, as colocações do próprio *Tractatus* mostram-se como contrassenso, já que nada representa sobre o mundo. Levadas às últimas consequências, a tese de Wittgenstein implica que o fundamento último dos enunciados científicos é um enunciado metafísico, desprovido de forma lógica e sentido.

70. WITTGENSTEIN, Ludwig. *Tractatus Logico-Philosophicus.* São Paulo: Editora da Universidade de São Paulo, 2010, p. 247.

1.3.2 Guinada linguístico-pragmática e a Filosofia Segunda de Wittgenstein

Num esforço condensador de complexidades, tendemos a adotar representações que expressem estados de totalidade ou modelos unitários, abstraindo, para os fins específicos do discurso, a pluralidade e a difusão de diferentes aspectos daquilo que se fala. Assim acontece no discurso da história da filosofia, quando se elege marcos representativos de grandes rupturas paradigmáticas, simplificando propositadamente o discurso, em apelo à compreensibilidade do outro. Por isso, a segunda fase do pensamento de Wittgenstein é eleita como marco representativo da guinada linguístico-pragmática, especialmente a publicação póstuma de Investigações Filosóficas,[71] muito embora posições similares e convergências possam ser encontradas em autores de tempo e situações distintas, tais como a semiótica de Charles Sanders Peirce[72] e o dialogismo de Mikhail Bakhtin.[73] Quer dizer, a segunda fase do pensamento de Wittgenstein é eleita como marco da guinada linguístico-pragmática não por não ter sido dito nada semelhante antes, mas por esforço simbólico de redução da complexidade, e porque marcos precisam ser eleitos para que se possa afirmar a existência de rupturas paradigmáticas.

Na segunda fase de seu pensamento, cujas principais asserções estão no Investigações Filosóficas, Wittgenstein se posiciona de forma radicalmente contrária ao positivismo lógico e à sua própria filosofia no *Tractatus Logico-Philosophicus*, mas também contrária a toda filosofia ocidental de até então. Passou a criticar a pretensão de exatidão lógica da linguagem como condição para representação do mundo, o que se mostra, inclusive, na forma de apresentação de sua obra, que antes era sistemática e precisa e passou a ser, nas Investigações,

71. WITTGENSTEIN, Ludwig. *Investigações filosóficas*. Petrópolis: Vozes, 2009.

72. PEIRCE, Charles Sanders. *Semiótica*. São Paulo: Perspectiva, 2012.

73. BAKHTIN, Mikhail. *Marxismo e filosofia da linguagem*. São Paulo: Hucitec, 2010.

um apanhado de colocações desordenadas[74] e repleta de metáforas e vaguezas. Ele passa a defender o erro em tentar estabelecer as condições perfeitas e a normalidade no uso da linguagem, o que parece ser algo *a priori* e metafísico, para assumir a premissa de que as possibilidades da linguagem se expressam nas situações concretas de comunicação.[75]

O pensamento clássico, que inclui a filosofia primeira do próprio Wittgenstein, compreendia a linguagem como forma de representação do mundo, de modo que haveria uma relação entre a linguagem e a realidade como possibilidade do sentido. As palavras não são mais do que o veículo que liga os estados de consciência entre os indivíduos, isto é, o homem compreende a linguagem a partir de seu pensamento e transmite-a ao outro.[76] Essa perspectiva tem como pressuposto a existência da essência dos objetos, de modo que as palavras ora designam denotativamente a singularidade das coisas mesmas ora designam conotativamente uma classe de coisas que, cada uma na sua essência, compartilha dos mesmos elementos.[77] Há nisso

74. OLIVEIRA, Manfredo Araújo de. *Reviravolta linguístico-pragmática na filosofia contemporânea.* São Paulo: Edições Loyola, 2006, p. 118.

75. HADOT, Pierre. *Wittegenstein e os limites da linguagem.* São Paulo: Realizações Editora, 2014, p. 62.

76. O paradigma da filosofia da consciência ou filosofia do sujeito compreende que o sujeito se abre para o mundo e conhece os objetos, transferindo-lhe suas representações a partir de suas condições subjetivas de experiência, noção essa que só tem lugar quando a linguagem é compreendida como representação, a partir de critérios de identidade (ECO, Umberto. *Semiótica e filosofia da linguagem.* Lisboa: Instituto Piaget, 2001, p. 36).

77. OLIVEIRA, Manfredo Araújo de. *Reviravolta Linguístico-Pragmática na Filosofia Contemporânea.* São Paulo: Edições Loyola, 2006, p. 122. Mikhail Bakhtin sintetiza as bases da filosofia clássica da linguagem em quatro princípios: "1. A língua é um sistema estável e imutável de formas linguísticas normativamente idênticas que a consciência individual encontra já elaborado e que lhe é apresentado como indiscutível; 2. As leis da linguagem são as leis especificamente linguísticas de conexão entre os signos linguísticos dentro de determinado sistema linguístico fechado; 3. As conexões especificamente linguísticas nada têm em comum com os valores ideológicos (artísticos, cognitivos ou outros). Os fenômenos da língua não se fundamentam em motivos ideológicos. [...]; 3. Os atos individuais de fala, do ponto de vista da língua, são meras refrações e variações fortuitas ou simples distorções das formas normativamente idênticas [...]" (BAKHTIN, Mikhail. *Marxismo e filoso-*

certa pretensão de verdade e exatidão na linguagem, de modo que o uso da palavra pode estar certo ou errado de acordo com as condições objetivas de representação do mundo.

Wittgenstein passa a renunciar essa pretensão de correção da linguagem em critérios externos a ela própria, ao desenvolver a noção de que os significados são definidos pelos usos, pelas ações de fala concretas. Não há algo fora da linguagem que possa estabelecer formas normativas do significado correto, pois isso não seria mais do que metafísica, isto é, forma *a priori* de compreensão baseada em essências invariáveis. Propõe, então, que no lugar de procurar essências, procuremos as formas de uso, pois "quando os filósofos usam uma palavra – 'saber', 'ser', 'objeto', 'eu', 'proposição', 'nome' – e almejam apreender a *essência* da coisa, devem sempre perguntar: esta palavra é realmente sempre usada assim na linguagem na qual tem o seu torrão natal?". Disso conclui: "Nós conduzimos palavras do seu emprego metafísico de volta ao seu emprego cotidiano".[78] Seu esforço, então, é o de mostrar que não há significados *a priori* que designem a essência das coisas, mas apenas ações discursivas humanas que atribuem significados às coisas, de modo que a filosofia clássica se empenha em abstrações completamente desatreladas dos problemas concretos dos quais surgiram as formas de significação. É a ação discursiva concreta a instância própria do significado, e por essa razão que seus ensinamentos conduziram à formação da chamada "filosofia da linguagem ordinária", assim conhecida a escola que investiga as formas comuns de comunicação e coloca a linguagem natural, não a científica, como a linguagem correta.[79]

E vai mais além. Se o significado depende do uso, então está diretamente ligado ao aspecto funcional da palavra no

---

fia da linguagem. São Paulo: Hucitec, 2010, p. 85).

78. WITTGENSTEIN, Ludwig. *Investigações Filosóficas*. Petrópolis: Vozes, 2009, p. 72.

79. WARAT, Luis Alberto. *O direito e sua linguagem*. Porto Alegre: Sergio Antonio Fabris Editor, 1995, p. 63.

contexto de interação, porque não há uso sem função. Mas a comunicação não se esgota unicamente na função referencial, descritiva ou designativa de objetos. A comunicação é processo interacional por meio do qual as pessoas fazem coisas, isto é, comunicar consiste em realizar algo em função de alguém,[80] não apenas descrever objetos da realidade ou dos estados subjetivos de consciência. A linguagem é instrumento para fazer coisas, sendo que a função designativa é apenas uma das muitas funções desempenhadas pela linguagem. Daí que a linguagem se realiza sempre em vista daquilo que Wittgenstein chama de "formas de vida", isto é, maneiras de efetiva interação discursiva entre os sujeitos. No seu dizer, "representar uma linguagem equivale a representar uma forma de vida",[81] ao passo que "falar uma língua é parte de uma atividade ou de uma forma de vida".[82-83] Assim, falar é realizar uma atividade, mas não só a atividade de descrever objetos.

Essa noção de linguagem como "forma de vida", um tanto quanto vaga, foi precisada pela contribuição de John Langshaw Austin,[84] ao desenvolver sua famosa teoria dos atos de fala, segundo a qual, em oposição crítica à semântica pura e ao positivismo lógico, afirma que nem sempre a linguagem serve para constatar realidades objetivas, porque há casos em que a linguagem serve para executar ações, vindo daí sua distinção entre enunciados constatativos ("*declaratory sentence*") e enunciados performativos ("*performative sentence*").[85]

---

80. HABERMAS, Jürgen. *Pensamento pós-metafísico:* estudos filosóficos. Rio de Janeiro: Tempo Brasileiro, 2002, p. 106.

81. WITTGENSTEIN, Ludwig. *Investigações filosóficas.* Petrópolis: Vozes, 2009, p. 23.

82. WITTGENSTEIN, Ludwig. *Investigações filosóficas.* Petrópolis: Vozes, 2009, p. 27.

83. Há uma relação de mão-dupla entre linguagem e atividade: se de um lado falar é fazer, de outro fazer também é falar, pois qualquer comportamento pode ser visto como ação discursiva, como interação perante o outro.

84. AUSTIN, John Langshaw. *How To Do Things With Words.* Cambridge: Havard University Press, 1975.

85. O autor explica: "*The term performative will be used in a variety of cognate ways and constructions, much as the term 'imperative' is. The name is derived, of course,*

Expressões como "eu aceito" ou "eu quero", em determinados contextos, significam mais do que a exteriorização de estados subjetivos de consciência ou opinião, mas constituem formas de agir entre os indivíduos, como o sujeito que firma um contrato, ao dizer "eu aceito", ou o juiz que ordena determinada conduta de uma das partes, com a expressão "eu quero". E tais enunciados performativos não se submetem ao critério de verdade e falsidade, mas apenas às condições de realização efetiva ou não da ação.[86] Mas o próprio Austin não deixa de perceber que mesmo uma declaração é uma ação, já que ninguém declara a existência de algo a alguém sem esperar alguma reação, o que revela o caráter performativo mesmo em enunciados constatativos e que tais enunciados não se submetem apenas aos critérios de verdade ou falsidade da semântica clássica, mas também às condições pragmáticas de sucesso[87] ou regras de competência.

Na sequência, Austin aprofunda analiticamente a noção de performatividade da linguagem com as diferentes dimensões dos atos de fala. Afirma que o uso da linguagem é um fenômeno complexo que simultaneamente reúne diversos aspectos, que vão além do que superficialmente é dito. Em Austin, os atos de fala possuem três dimensões que expressam essa complexidade, quais sejam, o *ato locucionário*, o *ato ilocucionário* e

from 'perform', the usual verb with the noun 'action': it indicates that the issuing of the utterance is the performing of an action – it is not normally thought of as just saying something" (AUSTIN, John Langshaw. *How To Do Things With Words*. Cambridge: Havard University Press, 1975).

86. Como esclarece Manfredo Araújo Oliveira, "os reveses dos atos performativos correspondem, portanto, à falsidade dos atos constatativos, só que não se pode esquecer que se trata aqui de uma dimensão diferente. Os atos constatativos com os quais se fala do mundo, são verdadeiros ou falsos de acordo com a correspondência ou não a estados de coisa em questão; os atos formativos, por sua vez, são felizes ou infelizes (*happy* ou *unhappy*) na medida em que as condições para sua realização são cumpridas ou não" (OLIVEIRA, Manfredo Araújo de. *Reviravolta linguístico-pragmática na filosofia contemporânea*. São Paulo: Edições Loyola, 2006, p. 153).

87. OLIVEIRA, Manfredo Araújo de. *Reviravolta linguístico-pragmática na filosofia contemporânea*. São Paulo: Edições Loyola, 2006, p. 156-7 e 162; LEVINSON, Stephen. *Pragmática*. São Paulo: Martins Fontes, 2007, p. ; MARCONDES, Danilo. *A pragmática na filosofia contemporânea*. Rio de Janeiro: Jorge Zahar Editores, 2005, p. 18.

o *ato perlocucionário*. O ato locucionário expressa a dimensão propriamente linguística do uso da palavra, dotada de certo significado e que possui valor referencial. O ato ilocucionário é a dimensão do uso da palavra através da qual se realiza alguma coisa, isto é, consiste na dimensão que expressa a força ilocucionária, assim compreendido o efeito performativo buscado ao dizer a palavra, que só pode ser compreendido no contexto. Como diz Manfredo de Araújo Oliveira, "o ato ilocucionário é aquele que se executa na medida em que se diz algo, isto é, na medida em que se executa um ato locucionário",[88] em uma situação determinada de interação. Por fim, o ato perlocucionário compreende a dimensão do uso da palavra que revela o efeito produzido no outro sobre o que é dito, efeito esse considerado em termos de reação causal do ouvinte ao que é dito. Assim, a locução "eu aceito" tem como dimensão locucionária o significado de que o locutor está a aceitar algo, enquanto que a dimensão ilocucionária consiste precisamente na força de aceitação em termos de concretização, por exemplo, de um acordo, ao passo que a dimensão perlocucionária compreende a expectativa provocada no outro de que está aceitando determinado acordo que tenha sido proposto.[89] Enfim, é nessa distinção entre ato ilocucionário e ato perlocucionário, enquanto dimensões do uso da palavra, que analiticamente se operam as ações através das palavras, quando o dizer é fazer.

Se, como diz Wittgenstein, o uso da linguagem se dá como "formas de vida", então "compreender uma linguagem significa dominar uma técnica".[90] No lugar de aprender uma língua como forma *a priori* de designação das coisas, o sujeito

---

88. OLIVEIRA, Manfredo Araújo de. *Reviravolta linguístico-pragmática na filosofia contemporânea*. São Paulo: Edições Loyola, 2006, p. 159.

89. Tem-se, então, que o ato perlocucionário somente pode ser entendido através dos elementos do contexto de interação, enquanto que o ato ilocucionário somente pode ser compreendido a partir das convenções linguísticas (OLIVEIRA, Manfredo Araújo de. *Reviravolta linguístico-pragmática na filosofia contemporânea*. São Paulo: Edições Loyola, 2006, p. 162).

90. OLIVEIRA, Manfredo Araújo de. *Reviravolta linguístico-pragmática na filosofia contemporânea*. São Paulo: Edições Loyola, 2006, p. 136.

aprende uma língua como as regras pelas quais fazemos as coisas. O aspecto performativo da linguagem revela que não basta entender a língua como um esquema abstrato e sistemático de proposições prontas e acabadas, porque o que possibilita a comunicação é o compartilhamento de certas regras sobre como fazer algo através de palavras. Cada uso da palavra é como o "lance" de um jogo, que se for feito conforme as regras será reconhecido e confirmado pelos ouvintes, do contrário será repudiado e não produzirá os efeitos desejados. Daí o que Wittgenstein chama de "jogos de linguagem", que consiste no âmbito das formas de uso das palavras que são compartilhadas pelos sujeitos através dos próprios processos de comunicação, numa relação de ensino e aprendizado, relação essa que pode ser pela instrução ou pela repetição.[91] A metáfora dos jogos de linguagem[92] implica o "consenso preliminar numa forma de vida compartilhada intersubjetivamente" ou a "pré-compreensão de uma prática comum regulada através de costumes e instituições",[93] na forma, podemos dizer, de um consenso difuso que se perfaz com os próprios usos. As re-

91. Nas palavras do autor: "Na prática do uso da linguagem, uma parte grita as palavras, a outra age de acordo com elas; mas na instrução da linguagem vamos encontrar este processo: o aprendiz dá nome aos objetos. Isto é, ele diz a palavra quando o professor aponta para a pedra – De fato, vai-se encontrar aqui um exercício ainda mais fácil: o aluno repete as palavras que o professor pronuncia – ambos, processos linguísticos semelhantes. Podemos imaginar também que todo o processo de uso de palavras seja um dos jogos por meio dos quais as crianças aprendem a língua materna. Quero chamar esses jogos de 'jogos de linguagem', e falar de uma linguagem primitiva às vezes como de um jogo de linguagem. E poder-se-ia chamar também de jogos de linguagem os processos de denominação das pedras e de repetição da palavra pronunciada. Pense em certo uso que se faz das palavras em brincadeiras de roda. Chamarei de 'jogo de linguagem' também a totalidade formada pela linguagem e pelas atividades com as quais ela vem entrelaçada" (WITTGENSTEIN, Ludwig. *Investigações filosóficas*. Petrópolis: Vozes, 2009, p. 19).

92. "Os 'jogos' já podem ser entendidos como 'metáforas', como 'metaforização analógica', usando uma expressão de Derrida, quando se dá relevo a que não pretendem 'dizer', com inteiro sentido literal, o que são as 'estruturas' da linguagem, qual é a sua 'gramática profunda', apenas podem, como tropo de semelhança, artificialmente espelhá-las" (CASTRO JR., Torquato. *A pragmática das nulidades e a teoria do ato jurídico inexistente*. São Paulo: Noeses, 2009, p. 67).

93. HABERMAS, Jürgen. *Pensamento pós-metafísico:* estudos filosóficos. Rio de Janeiro: Tempo Brasileiro, 2002, p. 112.

gras do jogo das palavras são, a um só tempo, constituintes dos usos e constituídas pelos usos da linguagem. Elas são a condição necessária de compreensão de qualquer ação, mas, diferentemente de como pensam teorias estruturalistas, não compõem um sistema abstrato, prévio e independente das ações individuais. Na medida em que as regras de um jogo só existem enquanto o jogo é jogado, e à maneira como é jogado, os jogos de linguagem dependem das formas individualizadas de fala. Essas ações retroalimentam os jogos de linguagem.

Nesse ponto, fica clara a redução da verdade à validade. O significado depende mais da validade em relação aos "jogos de linguagem" do que da verificação por elementos de verdade. Se o significado é definido pelos usos, e os usos pelos jogos de linguagem, então o significado de um enunciado guarda toda semelhança com o cumprimento de regras.[94] Nessa perspectiva, o sentido de uma regra não pode ser definido senão pelo teste de avaliação da conduta que a cumpre ou não, isto é, a regra sempre se define em contextos específicos de avaliação, porque requer a presença de outro a quem se possa submeter o juízo crítico. Como explica Habermas,[95] "a identidade de uma regra na variedade de suas realizações não está apoiada em invariâncias observáveis, mas na validade de um critério segundo o qual é possível julgar um comportamento", portanto será sempre necessária a presença de quem faça esse juízo. A validade é sempre intersubjetiva, assim também o significado. Daí a ser incontornável o horizonte da intersubjetividade, já que ninguém pode cumprir uma regra sozinho, mas sempre ao lado de quem possa dizer sobre ela ou não. Por consequência, a segunda fase do pensamento de Wittgenstein é profundamente crítica ao solipsismo na filosofia, que o autor antes havia expressamente defendido, já que agora as condições de verdade dependem diretamente da relação com o outro através da comunicação. A verdade está nas condições pragmáticas de reco-

94. Idem, p. 117.

95. HABERMAS, Jürgen. *Pensamento pós-metafísico:* estudos filosóficos. Rio de Janeiro: Tempo Brasileiro, 2002, p. 118.

nhecimento e aceitação do que é dito, que também são constituídas pelos usos, o que mostra que a verdade está diretamente ligada com as situações concretas de uso e dependem dos "jogos de linguagem", que só existem na interação com o outro.

Por isso, a filosofia pragmática inaugurada por Wittgenstein renuncia a subjetividade como experiência primeira e essencial do mundo, porque toda experiência é intermediada pela linguagem e se perfaz na própria linguagem. Como afirma Ricouer,[96] toda experiência é absolutamente individual e não compreensível ao outro tal como ela é, pois somente a comunicação torna possível o compartilhamento das experiências, e aí já não são mais as experiências em si, mas o que comunico sobre elas. A comunicação partilha as experiências individuais, e, justamente por isso, já deixam de ser unicamente individuais. Os significados intersubjetivamente compartilhados são a condição da experiência humana, pois "as relações recíprocas e interpessoais, determinadas pelos papéis do falante, tornam possível uma autorrelação, que não precisa mais pressupor a reflexão solitária do sujeito agente ou cognoscente sobre si mesmo enquanto consciência prévia".[97] As sensações, então, não são vivências puras subjetivas independentemente da linguagem, pois sem as palavras as sensações não são mais do que caos difuso de estímulos sensoriais. Em última análise, essa perspectiva põe em crise a noção de subjetividade e a própria constituição do sujeito como ser autônomo perante o mundo. No dizer de Eco, "somos, como sujeitos, aquilo que a forma do mundo produzida pelos signos nos faz ser".[98] A subjetividade e os próprios estados de consciência são resultados de processos de significação aprendidos pelo sujeito em interação com o mundo social. Assim, "a consciência adquire forma

---

96. RICOUER, Paul. *Teoria da interpretação:* o discurso e o excesso de significação. Lisboa: Edições 70, 2005, p. 30.

97. HABERMAS, Jürgen. *Pensamento pós-metafísico:* estudos filosóficos. Rio de Janeiro: Tempo Brasileiro, 2002, p. 33.

98. ECO, Umberto. *Semiótica e filosofia da linguagem.* Porto Alegre: Instituto Piaget, 2001, p. 67.

e existência nos signos criados por um grupo organizado no curso de relações sociais"[99]. Não há forma de o sujeito perceber a si mesmo senão diante do outro, com quem compartilha, num jogo de pergunta/resposta ou ensino/aprendizado, formas de compreensão sobre si próprio.[100] É só na diferença com o outro que percebemos nossa própria identidade, e essa percepção se dá em interação. Todo estado de consciência, sobre estímulos internos ou externos, é dialógico.[101]

A crítica ao solipsismo e à linguagem como representação, para firmar a noção de intersubjetividade e significado como uso, estabeleceu as bases para a crítica da verdade e da identidade. Se o significado está nos usos e a base para os usos está na aceitabilidade decorrente dos "jogos de linguagem", então não se pode falar em conceitos invariáveis e descrições firmes e exatas das coisas. A perspectiva clássica ou puramente semântica compreende que a linguagem descreve a essência das coisas, de modo que sob uma mesma denominação se encontram objetos que compartilham exatamente os mesmos objetos constitutivos, isto é, cada nome representa uma classe de objetos, que pertencem a essa classe justamente

---

99. BAKHTIN, Mikhal. *Marxismo e filosofia da linguagem*. São Paulo: Hucitec, 2010, p. 36.

100. Disso implica também que a identidade dos sujeitos também passa a ser funcional, isto é, ligada aos usos de fala nos contextos de comunicação. Nesse sentido, o sujeito não é uma unidade em si, mas um papel que desempenha em relação com os outros. A identidade, tal como qualquer outro significado, é variável de acordo com os contextos e os aspectos funcionais do discurso. A própria subjetividade é uma definição pragmática, constituída na relação. O sujeito se constitui no seu próprio ato de fala, no próprio lugar de onde fala. "O problema é que sobre a identidade biológica, psicológica, individual, enfim, dessas categorias da enunciação, sobrepõe-se um jogo de representações, em que aquele que fala assume o papel de destinador, e, como tal, no momento mesmo em que fala, investe o ouvinte do papel de destinatário. Esta atribuição de papéis, no e pelo ato de fala que se pratica, requer uma reflexão que não pode limitar-se apenas às questões de competência linguística do falante, já que não se trata tanto de saber como os indivíduos falam significativamente sobre o mundo, mas como se representam uns aos outros no processo de interação verbal, processo que, se não exclusivamente, se põe também como mediador e filtro de sua visão de mundo" (VOGT, Carlos. *Linguagem pragmática e ideologia*. São Paulo: Unicamp, 2015, p. 150).

101. Sobre as implicações do pensamento de Wittgenstein sobre essa matéria, vide Hacker (HACKER, P. M. S. *Wittgenstein:* sobre a natureza humana. São Paulo: UNESP, 2000).

por ter os mesmos elementos constitutivos. A linguagem então consiste num esforço de generalização da designação dos objetos a partir dos traços comuns, o que forma a noção de identidade como invariável e preestabelecida, pois cada palavra possui aplicações que são próprias do âmbito da classe de seus referentes.[102] Assim, cada nome designa uma coisa ou uma classe de coisas idênticas. Mas Wittgenstein critica essa perspectiva essencialista e diz que os nomes correspondem ao que chamou de "semelhanças de família", no lugar da identidade ontológica. Quer dizer, cada evento é absolutamente único e irrepetível, assim como os usos da fala. O que possibilita a designação dos eventos pela mesma denominação não é identidade ontológica das coisas que se impõe pela presença dos mesmos elementos constitutivos, mas a escolha de um conjunto de semelhanças, ainda que não correspondam às características totais e universais dos objetos designados. Assim, xadrez, tênis, futebol, voleibol etc., são todos chamados de jogos, embora não sejam absolutamente iguais. É impossível que os referentes de um nome tenham, todos e ao mesmo tempo, as mesmas características, porque o que configura a designação são as escolhas das semelhanças pertinentes, em vista de determinada função no contexto pragmático.[103]

Assim, a denominação nunca esgota as possibilidades de referência, porque ela comporta variações indefiníveis e inumeráveis a depender dos usos e da "semelhança de família" escolhida. Diz Wittgenstein: "como explicaríamos para alguém o que é um jogo? Creio que descrevendo *jogos*, e poderíamos acrescentar à descrição: 'isto e *coisas semelhantes* são chamadas jogos'".[104] A "semelhança de família" é, então, sempre aberta, isto é, há necessariamente uma textura aberta em cada palavra, na medida em que ela não encerra a designação

102. ADEODATO, João Maurício. *Uma teoria retórica da norma jurídica e do direito subjetivo*. São Paulo: Noeses, 2011, p. 44.

103. WITTGENSTEIN, Ludwig. *Investigações filosóficas*. Petrópolis: Vozes, 2009, p. 53.

104. Idem, p. 53.

absoluta da coisa, mas apenas indica o que seja e seus semelhantes. Por isso, "afastar toda e qualquer vaguidade é impossível, pois isso pressupõe conceitos cuja significação está estabelecida de modo definitivo e não podemos, *a priori*, estabelecer regras para todos os casos. [...] Nossos conceitos são essencialmente *abertos* por admitirem a possibilidade de aplicação a casos não previstos".[105] Consequentemente, todo uso da palavra é analógico, isto é, aplicamos as palavras sempre por analogia por se trataram se situações "semelhantes" e para as mesmas funções, não por referência à coisa em si.

Além disso, mais de um referente pode compor diferentes "famílias", justamente porque o nome não esgota a descrição da essência da coisa, é apenas uma forma de uso da palavra tendo em vista alguma função. Xadrez, tênis, futebol, voleibol etc., são todos chamados de jogos, mas alguns são também tidos como esportes, enquanto que há esportes, como maratona e atletismo, que sequer poderiam ser chamados de jogos, e assim as famílias se sobrepõem sem necessariamente provocar contradições, isto é, uma coisa pode ser jogo e esporte ao mesmo tempo, mas também uma coisa pode ser jogo e não ser esporte e ser esporte e não ser jogo. Isso é compreensível porque o nome não retrata a identidade ontológica da coisa, pois cada nome estabelece uma identidade distinta e haverá tantas identidades quanto forem possíveis e pertinentes as denominações. As semelhanças de família são escolhidas para denominar algo, mas esse algo também sofre outras denominações a partir de outros critérios de semelhança.[106] Isso rompe com a perspectiva da semântica clássica e do pensamento ontológico de que cada nome designa uma coisa ou uma classe de coisas idênticas, pois um nome designa um conjunto de coisas semelhantes, mas que não se esgotam nessa denominação. Há várias formas de chamar as coisas, e assim determinada coisa

---

105. OLIVEIRA, Manfredo Araújo de. *Reviravolta linguístico-pragmática na filosofia contemporânea*. São Paulo: Edições Loyola, 2006, p. 131, grifos no original.

106. WARAT, Luis Alberto. *O direito e sua linguagem*. Porto Alegre: Sergio Antonio Fabris Editor, 1995, p. 79.

pode ser uma e outra ao mesmo tempo, a depender das denominações conferidas e dos contextos de interação, sem que isso leve à contradição e falsidade.[107]

Enfim, através dessas considerações sobre a filosofia segunda de Wittgenstein e apresentadas as bases da guinada linguístico-pragmática, tentamos mostrar o impacto das mudanças paradigmáticas na filosofia sobre o papel da linguagem na interação e na formação do conhecimento, sobretudo no que diz respeito à compreensão da verdade e da pretensão de literalidade do discurso enquanto referência a estados objetivos de coisas. Essas questões têm relação direta com duas discussões fundamentais que pretendemos fazer acerca da legalidade e da fraude à lei, quais sejam, a superação do paradigma da linguagem como referência e a crítica à verdade por correspondência. Para enfrentar o primeiro problema, trataremos da metaforologia ou estudo das metáforas enquanto crítica à pretensão de literalidade, isto é, como forma de compreender a impossibilidade de uma descrição pura de certo estado objetivo de coisas. Já para o segundo problema, discutiremos a pretensão de verdade como um valor intersubjetivo do discurso e ligado ao contexto de interação discursiva, em contraposição à visão ontológica da verdade como correspondência da essência das coisas.

1.4 Metáfora e literalidade

A crença geral é a de que quando se fala algo diretamente sobre alguma coisa, estamos nos referindo exatamente a essa coisa, isto é, que o dizer se conecta inteiramente com o que é dito e que as palavras expressam a coisa em si, o que significa

107. Nas palavras de Wittgenstein, "ao invés de indicar algo que seja comum a tudo o que chamamos de linguagem, digo que não há uma coisa sequer que seja comum a estas manifestações, motivo pelo qual empregamos a mesma palavra para todas, – mas são aparentadas entre si de muitas maneiras diferentes. Por causa deste parentesco, ou destes parentescos, chamamos a todas de 'linguagens'" (WITTGENSTEIN, Ludwig. *Investigações filosóficas*. Petrópolis: Vozes, 2009, p. 51).

que se está falando em termos literais. De outro lado, a crença geral também é a de que há formas indiretas de se dizer algo, quando as palavras não dizem exatamente o que se pretende dizer e que por isso a linguagem é apenas figurativa, e nesses casos se fala em termos metafóricos. Em suma, a crença geral é de que a linguagem pode referir diretamente a coisa em si, traduzindo sua essência e verdade, não comportando qualquer refutação justificável, porque a natureza do referente se impõe na sua menção literal, enquanto que na linguagem metafórica e figurada tem-se mero ornamento retórico, já que as palavras usadas não revelam exatamente a coisa a que se refere e, por isso mesmo, podem levar ao engano se compreendidas literalmente.

Essa distinção entre discurso literal e discurso metafórico pressupõe a compreensão da linguagem como referência de estados objetivos de coisas, que apenas revela as coisas previamente existentes, isto é, a linguagem como um meio entre os referentes e a consciência do sujeito. Para correntes ontológicas, linguagem é instrumento, que pode revelar a verdade ou escondê-la em jogos de aparência,[108] e a partir disso, dizemos, formam-se o discurso literal e o discurso da metáfora. Para o positivismo lógico, por exemplo, a metáfora se encontra no campo da linguagem emotiva ou literária, não tendo natureza cognitiva e, portanto, totalmente alheia ao pensamento científico. Por não se referir a objetos concretos e não ter denotação, a metáfora carece de valor descritivo e cognitivo, nada mais é que linguagem figurada.[109] Só se pode pensar na linguagem figurada, distinta da descritiva, a partir da ideia de que existe uma linguagem que efetivamente descreve os objetos tais como eles são, numa perspectiva que se aproxima da ontologia. Disse Aristóteles: "a metáfora é aplicação a uma coisa de um nome que pertence à outra", de modo que existe o sentido corrente designativo de determinado objeto, enquanto que a metáfora surge para substituir esse

108. ADEODATO, João Maurício. *Uma teoria retórica da norma jurídica e do direito subjetivo.* São Paulo: Noeses, 2011, p. 7.

109. RICOUER, Paul. *Teoria da interpretação:* o discurso e o excesso de significação. Lisboa: Edições 70, 2005, p. 69.

nome por outro normalmente não aplicável, com a finalidade de aformoseamento ou persuasão.[110] Trata-se, para Aristóteles, de uma figura retórica que se distancia da literalidade do sentido, na busca do aperfeiçoamento estético ou da adesão do auditório ao texto.[111] A literalidade ou o sentido corrente aparece como aquele que é correto, que verdadeiramente descreve a coisa tal como ela é, enquanto que a metáfora o deturpa na sua aplicação, para retoricamente figurar coisa diversa.

Para a semântica clássica, o que garante a compreensão da metáfora é a semelhança, isto é, o fato de que a designação figurativa foi escolhida por compartilhar com o referente alguns predicados de sua essência. Se cada nome deve designar objetos, o nome metaforicamente aplicado pressupõe sua aplicação literal, pois é sua aplicação sobre objeto distinto da aplicação literal que lhe faz linguagem figurativa. Cada nome designa objetos próprios e um nome se torna linguagem metafórica quando aplicada para objetos que não lhes cabe designar, mas o que garante a compreensão da metáfora é justamente a relação de semelhança possível entre o referente próprio do nome e o referente que, figurativamente, foi representado pelo nome. A relação do referente com a palavra é que determina a linguagem literal ou figurada. Nessa perspectiva, a metáfora nada diz de novo sobre a realidade, pois, no final das contas, está-se apenas designando o mesmo referente por um outro nome,[112] isto é, a literalidade está sempre escondida pela metáfora, pois é sempre possível representar o referente pelo seu significado literal.

---

110. Aformoseamento ou persuasão dizem respeito aos dois aspectos da metáfora tratados na obra aristotélica, quais sejam, o aspecto estético e o aspecto retórico, que são respectivamente desenvolvidos nas obras Poética e Retórica, de Aristóteles (CASTRO JR., Torquato. *A pragmática das nulidades e a teoria do ato jurídico inexistente.* São Paulo: Noeses, 2009, p. 69-70).

111. RICOUER, Paul. *Teoria da interpretação:* o discurso e o excesso de significação. Lisboa: Edições 70, 2005, p. 71.

112. RICOUER, Paul. *Teoria da interpretação:* o discurso e o excesso de significação. Lisboa: Edições 70, 2005, p. 72.

Em contraposição a essa concepção, propomos aqui uma perspectiva pragmática da metáfora, enquanto ação discursiva que "diz-nos algo de novo acerca da realidade".[113] A metáfora proporciona dizer algo que sem ela não poderia ser dito. Ela é inventiva do significado, realizada como resposta dissonante e desafiadora do possível sentido léxico que se pudesse empregar. A metáfora é uma ação discursiva inteiramente nova, que não se conforma com o repertório dicionarizado e que expressa um significado que nenhuma palavra existente poderia expressar. A metáfora assume a existência do sentido literal para destruí-lo na própria enunciação, isto é, "a metáfora pressupõe a distinção entre aparência e realidade apenas para subvertê-la",[114] porque onde não há sentido literal possível ele é pressuposto, apenas para significar algo novo. Não há, então, sentido literal e sentido figurado, da mesma que não há o real e a forma como é apresentado, mas apenas e tão só a metáfora, como instância própria do sentido contextual.

Disso decorre que a metáfora está continuamente na comunicação. Na medida em que não há sentidos puramente literais, muitos menos referentes objetivos no mundo que sirvam de parâmetro sobre a validade de enunciados, toda enunciação é metafórica, inauguradora de sentidos próprios do contexto. Toda escolha pelo sentido literal ou metafórico é uma quase-opção exageradamente artificial, pois os significados são construídos por meio de metáforas.[115] No momento em que a linguagem denomina coisas, provocando generalizações arbitrárias, já está presente a metáfora inicial, isto é, o uso figurativo da palavra, porque se toma emprestadas as palavras de designações semelhantes no vocabulário para criar sentido novo e

---

113. RICOUER, Paul. *Teoria da interpretação:* o discurso e o excesso de significação. Lisboa: Edições 70, 2005, p. 77.

114. CASTRO JR., Torquato. *A pragmática das nulidades e a teoria do ato jurídico inexistente.* São Paulo: Noeses, 2009, p. 16.

115. PONZIO, Augusto; CALEFATO, Patrizia; PETRILLI, Susan. *Fundamentos da filosofia da linguagem.* Petrópolis: Vozes, 2007, p. 128.

contextual. Nesse sentido, toda denominação contém certo resíduo metafórico, isto é, nenhum sentido é puramente literal.[116]

Essa perspectiva se coloca em contraposição ao conceito aristotélico de metáfora como substituição da designação literal pela designação figurativa. O significado da metáfora não se dá em termos de identidade, mas de relação dialógica entre dois sentidos diferentes.[117] Em Searle, esse dualismo é apresentado como "significado da sentença", que corresponde ao sentido convencional e não contextual, e "significado do falante", que corresponde ao sentido do contexto,[118] e a relação entre esses dois significados que produz o sentido metafórico do caso. Essa dualidade – entre o sentido comum e o sentido implícito do contexto – é característica da metáfora, pois, como diz Torquato Castro Jr., "a pressuposição compondo o sentido da metáfora é a de que o sentido do que se quer dizer está além do que mostra a imagem enunciada", isto é, "jogando com certas pressuposições do leitor é que a metáfora propõe um significado além da aparência literal da imagem oferecida".[119] Trata-se de uma relação de complementariedade,[120] necessariamente dialógica, no sentido de que cada qual das partes do dualismo metafórico empresta significações que lhe são próprias, formando algo que é nem um nem outro. É a tensão entre as duas interpretações que formam o significado da metáfora: de um lado, a interpretação não contextual – que não seria aceita, por absurda, se a interpretação ficasse por aí – e, de outro, a inter-

116. ADEODATO, João Maurício. *Uma teoria retórica da norma jurídica e do direito subjetivo*. São Paulo: Noeses, 2011, p. 132.

117. PONZIO, Augusto; CALEFATO, Patrizia; PETRILLI, Susan. *Fundamentos da filosofia da linguagem*. Petrópolis: Vozes, 2007, p. 128.

118. SEARLE, John. *Expressão e significado*. São Paulo: Martins Fontes, 2002, p. 137.

119. CASTRO JR., Torquato. *A Pragmática das nulidades e a teoria do ato jurídico inexistente*. São Paulo: Noeses, 2009, p. 73-74.

120. "A complementariedade alude à relação de afinidade e concordância entre coisas e pontos de vista diferentes e aparentemente dissimiles e divergentes, [...] à necessidade de múltiplos pontos de vista que, na semiose, transforma a interpretação-significação em 'uma conversa sem fim'" (PONZIO, Augusto; CALEFATO, Patrizia; PETRILLI, Susan. *Fundamentos da filosofia da linguagem*. Petrópolis: Vozes, 2007, p. 128).

pretação contextual, sendo que o fruto dessa tensão dialógica é o efetivo sentido construído pela enunciação.

Assim é que as metáforas inauguram novos significados em contextos concretos de interação, desafiando criativamente a literalidade do enunciado e atribuindo-lhe, no contexto, um sentido diferente. A metáfora aproveita os significados correntes das palavras e emprega essas palavras num contexto a princípio inadequado para qualquer designação literal, mas apenas para produzir um significado próprio para a situação. Quando, na obra ficcional de Graciliano Ramos, Fabiano diz a si mesmo "você é um bicho, Fabiano", não se está a dizer que literalmente o personagem não seja algo humano, ele é humano. A metáfora do homem como bicho está para ilustrar algo que somente dessa forma Fabiano poderia dizer, isto é, o fato de que ele não tem a mesma dignidade de outros homens, mas justamente por isso está preparado para adversidades que nenhum outro homem seria capaz de suportar.[121] Só nas letras de Graciliano, a metáfora do homem como bicho pode ser compreendida tal como deve ser.

A cada uso metafórico de uma palavra cria-se um novo significado, tomando emprestados, por relação dialógica, os significados correntes das palavras. Por isso fala-se em "metáforas vivas", como aquelas que inauguram sentidos, desafiando a literalidade. Mas a metáfora viva pode morrer com o uso contínuo, de modo que ela perde seu potencial desafiador e a dualidade se torna não mais necessária, justamente quando entra no campo do sentido comum ou da literalidade. Com o tempo,

121. "– Fabiano, você é um homem, exclamou em voz alta.
Conteve-se, notou que os meninos estavam perto, com certeza iam admirar-se ouvindo-o falar só. E, pensando bem, ele não era homem: era apenas um cabra ocupado em guardar coisas dos outros. Vermelho, queimado, tinha os olhos azuis, a barba e os cabelos ruivo; mas como vivia em terra alheia, cuidava de animais alheios, descobria-se, encolhia-se na presença dos brancos e julgava-se cabra.
Olhou em torno, com receio de que, fora os meninos, alguém tivesse percebido a frase imprudente. Corrigia-a murmurando:
– Você é um bicho, Fabiano.
Isto para ele era motivo de orgulho. Sim senhor, um bicho, capaz de vencer dificuldades" (RAMOS, Graciliano. *Vidas secas*. Rio de Janeiro: Record, 2011, p. 18-19).

a metáfora viva pode se tornar sentido corrente e se naturalizar como nome próprio de certas coisas. Falar em "pé-de-mesa", por mais que mesa não tenha pé, como os têm as pessoas, não desafia o sentido comum do ouvinte, não há mais dualidade na interpretação entre enunciado literal e contextual, há apenas o único e presente significado comum do "pé-de-mesa".

Essa distinção entre metáforas vivas e mortas leva à conclusão de que a formação dos significados se dá metaforicamente. Todo significado literal é uma metáfora morta, que um dia já esteve viva. Ao tomar-se uma coisa por outra, como se faz na metáfora, expande-se a forma de compreensão sobre o mundo, no sentido de que se passa a ter mais coisas a falar. Criam-se, com as metáforas, novos significados e novas formas de interação com o outro. As elaborações metafóricas têm o fito de estruturar o conhecimento e as maneiras como se dá a relação para com outras pessoas. Isso está na base da conclusão de Lakoff e Johnson,[122] ao dizerem: "*metaphor is not just a matter of language, that is, a mere words.* [...] *On the contrary, humam thought processes are largely metaphorical. This is what we mean when we say that the human conceptual system is metaphorically structured and defined*". O que pode ser complementado pelo que diz Hannah Arendt: "*Analogies, metaphors, and emblems are the threads by which the mind holds on to the world even when, absentmindly, it has lost direct contact with it, and they guarantee the unity of human experience*".[123]

Consequentemente, os dados da cultura não são mais do que metáforas,[124] que nada possuem de referencial a objetos existentes em si. Não há algo que se possa falar literalmente sobre os conceitos culturais, porque toda linguagem sobre eles são metáforas. Democracia, secularismo, contrato, esta-

---

122. LAKOFF, George; JOHNSON, Mark. *Metaphors We Live By*. Chicago: University of Chicago Press, 1980, p. 6.

123. ARENDT, Hannah. *The Life of Mind*. New York: A Harvest Book, 1978, p. 109.

124. Na síntese de Lakoff e Johnson: "*The conceptual systems of cultures and religions are metaphorical in nature*" (LAKOFF, George; JOHNSON, Mark. *Metaphors We Live By*. Chicago: University of Chicago Press, 1980, p. 40).

do etc., todos são conceitos que se pressupõem descritivos de realidades existentes e relatados por uma ciência (ciências humanas ou ciências do espírito), mas, como atenta Torquato Castro Jr.,[125] "ao contrário do que se dá com sistemas empíricos, os 'objetos' atômicos que corresponderiam aos dados empíricos de que parte a ciência não são dados empíricos, nem objetos definíveis por uma definição ostensiva". São casos em que a literalidade é impossível, é apenas pressuposta para o fim de enunciar o que se pretende significar, que é a metáfora do conceito. A própria história da filosofia, e por que não da filosofia do direito e da dogmática jurídica, se apresenta como sucessão da descoberta de "racionalidades escondidas", de constatação de novas realidades a que se possa literalmente enunciar, como se fosse algo que sempre estivesse ali, mas ainda não tinha sido constatado, "em vez de simplesmente designar metáforas recentemente tornadas literais".[126] Todo novo paradigma filosófico se dá no esforço para reduzir à literalidade as metáforas, esforço de tornar mortas as metáforas vivas,[127] isto é, no fundo todo conceito filosófico – e por que não os jurídicos – tem raízes em algum significado totalmente diferente em seu contexto originário, que por vezes nada tinha de filosófico e estava ligado à linguagem ordinária.[128]

Contudo, deixemos claro que afirmar que todos os significados possuem base metafórica não significa, necessariamente, que devamos descartar a literalidade. Há sentido pragmático e analítico na existência do discurso literal. Assim, a literalidade, nos termos pragmáticos que aqui propomos, não é circunstância da realidade que se impõe, é tão só constrangimento do discurso. Quer dizer, "uma vez que todo conhecimento e toda linguagem exsurgem das metáforas, os

---

125. CASTRO JR., Torquato. *A pragmática das nulidades e a teoria do ato jurídico inexistente.* São Paulo: Noeses, 2009, p. 94.

126. RORTY, Richard. *Ensaios sobre Heidegger e outros.* Liboa: Instituto Piaget, 1999, p. 34.

127. RORTY, Richard. *Ensaios sobre Heidegger e outros.* Liboa: Instituto Piaget, 1999, p. 39.

128. ARENDT, Hannah. *The Life of Mind.* New York: A Harvest Book, 1978, p. 104.

constrangimentos da literalidade não podem ser senão constrangimentos pragmáticos".[129] Ao colocarmos a literalidade em xeque, estamos renunciando às pretensões de verdade na linguagem e nos conceitos enquanto referência da realidade. Os sujeitos, há de se reconhecer, não podem prescindir do uso discursivo da verdade e da linguagem literal para comunicar a respeito de algo, mas essas noções não são mais do que variáveis históricas que não podem ser reduzidas para operações cognitivas do sujeito que se liga diretamente às coisas.[130] Por isso, a verdade e a literalidade, pragmaticamente, são pretensões de correção e legitimidade do discurso, cujas únicas bases estão nos significados correntes. O literal não é mais do que metáfora morta, uso da palavra que se tornou comum.

A virada da compreensão sobre as metáforas, colocando-as no centro e como forma de construção do conhecimento sobre mundo pela linguagem, é reflexo do resgate da retórica, menosprezada desde a vitória platônica que restringiu o campo da filosofia à contemplação da essência das coisas e, portanto, da verdade. Consequentemente, esse retorno da retórica através da metaforologia, que em tudo tem a ver com o projeto da filosofia pragmática da linguagem, possibilita a crítica das pretensões da Modernidade, seja por parte de racionalistas como de empiristas, de obtenção do conhecimento verdadeiro e objetivo das coisas.[131] Implica também a leitura crítica

---

129. CASTRO JR., Torquato. *A pragmática das nulidades e a teoria do ato jurídico inexistente.* São Paulo: Noeses, 2009, p. 93.

130. LIMA, Luiz Costa. Introdução. In: BLUMENBERG, Hans. *Teoria da não conceitualidade.* Belo Horizonte: Editora UFMG, 2013, p. 36.

131. Sobre esse ponto, Lima diz: "Se o real, portanto, é sempre a invenção fantasmal que tranquiliza e, ao mesmo tempo, assombra o homem, o requestionamento da metáfora ao menos franqueia uma porta ante a completa oclusão a que os tempos modernos e, mais precisamente, a modernidade, sucessiva ao otimismo iluminista, nos tem submetido. Comecemos por observar que semelhante requestionamento supõe retirar a retórica do menosprezo, posterior ao prestígio que o renascimento lhe concedeu, com que os tempos modernos a encararam, aumentando a secundariedade a que ela esteve filosoficamente sujeita desde Platão" (LIMA, Luiz Costa. Introdução. In: BLUMENBERG, Hans. *Teoria da não conceitualidade.* Belo Horizonte: Editora UFMG, 2013, p. 32).

dos conceitos jurídicos, na medida em que eles, não obstante a pretensão descritiva que tem a dogmática jurídica, carecem de qualquer base objetiva. A Modernidade, impulsionada pelo otimismo iluminista, lançou o projeto de compreensão do mundo em termos de sistemas lógicos descritivos de padrões, isto é, de leis naturais e jurídicas. Na crença moderna, a identificação das relações de causalidade revela padrões descritivos da realidade, considerados científicos por se repetirem ao se testar sua ocorrência pelos mesmos métodos e circunstâncias. Essa crença na racionalidade e na repetição dos eventos com a consequente formação de padrões também é compartilhada por juristas, pois a lei e os conceitos jurídicos são pensados como critérios científicos de decisão, tais como as leis da causalidade, de modo que o acontecimento do evento deverá implicar sempre a mesma consequência jurídica (causalidade jurídica).[132] Dessa forma, a legalidade e os conceitos jurídicos pressupõem a literalidade, isto é, pressupõem uma descrição exata das coisas tal como elas são, o que é próprio das pretensões científicas do direito na Modernidade. Qualquer desvio do padrão legal ou conceitual consiste no ilícito ou até mesmo no engano e equívoco, porque a generalidade racional da lei não comporta exceções, isto é, haverá sempre de ocorrer a consequência jurídica para o fato abstratamente previsto. Então, a legalidade e os conceitos da dogmática jurídica implicam que a decisão deve conformar-se a eles, exatamente como eles prescrevem a solução do caso, isto é, a decisão jurídica relata literalmente o caso e o sentido da lei e dos conceitos.

Ocorre que a lei e os conceitos jurídicos, segundo aqui defendemos, são irredutíveis à literalidade, são necessariamente artificiais, e o padrão que supostamente descrevem não são mais do que uma pressuposição ou pretensão pragmática do discurso. A vinculação à lei é âmbito literal pressuposto no discurso, e os conceitos jurídicos, tais como o de norma jurídica, sistema jurídico, fonte do direito e, inclusive, fraude à lei,

---

132. Estruturar logicamente esse processo foi, podemos dizer, o objetivo principal de Lourival Vilanova em seu Causalidade e Relação no Direito (VILANOVA, Lourival. *Causalidade e relação no direito*. São Paulo: Noeses, 2015, *passim*).

transmitem a ideia de que há estados objetivos de coisas, porque são "conceitos unificantes, expressões de totalidade".[133] No entanto, esses estados objetivos de coisas não passam de pretensões da ação discursiva, a fim de que, na relação dialógica entre o "significado da sentença" e o "significado do falante", se estabeleça o significado contextual. Toda decisão tem a pretensão de aplicar objetivamente a lei, assim como todo conceito tem a pretensão de descrevê-la, mas cada enunciado dito nesses âmbitos discursivos são criações metafóricas de significado, e o âmbito da literal vinculação à lei estão no plano da pressuposição dos falantes, como um constrangimento pragmático. Consequentemente, as exceções ao padrão ou as exceções da legalidade, vistas como algo incompreensível, como uma espécie de milagre que transcende a razão[134] ou como o místico inefável,[135] não são mais do que a instância mesma do sentido, tal como posto pela ação discursiva nas suas contingências da interação. De certo modo, é a exceção que possibilita a legalidade, porque ela é sempre pressuposta no discurso, do mesmo modo que o literal é pressuposto da metáfora. A literalidade, a legalidade e o padrão conceitual são pretensões discursivas sem base objetiva, pressupostas na comunicação para que seja possível a criação dialógica do sentido contextual. Em suma, são "crenças funcionais, lugares comuns instáveis, certamente, mas efetivos e utilizáveis".[136]

---

133. As palavras são de Castro Jr., para se referir às "metáforas absolutas" de Blumenberg (CASTRO JR., Torquato. A Bola do Jogo: uma metáfora "performativa" para o "desafio" da pragmática da norma jurídica. In: ADEODATO, João Maurício; BITTAR, Eduardo (Orgs.). *Filosofia e teoria geral do direito:* homenagem a Tercio Sampaio Ferraz Jr. São Paulo: Quartier Latin, 2011, p. 1078).

134. SCHMITT, Carl. *Teologia política.* Belo Horizonte: Del Rey, 2006, *passim.*

135. WITTEGENSTEIN, Ludwig. *Tractatus logico-philosophicus.* São Paulo: Editora da Universidade de São Paulo, 2010, *passim.*

136. Metáforas de Letras em Culturas Jurídicas da Escrita: como se é fiel à vontade da lei? In: BRANDÃO, Cláudio; CAVALCANTI, Francisco; ADEODATO, João Maurício (Coord.). *Princípio da legalidade:* da dogmática jurídica à teoria do direito. Rio de Janeiro: Forense, 2009.

1.5 Verdade e intersubjetividade

Tais reflexões sobre a metáfora e a literalidade conduzem diretamente ao problema da verdade. Quer dizer, se a linguagem não tem o condão de referir-se diretamente sobre os estados de coisa do mundo, porque todo significado literal em sua origem advém de uma metáfora, cabe indagarmos, então, quando é possível considerar um enunciado como verdadeiro. É certo que a verdade possui valor funcional, porque em torno dela os sujeitos tomam decisões e comunicam fatos entre si, mas então será preciso assentar a verdade em outras bases que não as bases referenciais. Na perspectiva pragmática, a verdade é tomada não como referência, mas como reação do ouvinte numa interação discursiva. Afirmar a possibilidade pragmática da verdade é dizer que nem tudo o que é dito pode ser confirmado por quem ouve, uma vez que predicados tais como os de "*racional, irracional, verdadeiro, falso*, são conquistados *na situação* comunicativa, *dentro* e não fora do discurso ou anteriormente a ele".[137] Nosso objetivo aqui é justamente mostrar que a verdade se assenta nesses constrangimentos pragmáticos do discurso.[138]

A verdade, na tradição filosófica, se coloca em termos absolutos, isto é, a verdade é sempre uma, não várias, sendo potencialmente reconhecida por todos. Um enunciado só pode ser verdadeiro ou falso em termos absolutos, independentemente de qualquer perspectiva particular.[139] Por isso, toda contradição é vista como inconsistência e apenas um enunciado pode

---

137. FERRAZ JR., Tercio Sampaio. *Direito, retórica e comunicação:* subsídios para uma pragmática do discurso jurídico. São Paulo: Atlas, 2015, p. 22, grifos no original.

138. Não será nossa pretensão definir em que consiste um enunciado verdadeiro, o que implicaria investigar as teorias do significado e as condições de objetividade do discurso. Como o presente trabalho almeja uma crítica da pretensão de verdade no discurso comum dos juristas, basta-nos mostrar a inconsistência da verdade como correspondência aos fatos, sem que seja necessário nos ocupar com as condições pragmáticas de efetividade do significado, que o fazem ser tido como verdadeiro.

139. MICHELON JR., Cláudio Fortunato. *Aceitação e objetividade.* São Paulo: Revista dos Tribunais, 2004, p. 116.

ser considerado verdadeiro, outros enunciados que dizem algo diverso sobre a mesma coisa são considerados falsos. Verdade e falsidade são funções opostas do discurso, na medida em que tudo o que não se conforma à unidade do ser verdadeiro é considerado falso, e dessa forma se opõe a todos os interlocutores, porque a verdade não depende de versões – só há uma versão verdadeira, todas as outras são falsas. A verdade obriga todos os interlocutores a aceitarem o que é dito.[140] Assim, a noção de verdade está atrelada à de objetividade, de modo que o real é sempre objetivamente verificado, independente dos desejos e inclinações dos sujeitos. A objetividade, então, se apresenta em oposição à relatividade, no sentido de que a verdade é uma só.

Isso só é possível se for pressuposta a unidade ontológica do ser, como algo preexistente à linguagem e que não comporta contradições, consistente na generalização das particularidades. Quer dizer, no caos difuso de ocorrências na realidade, existem os padrões de repetição a serem verificados, e assim a pluralidade dos eventos deve ser reduzida a uma unidade essencial. Como diz João Maurício Adeodato,[141] a ontologia "reduz um número infinito de 'entes' individuais a um 'ser' generalizado". O pensamento ontológico reduz a enorme complexidade dos eventos individuais por meio de generalizações linguísticas, tais como classes e conceitos.[142] A verdade da afirmação é justamente a revelação da natureza essencial do ser através dessas generalizações, objetivamente verificáveis pelos interlocutores. Nesses termos, ou a imposição normativa tem natureza de tributo ou não a tem, ou o fato é crime de homicídio ou não o é. A noção de verdade, então, envolve o enquadramento do evento em algum esquema de generalização linguística, por mais particular que o evento seja, e esse

---

140. ADEODATO, João Maurício. *Uma teoria retórica da norma jurídica e do direito subjetivo*. São Paulo: Noeses, 2011, p. 8.

141. ADEODATO, João Maurício. *Uma teoria retórica da norma jurídica e do direito subjetivo*. São Paulo: Noeses, 2011, p. 37.

142. Idem, p. 44.

enquadramento não comporta contradições, pois o enunciado verdadeiro tem que corresponder à unidade ontológica do ser.

Essa concepção de verdade como unidade ontológica do ser constitui a diferença entre ser e aparência, no sentido de que o ser é apenas um, todo o resto é aparência, que engana e turva a percepção da verdade sobre a essência. Assim, a tarefa do filósofo – e também do jurista – é ultrapassar a barreira das aparências e encontrar a verdade sobre a essência das coisas que está submersa em meio a uma série de afirmações falsas. Como diz Hannah Arendt:[143] "*in order to find out what truly is, the philosopher must leave the word of apearances among which he is naturally and originally na home*"; e complementa depois: "*it has always been the very appearingness of this world that suggested to the philosopher, that is, to the human mind, the notion that something must exist that is not appearance*". A verdade, então, é algo que se esconde por trás de todas as aparências. O discurso ontológico estabelece a diferença entre ser e aparência, de modo que a verdade não se esgota na aparência, pois há sempre algo escondido e ainda não revelado. Nessa perspectiva ontológica, a linguagem é mero instrumento, que pode revelar a verdade, no que se diz ser o enunciado verdadeiro, ou escondê-la nas aparências, no que se diz ser falso o enunciado.[144]

Tudo começou no confronto filosófico entre Parmênides e Heráclito. Para Parmênides, a mudança das coisas é uma ilusão, que está no plano das aparências, porque elas possuem uma essência imutável. O ser das coisas é invariável e contínuo, de modo uma coisa não pode ser várias no curso de suas mudanças, ela representa uma unidade persistente. Assim, uma pessoa envelhece, adquire rugas e não mais tem as feições que tinha em sua mocidade, mas ainda assim é a mesma pessoa. A aparência muda, a essência é a mesma. Já Heráclito definia a constante mudança, a ideia de que não há unidade

---

143. ARENDT, Hannah. *The life of mind.* New York: A Harvest Book, 1978, p. 23.

144. ADEODATO, João Maurício. *Uma teoria retórica da norma jurídica e do direito subjetivo.* São Paulo: Noeses, 2011, p. 7.

constante das coisas, porque uma coisa nunca será a mesma, mas várias no suceder dos acontecimentos. Isso significa que só há mudança, não há unidade do ser. Assim, "o conhecimento deve se concentrar na mudança e é a permanência que constitui uma ilusão, pois ninguém pode tomar banho nas águas do mesmo rio".[145] Em suma, a tese de Parmênides leva à generalização dos acontecimentos na unidade do ser, de modo que toda manifestação do fenômeno, por mais peculiar que pareça ser, corresponde a algo que podemos chamar de ser ou essência, enquanto que a tese de Heráclito conduz a que os eventos são irrepetíveis e que, portanto, não há unidade ontológica do ser, isto é, cada acontecimento encerra em si mesmo e não há continuidade possível.

O discurso ontológico de Parmênides prevaleceu e fundou-se a raiz da pretensão racionalista da verdade e da certeza. O idealismo platônico teve destacado papel em firmar esse pensamento ontológico na tradição filosófica. A partir da distinção entre realidade e idealidade,[146] despreza a percepção sobre dados empíricos e afirma a verdade como qualidade do pensamento sobre objetos ideais. As sensações do corpo enganam e as ilimitadas variações da irracional realidade são mera aparência, pois a essência das cosias, sua natureza perfeita e acabada, está no mundo das ideias. O platonismo influenciou a epistemologia moderna, inclusive o racionalismo, na medida em que permaneceu a convicção de que "conhecer é encontrar, no sujeito, formas de pensamento adequadas ao mundo real". A vitória da filosofia platônica consolidou na filosofia ocidental a concepção de que o mundo possui essências a serem desveladas das aparências, e o sujeito, enquanto ser racional, é centro e condição do conhecimento.[147] Eis herança platônica:

---

145. Idem, p. 33.

146. "Para Platão, as ideias constituem a verdadeira realidade, da qual a 'realidade' empírica é somente cópia imperfeita, válida não em si mesma, mas somente enquanto participa do ser essencial (ideal), imperceptível pelos órgãos dos sentidos" (ADEODATO, João Maurício. *Filosofia do direito*. São Paulo: Saraiva, 2013, p. 93).

147. ADEODATO, João Maurício. *Filosofia do direito*. São Paulo: Saraiva, 2013, p. 92.

a unidade do ser e adequação do pensamento como condição da verdade. Consequentemente, a linguagem nada mais deve ser que descrição objetiva da ordem das coisas, retrato de sua essência, tal como idealmente a conhece o sujeito.[148]

Herdeiro desse legado, o racionalismo cartesiano manteve as mesmas pretensões sobre a unidade ontológica do ser e da verdade como correspondência do pensamento aos objetos, enquanto que a linguagem fica reduzida a segundo plano.[149] A pretensão da verdade está diretamente atrelada à necessidade de certeza. O pensamento racionalista tem como ambição a certeza através da verdade, porque a dúvida é a inclinação natural do *Cogito* cartesiano e duvidar não é mais do que extinguir incertezas. O "eu" desancorado do corpo e dos elementos espaciais e temporais das circunstâncias e que indaga racionalmente, de que fala a filosofia cartesiana, é motivado pela vontade de encontrar a verdade da coisa,[150] única e imutável. Daí a metáfora cartesiana do gênio maligno, o contrário de Deus, que nada fala sobre a verdade, que apenas engana e trapaceia, que representa o campo da mera opinião. A trapaça do gênio maligno consiste em fazer parecer algo falso como verdadeiro, leva a crer na aparência, dissimulando a verdade, mas a dúvida permite encontrar o objeto certo e verdadeiro,[151] e o conhecimento se mostra como relação entre o sujeito-objeto.[152]

---

148. OLIVEIRA, Manfredo Araújo de. *Reviravolta linguístico-pragmática na filosofia contemporânea*. São Paulo: Edições Loyola, 2006, p. 19.

149. Diferente, porém, do idealismo ontológico de Platão, o racionalismo de Descartes concebe a verdade como representação do pensamento racional, numa esfera subjetiva da consciência.

150. RICOEUR, Paul. *O si-mesmo como outro*. São Paulo: Martins Fontes, 2014, p. XVII.

151. Idem, p. XVIII.

152. Kant iniciou um processo tímido de ruptura com o racionalismo, ao afirmar a impossibilidade da razão pura como forma de conceber a existência e natureza das coisas e que o conhecimento está submetido às condições transcendentais de consciência, quais sejam, as condições de tempo e espaço. Essas condições transcendentais são o que restou da metafísica, sendo que todos os outros objetos somente podem ser conhecidos compreensão humana. Kant, então, tornou abrir espaço para a fenomelogia.

O positivismo lógico e as teorias semânticas da linguagem seguem essa tradição. O positivismo lógico assumiu a premissa de que os problemas fundamentais da filosofia são problemas linguísticos e que a metafísica nada pode dizer sobre a realidade. A missão da filosofia seria estabelecer as condições formais pelas quais é possível descrever o mundo de forma lógica e coerente, reduzindo ambiguidades, contradições e toda sorte de equívocos da linguagem. Os problemas metafísicos do racionalismo são, então, falsos problemas filosóficos, porque decorrem da incompreensão lógica da linguagem,[153] mas cabe à filosofia o estudo da linguagem como condição para a representação precisa e adequada do mundo, no que estão presentes as pretensões de unidade e totalidade próprias da essência das coisas. Com isso, o positivismo lógico foi responsável por reduzir a verdade à teoria do significado, e o significado às condições lógicas de representação do mundo, mantendo-se atrelado à ideia de que há algo anterior à linguagem que estabelece os seus limites e de que as formas de representação do mundo não admitem variabilidade e respeitam a unidade da essência das coisas.

A guinada linguístico-pragmática, como visto, opera uma radical mudança de perspectiva sobre o papel da linguagem nas relações e, especialmente, na formação do conhecimento e das condições de verdade dos enunciados. No lugar de designar coisas que estão objetivamente presentes e constatadas no mundo, a linguagem é instrumento para a realização de ações em vista do outro, o que significa que a verdade é uma construção relacional que tem lugar na própria linguagem. Como diz Wittgenstein,[154] o emprego dos predicados de "verdadeiro" e "falso", antes mesmo de depender de constatações objetivas, está condicionado a regras, tais como as regras de um jogo. Um enunciado verdadeiro é definido pela observância de certas regras de uso, e essas regras têm como base as próprias formas

153. HADOT, Pierre. *Wittegenstein e os limites da linguagem.* São Paulo: Realizações, 2014, p. 24.

154. WITTGENSTEIN, Ludwig. *Investigações filosóficas.* Petrópolis: Vozes, 2009, p. 78.

compartilhadas de uso. Nas palavras de Adrualdo Catão, "a proposição descritiva está ligada aos predicados *é verdadeiro* ou *é falso* somente no uso que dela se faz dentro do jogo de linguagem, não havendo que se falar em uma ligação escondida entre linguagem e realidade, que demonstre a essência da descrição".[155] Nesse sentido, "um enunciado 'verdadeiro' sobre um estado de coisas é simplesmente uma interpretação que coincide com outra interpretação prévia",[156] interpretação prévia essa que é a das regras de uso dos "jogos de linguagem".

Se a verdade é algo conforme certas regras, é porque ainda se pode falar em verdade, só que numa perspectiva diferente. No lugar da referência, fica o discurso. Por essa razão, nas palavras de Jurgën Habermas, é possível falar em "realismo sem representação",[157] isto é, não se nega a possibilidade da verdade e da objetividade, mas se refuta que estejam num referente situado no mundo e do qual podemos ter um acesso direto. Para que algo tenha significado, sobretudo significado verdadeiro, é preciso que ele seja interpretado, que seja dito como algo outro que não ele mesmo,[158] e, se assim o é, tal como a metáfora, a verdade não se baseia em nada mais do que em pressupostas e pretensas literalidades, metáforas-mortas da língua, e no fundo não há o extralinguístico. Isso não significa adesão ao relativismo e que qualquer coisa pode ser dita sobre qualquer coisa, quer dizer apenas que o "elemento extrassimbólico é constituído enquanto objeto de pensamento ao ser assimilado à linguagem através de sua expressão linguística",[159] ou, nas nossas palavras, que a

155. CATÃO, Adrualdo de Lima. *Teoria do fato jurídico:* uma abordagem lógica da decisão judicial. Curitiba: Juruá, 2013, p. 94, grifos no original.

156. SCAVINO, Dardo. *A filosofia atual:* pensar sem certezas. São Paulo: Noeses, 2014, p. 17.

157. HABERMAS, Jürgen. *A ética da discussão e a questão da verdade.* São Paulo: Martins Fontes, 2013, p. 56.

158. PONZIO, Augusto; CALEFATO, Patrizia; PETRILLI, Susan. *Fundamentos da filosofia da linguagem.* Petrópolis: Vozes, 2007, p. 89.

159. MORENO, Arley. *Introdução a uma pragmática filosófica.* São Paulo: Editora

realidade extralinguística é compreendida linguisticamente, por meio de processos discursivos em que se atribui valor aos objetos percebidos. Isso implica que não é a realidade objetiva do referente que fornece as condições de verdade do discurso, mas a intersubjetividade linguística em que os sujeitos se encontram imersos. Se o extralinguístico só é compreendido no discurso, então a verdade se situa nas condições discursivas para se dizer algo sobre o objeto verificado, que são condições de reconhecimento e aceitação da fala. Nesse sentido, então, é que a verdade está na justificação do que é dito, que remete à instância discursiva, não na referência.

Para evitar a paralização provocada pelas incertezas, os sujeitos tendem a pressupor a existência de dados objetivos que testam as afirmações.[160] No dizer de Habermas, os sujeitos "têm de lidar com um mundo que presumem objetivo e, em função desse pressuposto, operam segundo uma distinção do senso comum entre conhecimento e opinião – entre o que *é* verdade e o que só *parece* sê-lo".[161] A literalidade é tão só pressuposto do discurso. Assim, admitem-se verdades provisórias e falíveis, a fim de manter a estabilidade das expectativas sobre as reações dos outros e da natureza. Reconhecem-se respostas válidas, suspendem-se as perguntas, até que sobrevenha a intercorrência que desafie a certeza precária, para só então restabelecer o diálogo em torno de novas soluções. O falibilismo e a crença na objetividade do referente no mundo apenas lembram o papel transitório das sentenças de verdade, lembram o fato de que não são mais do que discursos até então justificáveis.[162] Assim, a apresentação de realidades objetivas até então desconhecidas pressupõe novos discursos de justificação, que afirmem convincentemente a falsidade do

---

Unicamp, 2005, p. 24.

160. RICOUER, Paul. *Teoria da interpretação:* o discurso e o excesso de significação. Lisboa: Edições 70, 2005, p. 36.

161. HABERMAS, Jürgen. *A ética da discussão e a questão da verdade.* São Paulo: Martins Fontes, 2013, p. 61.

162. Idem, p. 62.

discurso anterior e estabeleça novos usos para a verdade científica, filosófica, jurídica etc.

Os dados culturais e os significados compartilhados numa comunidade linguística através do ensino-aprendizado é que fornecem a objetividade possível.[163] O conhecimento é interacional, porque advém da relação discursiva de ensino/aprendizado ou pergunta/resposta, de modo que no saber que se afirma há a presença marcante do outro, reconhecendo, confirmando ou desconfirmando o que é dito.[164] Na interação, desenvolvem-se os critérios sobre o que pode ser dito ou não e sobre as margens possíveis de objetividade.[165] É o discurso que delimita o racionalmente aceitável. A verdade de uma afirmação não é medida pela sua relação com o referente objetivo no mundo, mas com outras afirmações tidas por verdadeiras,[166] que tem outros sujeitos como autores. Se nas sentenças descritivas de objetos é assim, nas sentenças morais e jurídicas a justificação assume um papel ainda maior. A justificação esgota as pretensões de verdade na moral e no direito, na medida em que não há nenhum dado ontológico no mundo a que o discurso possa pretensamente se referir. Por esse motivo disse Michel Foucault[167] que "não nos encontramos diante do verdadeiro senão obedecendo às regras de uma 'polícia' discursiva que devemos reativar em cada um de nossos discursos". Dessa forma, a objetividade no campo do agir prático reside "no protesto de *um*

---

163. Idem, p. 57.

164. FERRAZ JR., tercio Sampaio. *Introdução ao estudo do direito.* São Paulo: Atlas, 2008, p. 77.

165. A partir desse mecanismo que Habermas justifica a existência de regras transcendentais do discurso, que funcionam como *a priori* da comunicação, não como pensa Kant em termos de condições de tempo e espaço, mas em termos comunicacionais (HABERMAS, Jürgen. *A ética da discussão e a questão da verdade.* São Paulo: Martins Fontes, 2013, p. 56.).

166. HABERMAS, Jürgen. *A ética da discussão e a questão da verdade.* São Paulo: Martins Fontes, 2013, p. 59.

167. FOUCAULT, Michel. *A ordem do discurso.* São Paulo: Edições Loyola, 2014, p. 34.

outro espírito",[168] quer dizer, no outro,[169] que avalia o discurso a partir de regras de aceitação intersubjetivamente compartilhadas. Em suma, a filosofia pragmática da linguagem permite a superação do paradigma racionalista e solipsista do conhecimento como relação entre sujeito e objeto, redefinindo-a como relação entre sujeitos.

Portanto, a filosofia pragmática da linguagem permite uma leitura crítica sobre as pretensões de verdade do discurso da legalidade e da fraude à lei. A vinculação à lei pressupõe a sua literalidade, na medida em que a legalidade estabelece um padrão não relativo e rígido de decisão, como se fosse algo

---

168. HABERMAS, Jürgen. *A ética da discussão e a questão da verdade*. São Paulo: Martins Fontes, 2013, p. 66.

169. Essa noção intersubjetiva de verdade define a objetividade na relação discursiva perante o outro, mas disso podem implicar duas posições acerca do papel do outro na consideração da verdade do discurso, quais sejam, a que coloca a verdade como consenso ou que a coloca como persuasão. Na primeira posição, o outro aparece na figura do diálogo orientado eticamente para o consenso, isto é, a contradição do discurso adversário inicia um processo de aprendizado em que os falantes deixam suas posições egocêntricas para abrir-se à interação com o outro, assumindo também elementos de sua posição discursiva, de modo que, na esfera jurídica, "um consenso normativo, formado em condições de participação livre e universal no contexto de um discurso prático, *estabelece* uma norma válida (ou confirma sua validade)" (HABERMAS, Jürgen. *A ética da discussão e a questão da verdade*. São Paulo: Martins Fontes, 2013, p. 65). Na segunda posição, a pretensão de verdade aparece como argumentação orientada para a adesão e convencimento do auditório, na medida em que a aceitação do outro é representativa da verdade. Essa perspectiva se coloca como uma corrente cética perante a objetividade por meio do consenso, e mesmo crítica da intersubjetividade comunicativa como parâmetro racional de escolhas morais ou da descrição empírica da realidade. Daí porque Tercio Sampaio Ferraz Jr. afirma que o convencimento tem apenas papel secundário no discurso, pois, na sua perspectiva, "a discussão passa a organizar-se primordialmente do ângulo do orador, aparecendo como um processo cuja finalidade primária é a conquista da adesão e, com ela, do consenso das partes implicadas" (FERRAZ JR., Tercio Sampaio. *Direito, retórica e comunicação:* subsídios para uma pragmática do discurso jurídico. São Paulo: Atlas, 2015, p. 20). Essa última posição destaca a posição do orador e suas críticas apontam as falhas da pressuposição do consenso. Com efeito, os conflitos morais e jurídicos clamam por uma decisão, que não necessariamente resolve o conflito, no sentido de haver a confirmação da mesma afirmação por todos os envolvidos. A decisão põe fim ao conflito para pôr fim às incertezas, para estabilizar expectativas, ainda que sem consenso. Nesse sentido é que a filosofia do direito e da comunicação heteronormativa de Ferraz Jr. se mostra simpática ao normativismo Kelseniano, pois são as decisões que estabelecem a validade das normas, não o consenso discursivo, muito menos as entidades objetivas da verdade ontológica.

pré-fabricado, que estivesse lá antes de o sujeito aparecer e que ele apenas constatou quando se deu conta. Já fraude à lei pressupõe uma verdade ainda não descoberta da lei e dos fatos, porque a realidade é outra que não a que se apresenta, isto é, ela é tão só aparência de legalidade, porque dissimula o ilícito real. A perspectiva pragmática permite compreender que tais conceitos são formas de ação discursivas, que afirmam sua própria objetividade e a verdade, mas cujo único critério avaliativo está nos "jogos de linguagem" da prática dos juristas.

2. PARA UMA PRAGMÁTICA JURÍDICA

2.1 O direito como discurso

É o momento de apontar as implicações da filosofia pragmática da linguagem na teoria e filosofia do direito. Os juristas estão habituados a falar do direito como um objeto rígido, de existência bastante definida e palpável, que se pode enxergar e descrever. As diversas teorias que se ocuparam da definição do direito e o próprio discurso da dogmática jurídica assumem a perspectiva de que o direito seria um objeto que possui essência ontológica, a ser descrito objetivamente pelos peritos da ciência jurídica. No esforço da identificação ontológica, a definição do direito se propõe a ser universal e atemporal, isto é, se dirige a estabelecer em termos absolutos a unidade ontológica do ser que chamamos de direito, que só pode ser um ao longo da história.[170] É nesse nível ontológico de análise que se encontram

170. FERRAZ JR., Terceio Sampaio. *Introdução ao estudo do direito*. São Paulo: Atlas, 2008, p. 13. Hans Kelsen (KELSEN, Hans. *Teoria pura do direito*. São Paulo: Martins Fontes, 2009, passim) define o direito como ordem coercitiva, composto por partículas chamadas de normas jurídicas, relacionadas entre si por critérios formais de validade e que só possuem juridicidade por possuírem a possibilidade de aplicação coercitiva pela sanção, e com essa definição formal ele acredita fazer uma descrição universal de seu objeto. Alf Ross (ROSS, Alf. *Direito e justiça*. Bauru: Edipro, 2007, passim), de outro lado, considera o direito como o conjunto de normas efetivamente aplicadas pelos juízes. Entre os brasileiros, Pontes de Miranda diz que direito é uma específica forma de adaptação social, enquanto Miguel Reale

os conceitos reducionistas de direito, que especificam o seu objeto em detrimento de sua pluridimensionalidade e diversas formas de realização.[171] Diferentemente, aqui defendemos uma perspectiva não ontológica, mas pragmática, que significa que o direito se apresenta como uma específica forma discursiva, sem apelar a qualquer definição ontológica pré-fabricada e anterior ao próprio discursivo prático. Nestes termos, dizemos que o direito se mostra como uma específica forma de fazer coisas através de palavras, cujo conteúdo é variável de acordo com os contextos e necessidades práticas. Aliás, a própria definição ontológica do direito já faz parte de um discurso prático que afirma seu objeto como forma de estabelecer formas de ação.[172]

Compreender o direito como discurso ou como atividade discursiva implica vê-lo como fenômeno linguístico, como uma específica forma de comunicação entre as pessoas. Mas quando aqui vemos o direito como linguagem, não pretendemos dizer que o seja em sua essência, numa concepção ontológica. Há autores que expressamente definem direito como linguagem, apontando a natureza propriamente linguística do fenômeno jurídico, porém, muitas vezes, a relação é feita em semelhante modo às definições ontológicas, isto é, expressam a identidade ontológica do direito como linguagem, com a mesma pretensão de descrição objetiva de um objeto, na sua unidade invariável e universal. Com efeito, no dizer de Gregorio Robles, a afirmação de que direito é linguagem "não implica uma tese ontológica *forte*", apenas mostra sua apresentação como forma de comunicação.[173] Assim, pretendemos

---

(REALE, Miguel. *Filosofia do direito.* São Paulo: Saraiva, 2002, passim) tenta uma definição "holística" do direito como fato, valor e norma. Todos esses são exemplos de definições cerradas, com pretensão de descrição objetiva.

171. FERRAZ JR., Tercio Sampaio. *Teoria da norma jurídica:* ensaio de pragmática da comunicação normativa. Rio de Janeiro: Forense, 2009, p. 5.

172. LOPES, José Reinaldo Lima. *As palavras e a lei:* direito, ordem e justiça na história do pensamento jurídico moderno. São Paulo: Editora 34, 2004, p. 31.

173. ROBLES, Gregorio. *O direito como texto:* quatro estudos de teoria comunicacional do direito. Trad. Roberto Barbosa Alves. Barueri: Manole, 2005, p. 2.

aqui algo mais modesto que uma definição ontológica, isto é, mostramos aquilo que chamamos direito apenas enquanto perspectiva do participante da linguagem, para vê-lo a partir dos discursos e da forma como o vocábulo direito é usado, e quais as implicações pragmáticas do uso. Em vez de dizer o que é, mostramos como os juristas formam definições do direito em suas práticas, o que necessariamente remete para a instância do discurso, sem optar por qualquer definição certa ou de caráter absoluto.

Daí também que nem mesmo se pode dizer que o direito seja *somente* linguagem, pois, como diz Tercio Sampaio Ferraz Jr., ao lado do discurso, estão "uma série de fatos, empíricos, que não são linguagem, como relações de força, conflitos de interesse, instituições administrativas etc., os quais, portanto, se não deixam de ter uma dimensão linguística, nem por isso são basicamente fenômenos linguísticos".[174] Em outras palavras, essas ações e fatos possuem uma dimensão empírica que não se pode negar, mas, para os juristas e os participantes desse "jogo de linguagem", essas ações e fatos possuem uma dimensão que se constitui no discurso, na esfera dos significados. Os fatos empíricos são também formas de significado, pois não há como se referir aos fatos e ações senão através de formas discursivas que constituem o significado pelo próprio uso da palavra,[175] contudo, sob a perspectiva dos interlocutores, há um nível discursivo do direito, que se configura apenas na linguagem, e outro nível dos fatos empíricos, que são compreendidos na linguagem mas não constituídos por ela. Ou seja, há diferença analítica entre o nível empírico e o nível discursivo, sendo que o fenômeno jurídico, para os juristas,

---

174. FERRAZ JR., Tercio Sampaio. *Teoria da norma jurídica:* ensaio de pragmática da comunicação normativa. Rio de Janeiro: Forense, 2009, p. 7.

175. Como esclarece José Reinaldo Lima Lopes, "os sentidos são produtos da ação humana, naturalmente, mas não há ação propriamente humana sem sentido. Logo, toda ação se realiza num ambiente de sentido, que de certo modo a preexiste" (LOPES, José Reinaldo de Lima. Entre a Teoria da Norma e a Teoria da Ação. *In:* STORCK, Alfredo Carlos; LISBOA, Wladimir Barreto. *Norma, moralidade e interpretação:* temas de filosofia política e do direito. Porto Alegre: Linus, 2009, p. 58).

mostra-se no seu nível discursivo. Podemos dizer simplesmente que, para os juristas, o direito é discurso, mesmo que não só discurso.

A diferença analítica mencionada guarda relação com a distinção de John Searle[176] entre fatos brutos ("*brute facts*") e fatos institucionais ("*institutional facts*"). Há fatos cujo sentido de sua existência não depende daqueles que falam sobre eles, isto é, a palavra não constitui a existência desses fatos, porque sua existência em si é pressuposta como anterior à linguagem e independente dela. Fatos desse tipo são denominados por ele de fatos brutos. Como diz Searle:[177] "*It has many features that are intrinsic in the sense that they do not depend on any attitudes of observers or users*". Falar, por exemplo, que Recife está a trezentos quilômetros de Maceió consiste no relato de algo cuja existência não depende da atitude de quem o observa. Em outra passagem, complementa: "*brute facts require the institution of language in other that we can state the facts, but the brute facts themselves exist quite independently of language or of any other institution*".[178] Assim, isso não significa que o que se diz sobre o fato seja a descrição exata de sua existência ontológica, já que o uso da palavra define a forma como o compreendemos, mas no próprio discurso admite-se sua existência como prévia e independente da fala. Já dissemos que o enunciado descritivo dos fatos também contém dimensão performativa e que a literalidade absoluta é impossível, mas analiticamente é concebível dizer que há fatos sobre os quais podemos falar com a pressuposição de sua prévia e independente existência. Por isso, a definição dos fatos brutos é analítica, e não ontológica.[179]

---

176. SEARLE, John. *The construction of social reality*. New York: Free Press, 1995, p. 27.

177. Idem, p. 10.

178. Idem, p. 27.

179. É preciso destacar que John Searle expressamente reconhece a possibilidade da existência ontológica objetiva da coisa, porém ressalva que essa existência é representada pela linguagem e que não há uma única forma perfeita de representar as

De outro lado, há fatos cuja existência e configuração depende única e exclusivamente das instituições humanas, enquanto práticas discursivas compartilhadas, de modo que não há realidade extrínseca ao discurso que se possa pressupor na referência. São os chamados fatos institucionais, existentes apenas enquanto realidade virtual ou simplesmente realidade institucional, de modo que, no dizer de Searle,[180] "*the attitude that we take toward the phenomenon is partly constitutive of the phenomenon*". Esses fatos têm sua existência intrinsecamente relacionada aos interlocutores que aos fatos se referem, isto é, sua existência depende desses sujeitos. O fato de que Lourival Vilanova foi professor da Faculdade de Direito de Recife implica o fato bruto dessa ocorrência, mas ser professor e ser uma faculdade de direito são fatos somente enquanto instituições sociais, sem qualquer realidade naturalística intrínseca, e, assim, a forma como as pessoas interagem linguisticamente sobre esses fatos define a própria natureza deles. Da mesma

---

coisas mesmas. Assim, critica o isomorfismo entre linguagem e mundo, porque reconhece que as representações são variáveis e sujeitas às condições do contexto, de modo que verdade e realidade não coincidem, isto é, as coisas existem na realidade, mas a verdade não depende da referência direta a elas (SEARLE, John. *The construction of social reality*. New York: Free Press, 1995, p. 175-176). Nisso que está a base ontológica para sua distinção entre fatos brutos e fatos institucionais, da qual aqui discordamos e preferimos dizer que a distinção é tão só analítica, pois mesmo os fatos independentes da ação dos falantes somente podem ser descritos por enunciados que têm sua dimensão ilocucionária e performativa. Nesse sentido, para nós, a existência ontológica da coisa é tão só pressuposta, isto é, os falantes pressupõem a existência da coisa como critério da própria comunicação e aceitabilidade do que é dito – a realidade é circunstância pragmática do discurso. Contudo, mesmo sem concordar com essa visão crítica da ontologia, Searle admite expressamente que a distinção entre fatos brutos e fatos institucionais somente faz sentido quando se adota a perspectiva do participante na comunicação: "*from our standpoint, the standpoint of beings who ara not gods but are inside the world that includes us as active agents, we need to distinguish those true statements we make that attribute features to the world that exist quite independently of any attitude or stance we take, and those statements that attribute features that exist only relative to our interests, attitudes, stances, purposes, etc.*" (SEARLE, John. *The construction of social reality*. New York: Free Press, 1995, p. 12). Essa observação, no sentido de esclarecer que a existência de fatos brutos e fatos institucionais faz sentido apenas do ponto de vista dos falantes, mostra que a distinção tem função analítica, apenas para descrever as pressuposições pragmáticas do discurso.

180. SEARLE, John. *The construction of social reality*. New York: Free Press, 1995, p. 33.

forma, uma nota de Real, cujo papel impresso tem uma existência como dado empírico que se pressupõe objetiva, possui significado como valor de troca que não é mais do que uma instituição social, que existe na crença e na prática dos sujeitos. Quer dizer, o papel impresso que representa a moeda como dado empírico possui uma natureza que independe da interação discursiva, mas o significado da moeda somente existe enquanto for compartilhado pelos interlocutores.

Assim, os fatos institucionais existem apenas enquanto crenças redundantes ou autorreferentes, no sentido de que se fecham no próprio uso compartilhado da palavra, já que não há qualquer possibilidade de referência empírica, ainda que como pressuposição pragmática. Como esclarece Searle,[181] "*the statement 'a certain type of substance, x, is money' implies an indefinite inclusive disjunction of the form 'x is used as Money or is regarded as money or is believed to be money, etc.'*". E segue: "*the very definition of the word 'money' is self-referential, because in order that a type of thing should satisfy the definition, in order that it should fall under the concept of Money, it must be believed to be, or used as, or regarded as, etc., satisfying the definition*".[182] Consequentemente, se ninguém concordar que determinado papel impresso é dinheiro, então não será dinheiro, não importa o quanto se argumente em termos referenciais, pois a existência do dinheiro somente existe enquanto prática compartilhada. O discurso, então, constitui e esgota os fatos institucionais, e contra as práticas sociais não se pode opor a referência a estados objetivos de coisas.

Os fatos institucionais pressupõem a existência dos fatos brutos, na medida em que a institucionalidade consiste na atribuição de funções a fatos preexistentes. O fato bruto recebe um *status* funcional, e esse *status* configura um novo fato, que tem lastro nas formas de uso da palavra em contextos de comunicação. Esse processo pode ser representado pela

181. SEARLE, John. *The construction of social reality.* New York: Free Press, 1995, p. 32.

182. Idem.

fórmula “X é Y, em C”, ou seja, determinado fato bruto “X” vale como o fato institucional “Y”, no contexto “C”.[183] Assim, o levantar de mãos numa reunião entre várias pessoas é um fato bruto, que pode ser considerado como a aprovação de uma lei, se realizado no contexto de um sufrágio parlamentar. A atribuição da função não tem caráter físico ou causal, ela é discursivamente construída, de modo que requer o reconhecimento e aceitação dos ouvintes para que o fato bruto seja considerado como fato institucional. Daí então que os fatos institucionais existem em razão daquilo que Searle chamou de regras constitutivas (“*constitutive rules*”),[184] isto é, regras que regulam formas de ação ou atividades tais que só existem em razão das próprias regras. Quer dizer, há regras que quando aplicadas criam a própria ação que pretendem regular, a exemplo das regras dos jogos de xadrez, de trânsito, do processo forense etc., e nessas regras que se apoiam as instituições sociais, de modo que o fato institucional é normativamente regulado e nas regras têm sua existência definida.[185] As funções das coisas e das ações, que estão exclusivamente no plano dos significados, possuem existência enquanto regras compartilhadas e seguidas pelos usuários.

Como os jogos não são feitos de uma única regra, podemos dizer que as regras não existem isoladamente. Elas, as regras, regulam (e constituem) as ações em uma rede sistemática de funções, o que muitas vezes implica a distribuição de direitos e

---

183. SEARLE, John. *The construction of social reality*. New York: Free Press, 1995, p. 46; SEARLE, John. *Rationality in action*. Cambridge: The MIT Press, 2001, 56-57.

184. O conceito de regras constitutivas se opõe ao de regras regulativas (“*regulative rules*”). Enquanto as regras constitutivas, ao regular as ações, estabelecem a existência e a forma das ações, porque as atividades que controlam não poderiam existir sem a própria regulação, as regras regulativas cuidam de atividades que poderiam existir mesmo sem as regras (SEARLE, John. *The construction of social reality*. New York: Free Press, 1995, p. 27). Assim, enquanto o xadrez ou as regras processuais só podem existir na aplicação das próprias regras, o nado e a corrida podem existir independentemente das regras, vindo elas para estabelecer formas específicas de desempenhar essas atividades.

185. SEARLE, John. *The construction of social reality*. New York: Free Press, 1995, p. 27.

responsabilidades entre os interlocutores. Por isso, o fato institucional está relacionado a uma série de outros fatos institucionais, numa cadeia difusa de significados, regras, funções e tarefas desempenhadas discursivamente pelos sujeitos. Como diz Searle,[186] "*in order that societies should have marriages, thay must have some form of contractual relationships. But in order that they can have relationships, they have to understand such things as primises and obligations*". Por isso, a sentença judicial, que é fato institucional, só faz sentido diante do processo judicial, mas o processo judicial só pode ser compreendido com a função jurisdicional, que não pode ser compreendida sem o Estado etc., seguindo daí uma cadeia de fatos institucionais relacionados entre si, cuja existência depende da crença em regras constitutivas e práticas compartilhadas. O que possibilita que determinada ação seja considerada como fato institucional pertencente a uma cadeia de fatos institucionais é justamente a satisfação das regras constitutivas compartilhadas, de modo que uma ação isolada tem significado institucional quando preenche condições de satisfação ("*condiction of satisfaction*"),[187] que são condições pragmáticas compartilhadas de reconhecimento e aceitação do uso da palavra.

Essa incursão sobre a distinção de fatos brutos e fatos institucionais nos serve para mostrar uma forma de compreender o direito enquanto prática discursiva. Com efeito, o direito possui uma dimensão empírica que corresponde à materialização de uma série de atos e formas de expressão, contudo, para os participantes desse específico "jogo de linguagem", o direito constitui uma rede difusa de fatos institucionais que só existe através das regras que a constituem, as quais, por sua vez, valem enquanto práticas discursivas compartilhadas pelos sujeitos. Como diz José Reinaldo Lima Lopes,[188]

---

186. SEARLE, John. *Rationality in action.* Cambridge: The MIT Press, 2001, p. 56.

187. SEARLE, John. *Rationality in action.* Cambridge: The MIT Press, 2001, 56; SEARLE, John. *The construction of social reality.* New York: Free Press, 1995, p. 46.

188. LOPES, José Reinaldo Lima. *As palavras e a lei:* direito, ordem e justiça na história do pensamento jurídico moderno. São Paulo: Editora 34, 2004, p. 29, grifos no original.

"casamento, contrato ou república não são objetos materiais: são sentidos intersubjetivamente aceitos (neste aspecto, *objetivos*) de ações *reais*". Por isso os conceitos e instituições jurídicas existem enquanto "vale como" ("*counts as*")[189] ou "como se", isto é, os sujeitos dizem uma série de palavras e realizam certas ações como se fossem outras ou como se o direito existisse de fato, como dado empírico, sem tomar consciência de que isso não passa de prática discursiva. Os participantes dessas formas discursivas, os juristas e os cidadãos, crescem em um ambiente em que as instituições se apresentam como "dadas", como se fossem realidades físicas, decorrência causal dos fatos brutos, mas não são mais do que metáforas naturalizadas e solidificadas. A tomada de consciência disso não é sequer necessária,[190] pois ela desempenha certo papel pragmático, como será visto mais adiante.

Então, o direito não existe nem como fato real, que se constata pela observação empírica, nem como fato ideal, que se concebe no exercício das formalizações lógicas e matemáticas, pois o direito "existe apenas como uma prática, e prática segundo regras",[191] ou seja, existe enquanto fato institucional. Dizer que a existência do fenômeno está nas práticas compartilhadas significa que consiste em ações discursivas conforme regras, sendo que as próprias regras são constituídas nas ações, num processo de circular de confirmação e negação. As regras de confirmação e negação existem "nas ações dos sujeitos que as tomam como sentidos para sua ação".[192] Ao se aplicar a regra para falar e para avaliar a fala, os interlocutores confirmam a sua vigência, dando-lhe continuidade. Noutras palavras, a ação é reconhecida e aceita pelo outro conforme regras constitutivas

---

189. SEARLE, John. *Rationality in action*. Cambridge: The MIT Press, 2001, 56.

190. SEARLE, John. *The construction of social reality*. New York: Free Press, 1995, p. 46.

191. LOPES, José Reinaldo Lima. *As palavras e a lei:* direito, ordem e justiça na história do pensamento jurídico moderno. São Paulo: Editora 34, 2004, p. 30.

192. LOPES, José Reinaldo Lima. *As palavras e a lei:* direito, ordem e justiça na história do pensamento jurídico moderno. São Paulo: Editora 34, 2004, p. 30.

intersubjetivamente compartilhadas, mas a existência própria dessas regras depende do seu uso e aplicação, isto é, dependem das ações de confirmação de sua vigência. Por isso, a prática do direito é necessariamente relacional, já que imprescindível a presença do outro para avaliar e corrigir.[193] Daí a afirmação de Tercio Sampaio Ferraz Jr.,[194] ao dizer que "a identificação de normas como jurídicas, realizadas pelos juristas, se dá conforme critérios variáveis no espaço e no tempo", pois, explica, "o caráter de jurisdicidade das normas está no grau de *institucionalização* da relação entre o emissor e o receptor da mensagem normativa". Nesse sentido é que há o compartilhamento das práticas discursivas, isto é, na mútua implicação entre o falar e o corrigir, que solidifica as instituições.

Nestes termos, a identificação do direito não se dá apenas pela observação e dos relatos descritivos das práticas, a identificação do que está fora ou dentro do direito, isto é, do que está fora ou dentro das práticas discursivas depende do aprendizado sobre as regras que constituem essa específica forma de ação. As regras dos "jogos de linguagem" têm sua vigência no próprio uso, mas as formas de uso são intersubjetivamente compartilhadas por relação de ensino e aprendizado entre os interlocutores, que implica correção e complementação. Só que o aprendizado, enquanto interação discursiva, não é compreendido como apreensão cognitiva ou relato descritivo do fenômeno enquanto prática estática, tal como o estudo da gramática na língua ou do texto dos códigos no direito, pois se trata, antes, de um processo adaptativo que cada aprendizado se descobre novas formas de ação pelo exemplo dos outros, mas também se atualizam as práticas com novas formas de discurso em cada necessidade contextual.[195] Quer dizer, a ação discursiva,

---

193. FERRAZ JR., Tercio Sampaio. *Teoria da norma jurídica*: ensaio de pragmática da comunicação normativa. Rio de Janeiro: Forense, 2009, p. 13.

194. FERRAZ JR., Tercio Sampaio. *Introdução ao estudo do direito*. São Paulo: Atlas, 2008, p. 80, grifo no original.

195. Como diz Ferraz Jr., "o processo de aprendizado é um pressuposto da própria ordem social, não apenas no sentido de um complexo de conhecimentos e de um

em alguma medida, põe algo de novo e por isso tem relativo grau de inventividade, de modo que "não seria adequado aproximar-se dele [o direito] como nos aproximamos do que já é, dos fatos empíricos".[196] Consequentemente, o aprendizado do direito só é possível enquanto prática discursiva concreta, que se testa no próprio agir, e não na apreensão de conceitos abstratos concebidos *a priori* ou da mera leitura de códigos e textos. Como diz Torquato Castro Jr.,[197] "a doutrina realiza o seu 'ensinar' e 'aprender' num ambiente de imagens familiares. [...] Elas constituem o mundo como ele se dá na interação comunicacional, como ele 'aparece', como se 'apresenta' discursivamente". Então, da mesma forma que "apreender uma língua é aprender a usá-la",[198] apreender o direito é saber empregar formas discursivas próprias do universo dos juristas. Então podemos dizer que uma pessoa conhece direito se sabe raciocinar, argumentar e decidir como os juristas de seu contexto. Por isso, o que está fora ou o que está dentro direito somente pode ser verificado na perspectiva interna, isto é, a partir do ponto de

---

conhecimento previsível de cada função social, mas também de uma capacidade, continuamente posta em uso, de estruturação e reestruturação, bem como de adaptação de vivências possíveis" (FERRAZ JR., Tercio Sampaio. *Direito, retórica e comunicação:* subsídios para uma pragmática do discurso jurídico. São Paulo: Atlas, 2015, p, 17). Em outra obra, o autor afirma, em breve passagem não decomposta, que a relação de ensino e aprendizado pressupõe a "repetição" (FERRAZ JR., Tercio Sampaio. *Teoria da norma jurídica:* ensaio de pragmática da comunicação normativa. Rio de Janeiro: Forense, 2009, p. 12-13). Entendemos aqui que a repetição, a que se refere o autor, reflete o âmbito do compartilhamento das práticas discursivas, isto é, as práticas só são compartilhadas e, portanto, só estão presentes na intersubjetividade, se houver a possibilidade de se aprendê-las para realizar uma ação semelhante em contexto também semelhante, provocando efeitos similares no ouvinte. É com base nessa semelhança, referida como a possibilidade da repetição, que se faz possível a confirmação da fala, além de sua seletividade e controle.

196. LOPES, José Reinaldo Lima. *As palavras e a lei:* direito, ordem e justiça na história do pensamento jurídico moderno. São Paulo: Editora 34, 2004, p. 43.

197. CASTRO JR., Torquato. Metáforas na Teoria do Fato Jurídico. In: DIDIER JR., Fredie; EHRHARDT JR., Marcos. *Revisitando a teoria do fato jurídico:* homenagem a Marcos Bernardes de Mello. São Paulo: Saraiva, 2010, p. 639.

198. LOPES, José Reinaldo Lima. *As palavras e a lei:* direito, ordem e justiça na história do pensamento jurídico moderno. São Paulo: Editora 34, 2004, p. 39.

vista do participante, como diz Hart,[199] e não na perspectiva do observador, de quem olha os interlocutores falarem sem tomar parte na relação de interação discursiva.

Disso tudo decorre que as definições de direito são estipulativas, não meramente descritivas. A crença geral é a de que as definições de direito são essencialistas, porque se referem a realidades dadas, mas não passam de estipulações, escolhas relativamente arbitrárias de significados para as ações. Definir direito então é criar um campo de ação e formas discursivas, distribuindo papéis nas relações sociais e separando aquilo que pertence e não pertence aos juristas.[200] Nas palavras de Reinaldo Lima Lopes,[201] "as definições de direito dadas ao longo da história devem ser compreendidas como parte do esforço de constituição da realidade social". Como dissemos noutro momento, mesmo os enunciados descritivos possuem dimensões ilocucionária e performativa, de modo que definir direito é também estabelecer formas de comportamento, como ato de princípio e vontade, assemelhando-se, por assim dizer, com o agir político. Noutras palavras, as definições atendem a determinadas funções, ligadas à estruturação das relações interpessoais, de modo que "não podem ser julgadas pelo critério de verdade, mas por sua *funcionalidade*, o que depende, obviamente, dos objetivos de quem define",[202] e essa funcionalidade da definição do direito não é heurística, é distributiva de papéis sociais e relações de poder. Não é por acaso, então, a perplexidade

199. HART, Herbert. *O conceito de direito*. Lisboa: Fundação Calouste Gulbenkian, 2011, *passim*.

200. Como diz Pierre Bourdieu: "A lógica paradoxal de uma divisão do trabalho que se determina, fora de qualquer concertação consciente, na concorrência estruturalmente regulada entre os agentes e as instituições envolvidas no campo, constitui o verdadeiro princípio de um sistema de normas e de práticas que aparece como fundamento a priori na equidade dos seus princípios" (BOURDIEU, Pierre. *O poder simbólico*. Lisboa: Edições 70, 2011, p. 222).

201. LOPES, José Reinaldo Lima. *As palavras e a lei:* direito, ordem e justiça na história do pensamento jurídico moderno. São Paulo: Editora 34, 2004, p. 36.

202. FERRAZ JR., Tercio Sampaio. *Introdução ao estudo do direito*. São Paulo: Atlas, 2008, p. 14, grifo no original.

demonstrada por Herbert Hart,[203] ao dizer que somente os juristas se preocupam em afirmar conceitos do direito, enquanto que médicos, físicos, arquitetos e outros tantos profissionais não se ocupam dessa tarefa. Nesse sentido, o direito é aquilo que os juristas compreendem que o sejam, de modo que depende da autoimagem que os profissionais têm de sua função e da divisão de seu papel na sociedade de acordo com determinadas funções, de modo que, desde o princípio, não passa de uma estipulação. Essa autoimagem, tomada e projetada na rede complexa de relações sociais, é que vai definir o fazer dos juristas, define o seu lugar na sociedade.[204]

É certo que as estipulações de uma definição de direito não podem ser arbitrárias. Como diz Carlos Vogt,[205] "estrutura e função da linguagem são realidades históricas" e "devemos considerar que o emprego de uma frase é, um fenômeno interindividual, um acontecimento da história das relações entre vários indivíduos". Assim, definições absurdas não possuem aderência social e a aceitação de uma tese sobre a definição de direito não pode se distanciar dos usos passados da linguagem, que constituem estruturas sociais preexistentes. Portanto, existem limites pragmáticos para a definição do

---

203. HART, Herbert. *O conceito de direito*. Lisboa: Fundação Calouste Gulbenkian, 2011, p. 5.

204. No dizer de Bobbio, "não existe uma única ciência jurídica (permitam-me, para abreviar, chamar de ciência jurídica, ainda que a expressão seja equivocada, a atividade dos juristas), mas tantas "ciências jurídicas" quantas são as imagens que o jurista tem de si mesmo e da própria função na sociedade". O autor ainda complementa que há dois tipos-ideais de autoimagem dos juristas, quais sejam, a do "conservador e transmissor de regras" pré-fabricadas e a do "criador e transformador de regras", sendo que "essas duas imagens da função do jurista na sociedade podem depender: a) do diferente tipo de sistema jurídico dentro do qual o jurista trabalha (variável institucional); b) da diferente situação social em que o jurista desenvolve seu próprio trabalho (variável social); c) da diferente concepção do direito e da relação direito-sociedade que forma a ideologia do jurista em um dado momento histórico (variável cultural)" (BOBBIO, Norberto. *Da estrutura à função*. Barueri: Manole, 2007, p. 37-38). Poderíamos complementar que todas as variáveis apresentadas pelo autor se manifestam da mesma forma, isto é, enquanto práticas discursivas socialmente compartilhadas.

205. VOGT, Carlos. *Linguagem pragmática e ideologia*. São Paulo: Unicamp, 2015, p. 102 e 133.

direito, que de algum modo deve refletir as formas discursivas anteriores e se inserir no diálogo com elas. Isso explica, além de outros fatores, o fracasso ou o sucesso das teorias jurídicas, que se valem, de um lado, das experiências do passado, e, de outro, das expectativas construídas de acordo com funções pragmáticas do discurso, isto é, de acordo com o âmbito de ação que se pretende firmar, como se verá mais adiante. Contudo, mesmo que a partir de estruturas preexistentes do passado, não pode ser negado que há sempre algo de criativo, estipulativo, volitivo e arbitrário numa definição de direito, presente na pretensão de estruturar formas de ação a partir de enunciados descritivos de realidades tidas como reais.[206]

Enfim, podemos dizer que o direito, desde sua definição, se apresenta para os juristas como discurso, assim compreendido nas práticas discursivas por meio de regras, as quais, por sua vez, existem no compartilhamento intersubjetivo de crenças em torno delas mesmas. O direito, então, apesar de seus significantes empíricos (fatos brutos), tem existência apenas na crença compartilhada dos sujeitos em determinadas formas de fazer coisas com palavras. Sua forma de apresentação é discursiva, e no discurso se encontram suas principais questões. As definições de direito, as teses jurídicas e doutrinárias e até mesmo as provas do processo não são mais do que instituições sociais sem existência própria fora do discurso, cuja função está na distribuição de papéis e estabelecimento de relações de poder e autoridade. Em vez de revelar a verdade escondida nas aparências, que é a pretensão comum dos

206. Mais uma vez no dizer de Pierre Bourdieu: "os esquemas de percepção e apreciação que estão na origem da nossa construção do mundo social são produzidos por um trabalho histórico coletivo, mas a partir das próprias estruturas deste mundo: estruturas estruturadas, historicamente construídas, as nossas categorias de pensamento contribuem para produzir o mundo, mas dentro dos limites da sua correspondência com estruturas preexistentes. É na medida e só na medida em que os actos simbólicos de nomeação propõem princípios de visão e de divisão objetivamente ajustados às divisões preexistentes de que são produto, que tais actos têm toda a sua eficácia de enunciação criadora que, ao consagrar aquilo que enuncia, o coloca num grau de existência superior, plenamente realizado, que é o da instituição instituída" (BOURDIEU, Pierre. *O poder simbólico*. Lisboa: Edições 70, 2011, p. 249).

juristas, aqui vemos o discurso como o lugar de disputas, não apenas o veículo delas,[207] ou seja, o discurso jurídico não tem a função de transmitir a verdade sobre um fenômeno real que dizemos ser o direito, ele se mostra como "jogos estratégicos, de ação e de reação, de pergunta e resposta, de dominação e esquiva, como também de luta".[208] Por isso que a língua, vista como regras compartilhadas de uso da fala, possui uma dimensão do repertório linguístico locucionário, formado, por exemplo, pelas palavras, e uma dimensão da estrutura sobre as formas de relacionamento, composta pelas instituições ou fatos institucionais que se fazem pelo uso das palavras,[209] as quais refletem as duas dimensões da comunicação concreta, respectivamente o relato e o cometimento, como explicaremos mais adiante. Assim, por exemplo, discutir sobre a natureza jurídica tributária ou não tributária de uma exação, sobre se o convívio de pessoas do mesmo sexo é união estável ou se o atraso na compensação de valores para instituições financeiras é operação de crédito, em todos esses casos, não é mais do que estipular formas de ação e configuração do poder, e, mais, isso se constitui na própria interação discursiva, não é pretérito a ela. Noutras palavras, a discussão sobre a natureza jurídica dos fatos ou sobre o conteúdo dos conceitos dissimula o que está por trás e dá base ao uso da palavra, que é justamente a esfera das relações interpessoais que se estruturam pela comunicação, de modo que não se trata apenas do que é correto ou verdadeiro, mas de afirmar-se deste ou daquele modo perante o outro.

O discurso jurídico não se dá numa instância única, pois existem diversos campos de diálogo, cada qual com

---

207. FOUCAULT, Michel. *A ordem do discurso*. São Paulo: Edições Loyola, 2014, p. 10.

208. FOUCAULT, Michel. *A verdade e as formas jurídicas*. Rio de Janeiro: Nau Editora, 2003, p. 9.

209. FERRAZ JR., Tercio Sampaio. Interpretação Jurídica: interpretação que comunica ou comunicação que se interpreta? In: HARET, Florence; CARNEIRO, Jerson. *Vilém Flusser e juristas:* comemoração dos 25 anos do grupo de estudos de Paulo de Barros Carvalho. São Paulo: Noeses, 2009, p. 27.

pressupostos estruturais e pretensões distintos. A instância judiciária, como diz Paul Ricouer,[210] "é apenas um dos lugares nos quais o discurso jurídico se desenrola", pois, além dela, há as instâncias legislativa e da dogmática jurídica. Assim, podemos sistematizar ao menos três âmbitos do discurso jurídico, quais sejam: i) o discurso normativo ou da linguagem prescritiva, que tem como significantes leis, decretos, constituição etc.; ii) o discurso da dogmática jurídica, compreendida como o conjunto de enunciados que tratam das formas como decisões devem ser tomadas, mas que se remetem ao discurso normativo, situando-se num lugar intermediário entre normas e decisões; iii) o discurso da decisão jurídica ou de sua fundamentação, que compreende os enunciados de justificação e persuasão sobre determinada decisão prática, em vista das circunstâncias do caso concreto e a partir das orientações dogmáticas e do discurso normativo.[211-212] Contudo, antes de entrarmos nos estudos específicos dessas formas discursivas do direito, caberia indagar: em que consiste essa noção tão ampla e vaga que desde o início chamamos de discurso e interação discursiva? Qual sua função, estrutura e componentes básicos? É o momento exato de definir com maior precisão essas questões.

---

210. RICOUER, Paul. *O justo*. Vol. 1. São Paulo: Martins Fontes, 2008, p. 165.

211. RICOUER, Paul. *O justo*. Vol. 1. São Paulo: Martins Fontes, 2008, p. 165; ROCHA, Leonel Severo. Semiótica e Pragmática em Tercio Sampaio Ferraz Jr. In: ADEODATO, João Maurício; BITTAR, Eduardo C. B. *Filosofia e teoria geral do direito:* homenagem a Tercio Sampaio Ferraz Jr. São Paulo: Quartier Latin, 2011, p. 765. Essa distinção é feita também por Ferraz Jr. (FERRAZ JR., Tercio Sampaio. *Direito, retórica e comunicação:* subsídios para uma pragmática do discurso jurídico. São Paulo: Atlas, 2015, p. 79). Em outra obra, o autor atribui a cada uma dessas esferas discursivas um campo específico de estudos, que tem por função orientar a forma de argumentação em torno da norma, dos conceitos e da fundamentação da decisão, o que denominou, respectivamente, de "dogmática analítica", "dogmática interpretativa" e "dogmática da decisão". Essa questão será mais explorada adiante.

212. Evidentemente que se trata de uma redução, pois o direito se manifesta numa profusão infindável de formas e esferas discursivas, que vão dos debates político-parlamentares até às investigações zetéticas da sociologia e psicologia jurídicas, apesar disso, para o fim do presente trabalho, que cuida do discurso sob a ótica do participante, as distinções que fizemos são suficientes.

2.2 Discurso e interação discursiva

Todo comportamento humano é potencialmente discursivo, pois, em maior ou menor medida, conforme as diferentes circunstâncias, estamos sempre comunicando algo para alguém.[213] Comunicamos mesmo sem nada dizer e até no silêncio há significado, de modo que a comunicação é inescapável. Ocorre que o mundo circundante se constitui justamente nessas interações entre pessoas. O ambiente é formado por uma complexidade ampla, caracterizada por inúmeras possibilidades de perspectivas e comportamentos, ou seja, "o mundo circundante corresponde ao conjunto complexo de alternativas, ações, possibilidades de ação, conflitos em larga escala, ausência de consenso etc.",[214] mas essa complexidade, o que é mais importante, é controlada e reduzida por certas regras de ação discursiva, que delimitam as alternativas sobre o que se pode fazer, isto é, sobre o que se pode dizer validamente, com ou sem palavras. É o que Ferraz Jr. chamou de "situação comunicativa", assim compreendida a interação entre os interlocutores, através de ações e reações, que reduzem a diversidade de alternativas possíveis e estabelecem as formas de conduta diante do mundo e dos outros. Essa interação se estrutura por uma relação caracterizada como pergunta/resposta, isto é, os interlocutores interagem por meio do *perguntar* e *responder*, no sentido de que quem fala sempre responde algo para alguém – ainda que, ressaltamos, não tenha havido efetivamente uma pergunta –, pois o discurso é sempre dirigido a um outro, a quem se pretende criar alguma expectativa e a quem se deve alguma consideração. De outro lado, quando se fala também se faz uma pergunta, mesmo que não tenha forma e função interrogativa, já que toda fala espera por uma reação. Em suma, todo discurso é interacional, é sempre

213. WATZLAWICK, Paul; BEAVIN, Janet Helmick; JACKSON, Don. *Pragmática da comunicação humana*. São Paulo: Cultrix, 2007, p. 44-45.

214. FERRAZ JR., Tercio Sampaio. *Teoria da norma jurídica:* ensaio de pragmática da comunicação normativa. Rio de Janeiro: Forense, 2009, p. 14.

discussão, estruturada em pergunta e resposta, e nessa interação a complexidade, em si mesma incompreensível, é reduzida por meio do estabelecimento de regras, constituindo-se, assim, os horizontes do mundo possível.

Perguntar não é curiosidade cognitiva, não é apenas uma dúvida sobre a verdade das coisas ou a natureza do mundo. A pergunta é uma ação movida pela falta de segurança e certeza quanto a uma situação prática do presente, que tem como questão alguma forma de se comportar. Como diz Ferraz Jr.,[215] "a situação comunicativa não é propriamente o resultado de um conflito *cognitivo* de uma comunidade linguística com o seu mundo circundante, mas, antes, um conflito *prático*, que se dá no plano da ação". A incerteza que move o perguntar está ligada ao modo de comportamento, trata-se de uma busca de referências para eliminar as incertezas das possibilidades complexas do mundo. A angústia das incertezas do presente exige lastro ou nas experiências do passado, ou nas expectativas do futuro, isto é, as incertezas do presente são controladas ou pelo exemplo e repetição do passado, ou por regras que reduzam as possibilidades do futuro. Assim, "este trazer para o presente algo já acontecido ou por acontecer significa um estar inseguro do seu próprio presente, que põe em estado de incerteza os fundamentos do seu agir".[216] Até mesmo as denominações de coisas são operações desse tipo. Quando perguntamos "o que é isto?", e alguém responde dizendo que "isto é uma arma!", estamos buscando estabilizar as incertezas sobre como como reagir diante da situação, de modo que saberemos se devemos evitar, usar ou temer "a arma" quando mostrada, associações feitas a partir de experiências do passado (por exemplo, se a arma costuma ser usada para o roubo nas ruas) ou de regras que constituem as expectativas do futuro (por exemplo, se é proibido o seu porte ou se ela não pode ser usada contra pessoas, salvo

215. FERRAZ JR., Tercio Sampaio. *Direito, retórica e comunicação:* subsídios para uma pragmática do discurso jurídico. São Paulo: Atlas, 2015, p. 21, grifos no original.

216. FERRAZ JR., Tercio Sampaio. *Teoria da norma jurídica:* ensaio de pragmática da comunicação normativa. Rio de Janeiro: Forense, 2009, p. 14.

alguns casos). Logo vemos que é na interação discursiva, constituída em perguntas e respostas, que se atribuem função às coisas e se institucionalizam os fatos.

Já a resposta consiste na "sustentabilidade de uma ação", o que significa o estabelecimento da expectativa e da redução da complexidade. Ela estabelece a confiança sobre a possibilidade de determinas formas de ação e, assim, firma a autoridade de quem responde,[217] não constituindo apenas um dizer sobre a verdade das coisas ou uma referência indiferente e neutra ao mundo. Toda ação discursiva é configurada como resposta, ainda que não tenha existido efetivamente pergunta, porque a ação se dirige ao outro e reduz as incertezas numa relação. Então, ainda que ninguém tenha perguntado o que é o objeto que o sujeito tem em mãos, ele pode simplesmente dizer: "isto é uma arma!", e a depender das circunstâncias do contexto, conforme as perguntas que fossem possíveis, os interlocutores não terão mais dúvida de que a ação discursiva é uma ameaça para que sejam entregues valores, ou mesmo de que é uma proibição para que ninguém toque naquele perigoso objeto. A resposta, então, reduz as possibilidades e incertezas, ainda que inexistente a pergunta, e aquele que responde se mostra com "pretensão de autoridade" sobre o que diz,[218] isto é, estabelece a pretensão de que a fala está certa. Daí que a resposta "sustenta" o comportamento, uma vez que "se articula num mundo de justificações que entram em cena com pretensão de autoridade, isto é, capacidade e prontidão para exigir confiança (sustentabilidade)".[219] Isso significa que a ação, como resposta, já se mostra como fundamentação de seu próprio agir, na medida em que os interlocutores a compreendem como aquilo que realmente se quer dizer e confiam no que foi dito.[220] Então, a resposta "isto é uma arma!"

217. FERRAZ JR., Tercio Sampaio. *Direito, retórica e comunicação:* subsídios para uma pragmática do discurso jurídico. São Paulo: Atlas, 2015, p. 14.

218. Idem, p. 18.

219. Idem, p. 14.

220. FERRAZ JR., Tercio Sampaio. *Teoria da norma jurídica:* ensaio de pragmática

só possui efeito para os interlocutores se, de fato, essa for uma afirmação fundamentável, isto é, se os interlocutores podem reconhecer o objeto como arma e a ação como ameaça ou proibição. A resposta sustenta a ação, e se não a sustenta, então é porque não há resposta e as incertezas não foram eliminadas, isto é, a comunicação não se perfez e os sujeitos não saberão com confiança como se comportar diante da afirmação.

Só que a resposta, ainda que sustentável, não é irrefutável. Toda ação discursiva pode ser questionada por quem ouve. Quer dizer, diante de uma afirmação de resposta é possível lançar uma pergunta sobre a fundamentação do que foi dito. A pergunta da fundamentação (re)instaura a incerteza e põe em xeque a "pretensão de autoridade" de quem diz. No nosso exemplo, se alguém afirma "isto é uma arma!" para impor uma proibição de manipulação sobre o objeto, outro pode dizer: "é uma faca de cozinha", questionando, com isso, a fundamentação da resposta e desfazendo a proibição. O questionamento, que no exemplo lança dúvida sobre a qualidade de arma do objeto, consiste na discussão sobre os próprios fundamentos da afirmação. Daí ser possível haver a justificação da justificação, que é uma discussão de segundo grau. No nosso exemplo, consiste na interação discursiva sobre a definição dos próprios critérios para definir algo como "arma". Ferraz Jr.[221] chama esse processo de discutir a própria justificação de "reflexividade", momento em que entra a função persuasiva da fala.[222] É justamente nesse âmbito, do debate sobre as próprias justificações, que surgem os valores de verdade e falsidade,[223] de modo que a aparência, como conceito, só é possível

---

da comunicação normativa. Rio de Janeiro: Forense, 2009, p. 16.

221. FERRAZ JR., Tercio Sampaio. *Direito, retórica e comunicação:* subsídios para uma pragmática do discurso jurídico. São Paulo: Atlas, 2015, p. 14; FERRAZ JR., Tercio Sampaio. *Teoria da norma jurídica*: ensaio de pragmática da comunicação normativa. Rio de Janeiro: Forense, 2009, p. 16.

222. FERRAZ JR., Tercio Sampaio. *Direito, retórica e comunicação:* subsídios para uma pragmática do discurso jurídico. São Paulo: Atlas, 2015, p. 16.

223. FERRAZ JR., Tercio Sampaio. *Direito, retórica e comunicação:* subsídios para uma pragmática do discurso jurídico. São Paulo: Atlas, 2015, p. 54-55

no questionamento das razões primeiras do agir, o que será aprofundado oportunamente.

O âmbito, por assim dizer, da justificação de segundo nível nunca extrapola os limites do universo discursivo, pois discutir sobre os fundamentos da fala não é mais do que substituir umas palavras por outras. Paul Ricouer[224] diz: "sempre é possível *dizer a mesma coisa de outro modo*. É o que fazemos quando definimos uma palavra com outra do mesmo léxico". Mas complementa o autor: "é também o que fazemos quando reformulamos um argumento que não foi compreendido". Assim, ao questionar quais os critérios para considerar algo como "arma", os interlocutores substituem a expressão "arma" por outros significantes, conforme o critério de semelhança escolhido, podendo responder que "serve para matar" ou que é "objeto de defesa". Só que essas locuções são compostas por palavras que também podem ensejar discussões, numa cadeia infinita de substituições de umas palavras por outras, ou de significado por significantes. Assim, a reflexividade pode levar a graus infindáveis de justificação das justificações. O debate sobre as justificações é inesgotável e tende a prosseguir *ad infinitum*, porque *a priori* é impossível dizer qual a justificação última e irrefutável, aquela que revela a descrição literal da essência da coisa. O que estabelece o limite da discussão sobre a justificação é o contexto, a situação dada com os seus elementos, que define quando a discussão acaba. Portanto, o fundamento e o limite da reflexividade são expressos numa regra pragmática que Ferraz Jr.[225] denominou de "*dever de prova*", considerado como "o centro lógico e ético da discussão, a partir do qual é possível conceber a discussão, tendo em vista os seus diferentes componentes, como uma unidade estruturada". Essas regras sobre a justificação que definem o limite da reflexibilidade, isto é, que definem quando a discussão acaba e o que se considera verdade.

224. RICOUER, Paul. *O justo*. Vol. 2. São Paulo: Martins Fontes, 2008, p. 131.

225. FERRAZ JR., Tercio Sampaio. *Direito, retórica e comunicação*: subsídios para uma pragmática do discurso jurídico. São Paulo: Atlas, 2015, p. 17.

A interação discursiva ou, no dizer de Ferraz Jr., "situação comunicativa", se dá pela relação entre pessoas estruturada em *pergunta* e *resposta*, o que caracteriza como um modelo de ação e reação, no sentido de que toda afirmação possui cunho ilocucionário (dizer é fazer) e performático (dizer é provocar uma reação). Essa interação somente pode ser compreendida através da possibilidade de ensino e aprendizado,[226] que se materializa na repetição. Nesse sentido que há o compartilhamento de práticas discursivas, isto é, existe o compartilhamento quando os sujeitos aprendem o uso da fala para praticar ações semelhantes, em contextos similares e para provocar os mesmos efeitos no ouvinte. É com base nessa repetição de falas semelhantes que se dá o ensino e aprendizado, que, por sua vez, constitui a interação discursiva por ser a condição do reconhecimento e confirmação da fala, de sua seletividade e controle. Portanto, as categorias de ensino e aprendizado caracterizam esse processo de comunicação como não cognitivo e não essencialista, o que significa que as estruturas do discurso não são *a priori* dadas, mas instituídas numa relação plural de usos compartilhados e mutuamente reforçados. Por isso, a interação discursiva "não é uma forma preestabelecida ritualmente, mas o comportamento seletivo dos partícipes, que ensinam, aprendem ou se recusam a aprender, determinam alternativas, escolhem caminhos, absorvem incertezas"[227] etc. Noutras palavras, a comunicação não tem uma existência estrutural ou convencional fora do seu funcionamento, de modo que depende do comportamento dos falantes, de sua ação e reação contínuas e mutuamente implicadas.

226. No dizer de Ferraz Jr., "dissemos que a ação linguística não se dirige apenas para outrem, mas apela ao seu entendimento, sendo assim considerada apenas aquela que pode ser entendida, isto é, ensinada e apreendida. A essa situação de aprender e ensinar, na qual a compreensibilidade das ações deve ser manifestada, atribuímos a expressão *situação comunicativa*" (FERRAZ JR., Tercio Sampaio. *Direito, retórica e comunicação*: subsídios para uma pragmática do discurso jurídico. São Paulo: Atlas, 2015, p. 79).

227. FERRAZ JR., Tercio Sampaio. *Direito, retórica e comunicação:* subsídios para uma pragmática do discurso jurídico. São Paulo: Atlas, 2015, p. 80.

A interação discursiva operada em termos de pergunta e resposta possui uma composição de três elementos básicos: *orador*, *ouvinte* e *objeto*.[228] Assim, há sempre alguém que fala, alguém a quem a fala é dirigida e aquilo que é dito, sendo essa a composição mínima de uma interação discursiva. O *orador* "abre a discussão" e instaura a interação discursiva, realizando uma ação ou ato de fala que se apresenta com a pretensão de ser compreensível, isto é, de que seja conforme às práticas discursivas compartilhadas – conformidade sempre questionável, que Ferraz Jr. denomina de "autoridade".[229] Já o *ouvinte* é aquele a quem a fala é dirigida, no sentido de que dele se espera uma reação, que poderá reconhecer ou não reconhecer, confirmar ou não confirmar o que foi dito pelo orador, de modo que "o tipo de reação do ouvinte coestabelece também as linhas de argumentação do orador".[230] Por fim, o *objeto* é a ação discursiva realizada, que pretende ser compreendida em suas diversas dimensões – locucionaria, ilocucionária e perlocucionária –, de acordo com as regras pragmáticas de comunicação compartilhadas pelo uso, e que tem a pretensão de provocar certas reações, que podem ser ativas, quando se questiona o que é dito, ou passiva, quando se aceita.

Numa perspectiva pragmática, orador e ouvinte não são posturas estáticas na interação, como se estivessem "fixos e predeterminados", pois são, na verdade, papéis "intercambiáveis".[231] Para o observador externo, a interação discursiva se mostra como um contínuo fluxo de troca de mensagens, mas, na ótica dos participantes, cada interlocutor, em cada momento de fala, assume determinado papel conforme as práticas discursivas, o que lhe encarrega certos deveres, prerrogativas,

---

228. O discurso jurídico, especificamente, possui ainda um quarto componente que é o "terceiro comunicador", alguém que interage para além das duas partes, conforme veremos com mais profundidade adiante.

229. FERRAZ JR., Tercio Sampaio. *Direito, retórica e comunicação:* subsídios para uma pragmática do discurso jurídico. São Paulo: Atlas, 2015, p. 18.

230. Idem, p. 21.

231. FERRAZ JR., Tercio Sampaio. *Teoria da norma jurídica:* ensaio de pragmática da comunicação normativa. Rio de Janeiro: Forense, 2009, p. 32.

responsabilidades etc.[232] Nestes termos, orador e ouvinte são posições definidas na própria interação discursiva, não havendo correspondência direta com critérios de identidade pessoal, qualidades intrínsecas ou dados predefinidos em relação à comunicação. Aliás, a própria identidade e, em certo sentido, a subjetividade dos interlocutores é construída a partir de seus papéis em relações específicas de comunicação, a depender das expectativas que são criadas sobre cada um deles – regras que lhe são atribuídas na comunicação – e a forma como responde a essas expectativas. Então, podemos dizer simplesmente que orador e ouvinte são posições definidas no contexto, porém variáveis dentro de um mesmo contexto.

O objeto, na perspectiva pragmática, também não é mensagem pré-fabricada a ser compreendida, que possui correspondência direta a códigos convencionais e abstratos. O objeto, que é a ação discursiva, na medida em que clama por reações do ouvinte, constitui formas de relações entre as pessoas.[233] Assim, como ensina Ferraz Jr.,[234] a comunicação possui dois níveis: o *relato* e o *cometimento*. O primeiro é imediatamente relacionado com a mensagem, mas o segundo coestabelece a relação entre os interlocutores, criando realidades e expectativas de comportamento. Isso se dá porque "quem fala não transmite apenas uma informação (relato), mas transmite, ao mesmo tempo, como esta informação deve ser entendida (cometimento), isto é, quem fala informa e determina a *relação* entre si próprio e o ouvinte".[235] Por exemplo,

232. FERRAZ JR., Tercio Sampaio. *Teoria da norma jurídica:* ensaio de pragmática da comunicação normativa. Rio de Janeiro: Forense, 2009, p. 32.

233. A relação comunicativa não se exaure na troca de mensagens, não se refere só ao conteúdo da enunciação, ao que se diz, mas também, e fundamentalmente, ao próprio dizer. A linguagem verbal diz, em primeiro lugar, um contato, uma relação de envolvimento mútuo (PONZIO, Augusto; CALEFATO, Patrizia; PETRILLI, Susan. *Fundamentos da filosofia da linguagem.* Petrópolis: Vozes, 2007, p. 169).

234. FERRAZ JR., Tercio Sampaio. *Teoria da norma jurídica:* ensaio de pragmática da comunicação normativa. Rio de Janeiro: Forense, 2009, p. 31.

235. FERRAZ JR., Tercio Sampaio. *Teoria da norma jurídica:* ensaio de pragmática da comunicação normativa. Rio de Janeiro: Forense, 2009, p. 31.

"o uso da forma imperativa: *feche a porta* contém uma mensagem cujo conteúdo é a ação de fechar a porta e, ao mesmo tempo, uma relação: o emissor se põe como superior e põe o receptor como inferior".[236] Portanto, podemos aqui dizer que é no relato que está a dimensão locucionária da fala (o que se diz), enquanto que no cometimento estão as dimensões ilocucionária (o que se faz) e perlocucionária (o que se espera como reação). Estudos lógico-semânticos não exploram o cometimento, porque supõem que os problemas de verdade e compreensão se resolvem por meio da referência à realidade, mas está no cometimento a grande parte dos conflitos e desafios, sobretudo jurídicos, de compreensão do significado, pois é nessa esfera, radicalmente contextual, que se define como o relato é compreendido.[237] Assim, o relato visto isoladamente será sempre indeterminado, pois não se estará tratando do sentido efetivamente posto em uso enquanto o cometimento não for observado.[238] Por isso, antecipando um pouco nossas

---

236. FERRAZ JR., Tercio Sampaio. Direito, Linguagem e Interpretação. In: MACEDO JR., Ronaldo Porto; BARBIERI, Catarina Helena Cortada (Orgs.). *Direito e interpretação*: racionalidades e instituições. São Paulo: Saraiva, 2011, p. 103, grifos no original.

237. A distinção entre relato e cometimento, feira por Ferraz Jr., admite relativa possibilidade de formação de sentidos não contextuais, situados no campo da mensagem por si mesma, fora das relações constituídas envolvidas na comunicação. A observação é feita por Torquato Castro Jr., ao dizer que "o que ele [Ferraz Jr.] chama 'relato' nos parece padecer ainda daquele modelo 'informático' da comunicação, em que uma 'mensagem', idêntica a ela mesma, é passada, conteudisticamente, de um emissor a um receptor, como a bola, na partida de tênis" (CASTRO JR., Torquato. A Bola do Jogo: uma metáfora "performativa" para o "desafio" da pragmática da norma jurídica. In: ADEODATO, João Maurício; BITTAR, Eduardo (Orgs.). *Filosofia e teoria geral do direito:* homenagem a Tercio Sampaio Ferraz Jr. São Paulo: Quartier Latin, 2011, p. 1086). Assim, o modelo proposto por Ferraz Jr. comporta certo convencionalismo na linguagem, o que, inclusive, é expressamente admitido pelo autor, e nesse ponto sua filosofia pragmática da linguagem se mostra afinada com as perspectivas relativamente convencionalistas, por exemplo, de John Austin e John Searle, que admitem a esfera da locucionariedade.

238. Como diz Torquato Castro Jr., "não é possível categoricamente afirmar que não há relato. O que ocorre é que o 'relato' é sempre hermeneuticamente indeterminado, o que devolve ao impasse kelseniano" (CASTRO JR., Torquato. A Bola do Jogo: uma metáfora "performativa" para o "desafio" da pragmática da norma jurídica. In: ADEODATO, João Maurício; BITTAR, Eduardo (Orgs.). *Filosofia e teoria geral do direito:* homenagem a Tercio Sampaio Ferraz Jr. São Paulo: Quartier Latin, 2011, p. 1086). Noutras palavras, o sentido efetivamente comunicado somente pode ser

conclusões, podemos dizer que questões como a finalidade da lei ou fraude à legalidade em operações negociais, por exemplo, são efetivamente debates sobre o cometimento ou sobre "o que quis dizer a lei ou negócio", ou seja, são enfrentamentos discursivos acerca da própria relação interativa em situações específicas.

Aqui mostramos, mais uma vez, que os desacordos de sentido não são meras disputas sobre a "correta forma de falar", ou mesmo sobre a verdade da essência das coisas. Os desacordos são, antes, disputas de poder e estabelecimento de relações entre as pessoas. Num primeiro plano, o debate se mostra como um conflito sobre a correta atribuição de significado das coisas, mas é justamente por meio dessa disputa que se estabelece formas de comandar, exigir, permitir, desonerar etc. No discurso jurídico isso se mostra com maior força, pois se trata da esfera onde é possível a troca da violência pura pelas palavras, não obstante a crença geral seja a de que as disputas nos juízos e tribunais se apresentem como debates sobre a verdade ou a real natureza dos fatos, conceitos e interpretações. Daí fazer sentido, mais uma vez, a afirmação de Foucault:[239] "o discurso não é simplesmente aquilo que traduz as lutas ou os sistemas de dominação, mas aquilo porque, pelo o que se luta, o poder do qual nós queremos apoderar". Dissertar, por exemplo, sobre a caracterização de simulação em determinado negócio jurídico não consiste, como pode fazer parecer, em perquirir sobre a *real* natureza do negócio e de seu propósito negocial, numa investigação que se dirige para *além das aparências*, pois o que ocorre é uma interação discursiva em que alguém nega a ação do outro, isto é, o ouvinte nega a autoridade do negócio e, com isso, instaura uma

---

compreendido nos contextos concretos em que se perfazem as relações e ações por meio das palavras, embora não se possa negar a existência de um âmbito de convencionalidade dos sentidos não contextuais, que são só sentidos potenciais, de acordo com o usual nas práticas discursivas.

239. FOUCAULT, Michel. *A ordem do discurso*. São Paulo: Edições Loyola, 2014, p. 10.

relação de poder em que desautoriza o outro, ao mesmo tempo em que se desonera de acatar o que esse outro disse.

Segue-se, então, que a interação discursiva não se dá por simples transmissão neutra de informações, que chegam diretamente ao ouvinte e que podem ser por ele apreendidas. A interação, como mostramos, ocorre numa estrutura de ação/reação ou pergunta/resposta. Cada fala do orador é carregada de expectativas sobre a reação do ouvinte, conforme as pretensões do próprio orador. Como é impossível não comunicar, toda fala implicará uma reação do ouvinte, nem que seja para não reconhecer a própria interação. O ouvinte poderá, então, *confirmar*, *negar* ou *desconfirmar* o que foi dito,[240] no que deve se basear em práticas discursivas compartilhadas pelo uso. A *confirmação* envolve o acatamento do discurso pronunciado, ratificando seu conteúdo e a relação estabelecida, o que se manifesta de diversas maneiras, seja ativa ou passivamente. O pagamento do tributo constituído por lançamento é uma ação de confirmação, diante da fala que afirmou a existência de obrigação e instituiu uma relação com obrigatoriedade de pagar. A *negação* consiste na rejeição do discurso pronunciado, momento em que o ouvinte reconhece o que é dito, no sentido de compreender e admitir preliminarmente para estabelecer a comunicação, mas refuta a ação pretendida pelo orador. É o que acontece quando alegada a nulidade de negócio jurídico diante de eventual ação de cobrança, ou mesmo quando é alegada a inconstitucionalidade de lei que institui exação tributária. Por fim, a *desconfirmação* significa uma ação mais grave de desqualificação da fala do orador, em que o ouvinte simplesmente não reconhece o que foi dito e não se dispõe à continuidade da interação discursiva, isto é, o ouvinte ignora a fala e não reconhece a identidade do orador como orador, que sequer ocupa essa função para o ouvinte, já que a comunicação não se estabeleceu plenamente. É o caso das ordens emitidas por quem está destituído de qualquer função pública

240. WATZLAWICK, Paul; BEAVIN, Janet Helmick; JACKSON, Don. *Pragmática da comunicação humana*. São Paulo: Cultrix, 2007, p. 77-78.

normativa, dos fatos que são irrelevantes para o discurso jurídico ou daquilo que muitos juristas chamam de "ato inexistente", situações em que o conteúdo locucionário da ação sequer é avaliado, pois se nega a condição de autoridade do orador e a relação não é reconhecida pelo ouvinte.[241]

Assim, a depender da reação do ouvinte, é estabelecida uma certeza ou retomado o estado de incerteza. Quando o ouvinte toma a atividade passiva de confirmar a ação do orador, é firmada uma relação que acata a autoridade e não comporta dúvidas, controlando as alternativas de ação. Por outro lado, quando o ouvinte se comporta ativamente para negar a fala do orador, ele questiona sua autoridade e sustentabilidade, ao passo que é retomado o estado de incerteza diante da dúvida sobre as alternativas a serem seguidas. Com a negação, restabelece a dúvida "é devido ou não devido pagar o tributo?" ou "é institucional ou não a lei que firma a obrigação?", o que abre a possibilidade para a reação também do orador. Assim, a negação ou desconfirmação restabelece uma interação discursiva de segundo nível, onde estão em jogo as justificações de justificações, isto é, discute-se a própria fundamentação da fala inicial. Dessa forma, o orador poderá confirmar, recusar ou desconfirmar a reação do ouvinte, num processo de reflexibilidade que reclama por novas ações e fundamentações. Ele poderá confirmar a negação, retratando-se. Poderá negar a negação, acusando-a de que foi injustificada e reafirmando, em outros termos, sua fala inicial. Poderá ainda desconfirmar a negação, simplesmente ignorando a reação do ouvinte, porque irrelevante. Da mesma forma, poderá confirmar, negar, ou desconfirmar a desconfirmação. Essas contrarreações estabelecem uma estrutura dialógica de interação *ad infinitum*, que só encontra limite nas

---

241. Note que as reações do ouvinte dizem respeito, principalmente, ao aspecto de cometimento da linguagem, isto é, ao que se faz ao dizer as palavras e às expectativas de reação do orador, de modo a estruturar a relação entre os interlocutores. É como diz Ferraz Jr.: "a confirmação é uma reação de reconhecimento da relação. A rejeição é uma reação de negação da relação. A desconfirmação é uma reação de desconhecimento da relação" (FERRAZ JR., Tercio Sampaio. *Introdução ao estudo do direito*. São Paulo: Atlas, 2008, p. 81).

condições pragmáticas do contexto, que estabelecem as formas de consenso e persuasão, decorrentes do controle da racionalidade do discurso, que enfrentaremos adiante.

Dessa forma, entre reações e contrarreações, há a possibilidade de o discurso vir a se tornar conflitivo. Numa relação dialógica conflituosa, "tanto a ação quanto a reação do orador e ouvinte são eminentemente partidárias, ambos defendem suas opiniões".[242] Assim, como quem fala tem certas expectativas sobre a reação do ouvinte, a sua negação ou desconfirmação frustra essas expectativas e instaura uma situação de incerteza. Com esforço, o orador pode fundamentar suas fundamentações, para ter a adesão do ouvinte, que ainda assim pode insistir na negação e desconfirmação. Nesse cenário, o *conflito* se caracteriza por uma interação comunicativa em que permanecem alternativas incompatíveis e a incerteza.[243] A incompatibilidade, diferente da mera contraditoriedade, não pode ser suprida por critérios lógicos de coerência, que só cabem à estrutura interna, pois os discursos incompatíveis se excluem e não comportam compatibilização. Como as incertezas não podem perdurar, o que poderia levar os interlocutores à pura violência, o conflito requer uma *decisão*, tomada em procedimentos decisórios regrados, que não vai necessariamente buscar o consenso, mas apenas suspender a insegurança.[244] Em suma, o conflito surge da frustração das expectativas sobre a reação do outro à fala, compondo uma situação dialógica de incompatíveis e que tende a discussões sobre discussões *ad infinitum*, fazendo-se necessária uma decisão com base em procedimentos regrados, para se dizer sobre qual das expectativas, do orador ou ouvinte, devem ser confirmadas.

---

242. FERRAZ JR., Tercio Sampaio. *Teoria da norma jurídica:* ensaio de pragmática da comunicação normativa. Rio de Janeiro: Forense, 2009, p. 28.

243. Idem, p. 28-29.

244. Como diz Ricouer, "a decisão põe fim a uma deliberação virtualmente indefinida", e, assim, "o ato de julgar, suspendendo as incertezas do processo, exprime a força do direito" (RICOUER, Paul. *O justo.* Vol. 1. São Paulo: Martins Fontes, 2008, p. 177).

Nesse momento que entra em cena o discurso jurídico, na sua especificidade estrutural. Diante da conflitualidade, surge a necessidade de uma decisão regrada para evitar a eterna insegurança, decisão essa que marca a presença do que Ferraz Jr. denomina de "terceiro comunicador", isto é, um interlocutor a mais além do orador e do ouvinte, que institucionaliza o conflito. Para que a situação conflitiva seja resolvida de forma não violenta, requer-se a sua institucionalização, em que se insere um "comunicador normativo" através de procedimentos decisórios regulados. A institucionalização do conflito se dá pelo seu regramento, cuja autoridade é confirmada pelos interlocutores e também por terceiros, no que podemos dizer que a base dessa autoridade consiste num fato institucional, que, como vimos, não é mais do que práticas compartilhadas. Consequentemente, a institucionalização traz a figura de uma terceira linguagem, que não é a daqueles envolvidos no conflito, isto é, "as partes começam a falar protocolarmente (linguagem contratual, regulamentar, legal etc.), num modo que não é mais o delas, mas o do terceiro [...]".[245] O terceiro comunicador é o juiz, a norma jurídica, o legislador, o costume, o precedente judicial, enfim, todos os comunicadores que aparecem para regrar e institucionalizar o conflito numa linguagem própria e neutralizadora,[246] para estabelecer uma decisão e suspender a insegurança. Assim, o que caracteriza o terceiro é a institucionalização da linguagem por procedimentos decisórios regulados, que pode se apresentar como sujeito presente que assume a figura de autoridade (juiz, legislador etc.) ou como

245. FERRAZ JR., Tercio Sampaio. *Teoria da norma jurídica:* ensaio de pragmática da comunicação normativa. Rio de Janeiro: Forense, 2009, p. 43.

246. A neutralidade do discurso jurídico será novamente explorada ao longo do trabalhado, mas aqui salientamos que a presença do terceiro comunicador, como uma linguagem comum que se coloca no lugar das partes e resolve o conflito, neutraliza as peculiaridades, interesses e animosidade do conflito. Reproduzimos as palavras de Pierre Bourdieu: "A situação judicial funciona como *lugar neutro*, que opera uma verdadeira *neutralização* das coisas em jogo por meio da 'des-realização' e da distanciação implicadas na transformação da defrontação direta dos interessados em diálogo entre mediadores" (BOURDIEU, Pierre. *O poder simbólico.* Lisboa: Edições 70, 2011, p. 237).

pressuposição compartilhada de instituições (lei, costumes, princípios etc.).[247]

O terceiro comunicador é um interlocutor diferente em relação ao orador e o ouvinte, pois o seu discurso, que é a decisão, estabelece uma relação reforçada de autoridade, no sentido de que o que ele diz não poderá ser desconfirmado. A fala do comunicador normativo pode ser negada, no sentido de ser contestada, mas não pode ser simplesmente desconfirmada, pois a autoridade é desfeita quando ignorada.[248] A relação de autoridade instituída pelo terceiro não admite ser ignorada, e por isso o terceiro "desconfirma a indiferença, recebendo-a como confirmação ou negação",[249] isto é, a autoridade age como se a indiferença fosse uma confirmação e a mantém, ou age como se fosse uma negação e a rejeita através das sanções. Assim, por exemplo, se o sujeito ignora a ordem legal, mas se comporta sem contrariedade, tem-se um comportamento lícito que não será reprimido, invés disso será considerado como se fosse um comportamento normativamente motivado, isto é, como uma reação de confirmação da lei. Por outro lado, ainda no mesmo exemplo, se o sujeito ignora a lei, mas se comporta em contrariedade a ela, o comportamento será considerado como ilícito e a autoridade o tomará como uma negação explícita e reforçará

247. Diz Ferraz Jr.: "Um conflito sobre a relação é importante para o direito, que pode ser percebido como uma comunicação entre três comunicadores. De um lado, os emissores/receptores desse universo de conversação comum. De outro, um terceiro emissor/receptor. Terceiro no sentido de um outro, que, alheio à conversação, nela intervém ou na forma de uma pressuposição institucionalizada sem sujeito ostensivo (costumes, princípios, máximas morais) ou na forma de um terceiro institucionalizado (o legislador, o juiz, a autoridade administrativa, o contrato, o tratado etc.)" (FERRAZ JR., Tercio Sampaio. Direito, Linguagem e Interpretação. In: MACEDO JR., Ronaldo Porto; BARBIERI, Catarina Helena Cortada (Orgs.). *Direito e interpretação:* racionalidades e instituições. São Paulo: Saraiva, 2011, p. 104).

248. FERRAZ JR., Tercio Sampaio. *Introdução ao estudo do direito.* São Paulo: Atlas, 2008, p. 81.

249. FERRAZ JR., Tercio Sampaio. Direito, Linguagem e Interpretação. In: MACEDO JR., Ronaldo Porto; BARBIERI, Catarina Helena Cortada (Orgs.). *Direito e interpretação:* racionalidades e instituições. São Paulo: Saraiva, 2011, p. 104.

a relação de autoridade pela instituição de sanções. Nas duas situações, a relação de autoridade não é desfeita.[250]

No entanto, para que o terceiro seja colocado nessa posição de superioridade em que sua autoridade se mantém mesmo diante da indiferença do interlocutor, é preciso a presença da institucionalização ou da configuração da prática discursiva como fato institucional, o que remete para o âmbito do compartilhamento intersubjetivo. Não fosse a institucionalização, a desconfirmação da indiferença seria tomada como uma situação conflituosa, e as reações dessa indiferença, tais como a aplicação da força, seria considerado como violência ilegítima, fora da institucionalidade. Nesse sentido, o fundamento da autoridade do terceiro comunicador, que torna jurídico o conflito, é a crença compartilhada do fato institucional, isto é, a crença de que, por exemplo, a restrição à liberdade é pena de prisão, não sequestro, ou de que a tomada de certo valor é tributo, não roubo. Com efeito, como diz Celso Lafer,[251] "a obediência à lei, em última instância, não se resolve pela força, como afirma a tradição, mas pela opinião e pelo número daqueles que compartilham o curso comum de ação expresso no comando legal". O poder, continua Lafer, "sempre resulta do agir conjunto, que se baseia no direito de associação e que requer a comunicação entre as pessoas [...]",[252] pois o agir

---

250. Por isso, podemos dizer que a relação de autoridade se forma pela garantia estabilizada de que certas expectativas devem prevalecer sobre outras. Isso significa que não importa o efetivo cumprimento do relato, mas a garantia de que as ações que desqualificam a autoridade sejam excluídas e a expectativa sempre se confirme, mesmo que a reação do outro tenha sido de desconfirmação (FERRAZ JR., Tercio Sampaio. *Teoria da norma jurídica:* ensaio de pragmática da comunicação normativa. Rio de Janeiro: Forense, 2009, p. 67). Assim, a relação de autoridade firma a expectativa de satisfação das expectativas legítimas, no sentido de que aquele que possuía uma expectativa com base em normas, que foi frustrada pela reação do ouvinte, que a negou ou a desconfirmou, poderá ir ao terceiro para que diga sobre se a expectativa deve ser atendida ou não, sendo que essa fala do terceiro não poderá ser simplesmente ignorada, pois é a indiferença que agora será ignorada, pela aplicação de sanções. Assim, a autoridade garante a expectativa de realização das expectativas legítimas.

251. LAFER, Celso. *A reconstrução dos direitos humanos:* um diálogo com o pensamento de Hannah Arendt. São Paulo: Companhia das Letras, 1998, p. 36.

252. LAFER, Celso. *A reconstrução dos direitos humanos:* um diálogo com o pensa-

unilateral sobre o outro é "força e violência" desprovidos de legitimidade simbólica. É justamente em função da autoridade institucionalizada que o terceiro pode resolver o conflito, afirmando em última palavra a alternativa a ser seguida e pondo fim ao debate. Com efeito, nas palavras de Ferraz Jr.,[253] "a institucionalização do conflito e do procedimento decisório confere aos conflitos jurídicos uma qualidade especial: *eles terminam*". Na medida em que a fala do terceiro é institucionalizada e, por isso, constitui autoridade, é que se faz possível o fim da discussão,[254] pois a autoridade, mesmo quando ignorada, se impõe por força de sua institucionalidade que transcende aos participantes do debate.

Para tanto, a institucionalização, que constitui a autoridade do terceiro e estabelece a interação discursiva do direito, possui pretensão de controle e correção. A instituição se dá segundo práticas compartilhadas, as quais se estruturam por meio de regras que os sujeitos tomam como parâmetro de correção, da mesma forma que ratificam a sua vigência. Nesse sentido é que o discurso jurídico é marcado pela pretensão de racionalidade, no sentido de controle da fala que constitui o próprio campo do discurso.[255] Assim, o discurso jurídico já

---

mento de Hannah Arendt. São Paulo: Companhia das Letras, 1998, p. 37.

253. FERRAZ JR., Tercio Sampaio. *Introdução ao estudo do direito*. São Paulo: Atlas, 2008, p. 289, grifos no original.

254. Em semelhante perspectiva, diz Dascal: "O fato de a lei ter o dever de ser eficaz na sociedade demanda meios institucionais para a solução de controvérsias legais e tais meios limitam o processo interpretativo. Idealmente, esses meios institucionais devem ser capazes de resolver *ex auctoritate* a questão da clareza em qualquer caso". Ainda complementa o autor que a resolução do conflito pela decisão institucionalizada da autoridade não põe uma interpretação absoluta e definitiva, muito menos sua força deriva de uma descrição ótima, como nos critérios de verdade. Assim, o conflito pode ser eventualmente retomado (DASCAL, Marcelo. *Interpretação e compreensão*. São Leopoldo: Editora Unisinos, 2005, p. 360).

255. O discurso jurídico é necessariamente racional, porque normativamente orientado. No dizer de Ferraz Jr., "o terceiro comunicador é quem garante a *seriedade* do conflito, fazendo do discurso um discurso *racional*, aquele em que as questões (no caso, conflitivas) não são fortuitas, mas se acham determinadas pelo dever de prova [...]" (FERRAZ JR., Tercio Sampaio. *Direito, retórica e comunicação:* subsídios para uma pragmática do discurso jurídico. São Paulo: Atlas, 2015, p. 87, grifos no original).

nasce controlado, normativamente orientado, sujeito à crítica desde o princípio. A mediação da comunicação para firmar decisões sobre conflitos só ocorre por meio dos constrangimentos do discurso jurídico, que o diferencia dos discursos unilaterais das partes diretamente envolvidas no conflito. O discurso jurídico é o que busca a legitimidade, é aquele que é acatado, e só o é na medida em que possui capacidade de potencialmente fundamentar-se em algo que não ele mesmo,[256] isto é, nas regras institucionalizadas da comunicação jurídica que instituem a relação de autoridade. Daí que a pretensão de racionalidade constitui o próprio discurso jurídico, no âmago de seu aparecimento social. Essa racionalidade, porque manifestada pelo controle e tão só nele, é o lugar de exercício do poder legítimo.[257] Trataremos agora de expor em que consiste essa racionalidade através do controle, associando essa questão à forma como a verdade é construída nesse processo.

2.3 Racionalidade, controle do discurso e poder de violência simbólica

Num sentido clássico, racionalidade se opõe ao caos. O racional está ligado à universalidade, que é um limitador da diversidade intrínseca aos eventos. O caos é justamente a expressão dessa singularidade inapreensível. Daí então que a razão consiste na busca de padrões para reduzir a complexidade dos eventos, isto é, a razão procura enxergar padrões de repetição na pluralidade. A origem etimológica de razão está no verbo latino *reri*, que significa relacionar coisas, ligá-las entre si, tomando algo por outro. Entre os gregos, é o equivalente a *logos*, campo do raciocínio lógico, que sintetiza coerentemente diversas premissas a partir de um critério de unidade, de modo que, pensar logicamente, se aproxima

256. FERRAZ JR., Tercio Sampaio. *Teoria da norma jurídica:* ensaio de pragmática da comunicação normativa. Rio de Janeiro: Forense, 2009, p. 18.

257. BOURDIEU, Pierre. *O poder simbólico*. Lisboa: Edições 70, 2011, p. 234.

do relacionar bem coisas diversas.[258] O pensamento racional formula leis, causais e jurídicas, absorvendo as incertezas do mundo plural e antecipando o futuro, isto é, construindo expectativas em torno do que vai acontecer a partir do que já aconteceu.[259] Essas leis são padrões descritivos da realidade, com forte pretensão de objetividade. O pensamento racionalista, então, se expressa como um juízo, no sentido kantiano de operação mental em que se toma uma conclusão particular como decorrência da dedução lógica das premissas gerais, isto é, a verdade ou racionalidade do pensamento ou asserção está na correta operação silogística das categorias gerais para o particular. Dessa forma, por critério de universalidade, a razão exclui a variabilidade contextual e até mesmo os aspectos de opinião e vontade, por serem esferas não universalizáveis em leis, e assim se apresenta como lugar neutro.[260-261]

Contudo, essa pretensão de racionalidade unificadora do pensamento ocidental clássico é pré-discursiva, isto é, está

258. FERRAZ JR., Tercio Sampaio. *Introdução ao estudo do direito.* São Paulo: Atlas, 2008, p. 329.

259. As relações causais provêm de um esforço conceitual de generalização e compreensão do mundo, em que todos os fenômenos estão em relação, pois nada pode ser causa e efeito de si mesmo. As relações pressupõem classes de coisas, que pressupõem conjuntos de coisas, e nada disso deixa de ser construção conceitual. Também é pressuposta uma constância das leis, isto é, uma "uniformidade no curso dos fatos". Assim, a lei física explica as relações causais em termos de "se A, então B", no sentido de que A é um conjunto de eventos cuja ocorrência produz causalmente o efeito B. A lei jurídica, por sua vez, imita a lei física e estabelece também relações, só que relações de imputabilidade, para dizer que "se A, então deve-ser B", o que significa que ocorrendo o conjunto de eventos A se imputa a consequência B. São as leis, na sua pretensão de universalidade, que permitem relacionar os fatos e dizer o que necessariamente vai ocorrer (VILANOVA, Lourival. *Causalidade e relação no direito.* São Paulo: Noeses, 2015, p. 63 e *passim*).

260. HABERMAS, Jürgen. *Pensamento pós-metafísico.* Rio de Janeiro: Tempo Brasileiro, 2002, p. 59-60.

261. O dizer racional se afirma a todos e por isso não está preso às perspectivas singulares e à vontade, pois se opera pela "identificação entre racionalidade e verdade, objetividade e necessidade, não sendo considerado racional aquilo que é meramente subjetivo e contingente" (TEIXEIRA, João Paulo Allain. Crise Moderna e Racionalidade Argumentativa no Direito: o modelo de Aulis Aarnio. *Revista de Informação Legislativa.* Brasília, ano 39, n. 154, 2002).

fora da comunicação. Nessa perspectiva clássica, a razão ou está nas categorias universais do pensamento (metafísica) ou nos critérios lógicos de descrição (positivismo lógico). Mas, aqui, concebemos a racionalidade como controle do discurso que se encerra no próprio discurso. Quer dizer, a razão regula formas de dizer coisas e fazer coisas com palavras, ao passo que a razão é definida nas próprias regras de comunicação, e não antes do processo comunicacional. Assim, a razão define o que pode ou não pode ser dito adequadamente num contexto de interação discursiva.[262] O racional expressa um critério de correção para o discurso, isto é, trata-se de firmar a forma correta de pensar, falar, agir, decidir etc. O discurso racional então é uma forma não arbitrária de falar, embora não se possa dizer que seja necessariamente universal, e com isso queremos dizer que a racionalidade estabelece a forma *correta* de agir, sendo que o critério de correção é pragmático e, portanto, é intimamente ligado ao contexto. Podemos dizer, então, com Ferraz Jr.,[263] que "o discurso irracional é aquele cujas regras não resultam da própria situação comunicativa, ou também aquele que não se guia pelas próprias regras", isto é, discurso racional é discurso conforme regras pragmáticas do discurso, que adere à maneira correta de falar e agir, segundo o reconhecimento das práticas compartilhadas. Com isso, o racional é conforme o olhar do outro, não segundo o "olhar de Deus", daquele que está fora da história, que observa o mundo da posição de um não participante.[264]

---

262. Nas palavras de Ferraz Jr., "a racionalidade é concebida aqui situacionalmente. Uma concepção situacional da racionalidade significa que ela é captada dentro da situação comunicativa" (FERRAZ JR., Tercio Sampaio. *Direito, retórica e comunicação:* subsídios para uma pragmática do discurso jurídico. São Paulo: Atlas, 2015, p. 46).

263. FERRAZ JR., Tercio Sampaio. *Direito, retórica e comunicação:* subsídios para uma pragmática do discurso jurídico. São Paulo: Atlas, 2015, p. 48.

264. "Nesse sentido, o discurso racional experimenta uma historicidade, gera a sua história, dentro da situação comunicativa. À inversa, o discurso irracional é a-histórico, na medida em que se fecha em si mesmo [...]" (FERRAZ JR., Tercio Sampaio. *Direito, retórica e comunicação:* subsídios para uma pragmática do discurso jurídico. São Paulo: Atlas, 2015, p. 49-50).

O "mútuo entendimento", que torna possível a comunicação e lhe dá ordenação, se dá por meio de regras existentes nas relações de ensino e aprendizado, materializadas na repetição das práticas discursivas. A interação discursiva, então, se desenvolve de maneira regrada.[265] É o compartilhamento de regras que constituem as próprias práticas discursivas, sendo que o compartilhamento depende do próprio uso, como já dissemos. Disso decorre o que Ferraz Jr. chamou de "limite interno" da interação, consistente nas regras que dizem o que faz ou não faz parte do discurso, os critérios para se chegar a um acordo ou simplesmente quando que se considera finda a discussão. A racionalidade existe na medida em que existem essas regras, que garantem o "mutuo entendimento" e relativa ordem ao discurso. Disso se segue, como já dissemos, que o discurso jurídico há de ser racional, na medida em que ordena a interação e é capaz de pôr fim ao debate, dizendo o que vale e o que não vale naquela situação. Logo, a racionalidade no discurso nada tem a ver com a verdade ontológica ou com critérios universais, mas sim com o regramento da fala e com a possibilidade de término do diálogo, mesmo que sem resposta definitiva e universalmente válida. Esse regramento, como já dissemos outras vezes, não é compreendido aqui como estrutura metafísica *a priori*, ou mesmo como estrutura convencional cogente, pois ele decorre da interação em ensino e aprendizado nas próprias situações comunicativas, ou seja, é aprendido e reforçado pelos participantes quando repetem as formas de comunicação em situações similares. Não é um dado pré-fabricado, é uma "tarefa".[266]

---

265. DASCAL, Marcelo. *Interpretação e compreensão.* São Leopoldo: Editora Unisinos, 2005, p. 362.

266. "Isso significa que, embora o mútuo entendimento se funde na existência de uma língua comum aos partícipes, o uso da língua tem de ser *aprendido*. Isso transforma profundamente a situação. O mútuo entendimento não é uma espécie de axioma da discussão, mas uma tarefa. Para usar a expressão kantiana, ele não é um 'dado' (*Gegebenheit*), mas algo posto como tarefa (*Aufgegebenheit*). O mútuo entendimento não é nem exterior ao próprio discurso, mas ocorre no exercício do discurso. Nesse sentido, ele depende dos partícipes da discussão, com o que queremos dizer que ele depende de uma série de técnicas comunicativas que devem ser

O racional então não se define por seu conteúdo universal, mas por sua capacidade de fundamentação. O discurso fundamentado é aquele que se ocupa de comprovar o que diz, não se restringindo à sustentação arbitrária, isto é, racional é o que "*presta contas*, que não apenas afirma, mas fundamenta",[267] o que remete para as regras. A razão está na correta fundamentação, o que significa simplesmente a possibilidade de sustentação da ação perante o outro conforme regras compartilhadas,[268] e por isso é, a razão, sempre relacional e diretamente ligada ao controle. É o exame crítico do atendimento de regras pragmáticas de controle que garante a racionalidade e o fim do debate. Para tanto, não é preciso que se fundamente tudo, mas apenas que seja fundamentável, ou seja, que seja sujeita à crítica e ao controle,[269] pois a fala que tudo fundamenta é ação de sustentabilidade absoluta, que é incontrolável e não entra nos jogos de racionalidade, por se referir a uma realidade metafísica ou divina alheia às relações de comunicação. Assim, a garantia da racionalidade está no "princípio da fundamentação suficiente" ou da "razão suficiente", segundo o qual o discurso racional é aquele que atende aos critérios bastantes de correção, sem "recorrer a uma última justificação, que não precisasse mais de justificação", o que "implicaria ou o recurso a princípios não justificáveis e excluídos de qualquer discussão, ou o recurso ao ideal romântico de

---

aprendidas" (FERRAZ JR., Tercio Sampaio. *Direito, retórica e comunicação:* subsídios para uma pragmática do discurso jurídico. São Paulo: Atlas, 2015, p. 70).

267. FERRAZ JR., Tercio Sampaio. *Direito, retórica e comunicação:* subsídios para uma pragmática do discurso jurídico. São Paulo: Atlas, 2015, p. 47.

268. "Em síntese: compreendemos uma proposição assertória quando sabemos que tipo de razões um falante teria que aduzir, a fim de convencer um outro ouvinte de que ele tem razões para levantar uma pretensão de verdade em relação ao enunciado. [...] A não pode estar seguro de estar seguindo realmente uma regra, se não houver uma situação na qual ele possa submeter seu comportamento ao juízo de um crítico B, o qual não esteja em condições de constatar desvios em relação à regra" (HABERMAS, Jürgen. *Pensamento pós-metafísico.* Rio de Janeiro: Tempo Brasileiro, 2002, p. 117).

269. FERRAZ JR., Tercio Sampaio. *Teoria da norma jurídica:* ensaio de pragmática da comunicação normativa. Rio de Janeiro: Forense, 2009, p. 18.

verdade como eterna discussão".[270] Então, para evitar o debate sem fim sobre as justificações últimas, encerra-se o debate com o discurso racional, discurso justificável de maneira suficiente aos olhares dos participantes, que não tem o condão de ser último e absoluto.

Há, ao menos, duas perspectivas sobre a razão suficiente, caracterizadora do discurso racional, as quais dizem respeito às formas de estruturação das regras de discursão que possibilitam o "mútuo entendimento". Podemos compreender o discurso racional ou como aquele orientado para o consenso ou como o que busca a persuasão eficiente para a solução do conflito. A discussão orientada para o consenso, que Ferraz Jr. chama de "discussão-com", é caracterizada pela *homologia*, por uma relação simétrica em que o ato de fala se pauta pela estratégia discursiva do convencimento, no sentido de buscar a verdade do que se fala pela mútua colaboração, pois "orador e ouvinte não só discutem um com o outro, mas também investigam em comum", possibilitando a "'verificação interpessoal' do objeto discutido".[271] Nesse modelo de discurso, uma afirmação pode ser considerada verdadeira ou definitiva ainda que não se apele a uma decisão do terceiro comunicador, de modo que a interação caminhará na relação paritária entre orador e ouvinte até que se chegue a uma conclusão pela verificação crítica de ambos os participantes, através de seu convencimento. Não se trata, contudo, de um acordo cognitivo sobre a verdade extralinguística, pois o acordo é também ação discursiva, é uma atitude que se perfaz por palavras,[272] ou seja, é um curvar-se diante do argumento em

---

270. FERRAZ JR., Tercio Sampaio. *Direito, retórica e comunicação:* subsídios para uma pragmática do discurso jurídico. São Paulo: Atlas, 2015, p. 49.

271. FERRAZ JR., Tercio Sampaio. *Direito, retórica e comunicação:* subsídios para uma pragmática do discurso jurídico. São Paulo: Atlas, 2015, p. 50-51.

272. O acordo, então, não sendo cognitivo, no sentido de verificação da realidade extrínseca ao discurso, é forma de adaptação que se dá pela linguagem e que, portanto, constitui o mundo e as formas de interação. Trata-se de um princípio pragmático desde Wittgenstein: "Certo e errado é o que os homens dizem; e os homens estão concordes na *linguagem*. Isto não é uma concordância de opiniões mas da

conjunto com o outro. Já a discussão orientada pela persuasão eficiente, chamada por Ferraz Jr. de "discussão-contra", é estruturada numa relação assimétrica, em que a fala se apresenta como conflito de interesses incompatíveis e que não se pauta pela busca mútua da verdade, mas sim pela afirmação de sua própria verdade, incompatível com a afirmação alheia, provocando a situação conflitiva que demanda uma decisão. Dessa forma, a "discussão-contra" tende a ser inesgotável, devido à irredutibilidade das posições antepostas, de modo que se faz necessária a presença da autoridade, isto é, do terceiro que encerra a discussão, que se expressa tanto por um sujeito ostensivo (auditório, maioria, juiz etc.) quanto por um signo (lei, precedente, texto científico etc.). Em ambos os casos, a correção da racionalidade consiste num controle pragmático sobre as regras do discurso, consiste numa adesão ao que é dito e que se apresenta como razão suficiente ou verdade suficiente, seja adesão mútua, como no consenso, seja adesão pela vitória, como na persuasão.[273]

Essa distinção entre duas formas de estrutura do discurso fez alguns autores optarem por uma ou outra perspectiva de racionalidade. Jürgen Habermas,[274] por exemplo, defende que a racionalidade está no discurso orientado para o consenso, que se distingue dos discursos estrategicamente orientados por interesses, os quais ele denomina, respectivamente, de *ação comunicativa* e *ação estratégica*, e assim constrói sua tese da racionalidade presente nas condições pragmáticas *a priori* da ação comunicativa ou do discurso orientado pelo consenso.

---

forma de vida" (WITTGENSTEIN, Ludwig. *Investigações filosóficas*. Petrópolis: Vozes, 2009, p. 123, grifos no original).

273. Uma estrutura discursiva não é estática, pois ora o discurso pode se apresentar pela orientação ao acordo, quando simplesmente se lança a afirmação, ora pela orientação à adesão, quando se torna conflitivo pela negação ou desconfirmação do ouvinte. A presença do terceiro decorre, justamente, do fracasso do acordo, quando as duas posições se mostram incompatíveis, e uma pretende eliminar a outra numa relação de conflitualidade.

274. HABERMAS, Jürgen. *Pensamento pós-metafísico*. Rio de Janeiro: Tempo Brasileiro, 2002, p. 70-ss.

Em perspectiva diametralmente oposta, Chäim Perelman e Lucie Olbrechts-Tyteca[275] são representativos da tese de que o discurso se orienta pela persuasão, isto é, pela adesão do auditório, não havendo espaço para regras transcendentais de um discurso racional, havendo, nessa perspectiva, certo ceticismo quanto à possibilidade de discursos orientados ao mútuo consenso. Ferraz Jr., autor de maior significância para nosso estudo, expõe as duas formas de estrutura do discurso sem fazer uma opção clara e explícita sobre uma ou outra forma de racionalidade. Sua abordagem é de distanciamento, apenas mostra como a comunicação se desenvolve, sem dizer como ela deve ser. Por isso, afirma existir racionalidade no discurso pelo consenso, como também no discurso pela persuasão,[276] ambos conforme regras pragmáticas, peculiares a cada forma estrutural. Em ambos os casos não é a realidade extrínseca de conceitos ideais ou de verificações empíricas que confere racionalidade ao discurso. O que é comum a ambas, ao consenso e à persuasão, é que o debate se orienta por regras e, portanto, a racionalidade está sempre relacionada a formas de controle da fundamentação, sendo que numa situação o controle poderá ser mais democrático do que em outro, quer dizer, no consenso o controle é mútuo, no conflito o controle é da autoridade (terceiro comunicador: maioria, norma, juiz, precedente, ciência, Deus etc.). Em todo caso, a verdade é um enunciado que satisfaz o dever de comprovação segundo regras; é emprego adequado de significados segundo a correção e controle de outra pessoa, seja essa pessoa o próprio interlocutor (no discurso orientado pelo acordo) seja um terceiro institucionalizado (no discurso orientado pela persuasão). Ademais, a própria feição estrutural da interação discursiva é intercambiável, isto é, ora o discurso se mostra orientado pelo consenso ora pela persuasão, a depender do seu desenvolvimento.

---

275. PERELMAN, Chaïm; OLBRECHTS-TYTECA, Lucie. *Tratado da argumentação:* a nova retórica. São Paulo: Martins Fontes, 2014, p. 42.

276. FERRAZ JR., Tercio Sampaio. *Direito, retórica e comunicação:* subsídios para uma pragmática do discurso jurídico. São Paulo: Atlas, 2015, p. 58.

Colocar a questão dessa forma é sair do âmbito do relato e ingressar nas relações que estão na sua base. A explicitação da racionalidade como fundamentação do ato não se encerra no relato, pois na base da fundamentação estão as relações interpessoais constituídas e constituintes das regras pragmáticas de racionalidade. Como dissemos, ação racional é aquela controlada, tolhida nas suas possibilidades, pois se conforma em regras.[277] Quer dizer, a ação fundamentada é uma ação controlada, na medida em que o discurso regrado exige fundamentação e o regramento implica controle. Aqui há, como em Ferraz Jr.,[278] uma associação da racionalidade com o poder. Seja nas regras da discussão para o acordo, seja nas regras da discussão para adesão, a racionalidade do discurso remete sempre ao controle da fala por outro, de modo que a racionalidade conforma certa distribuição de poder e papéis sociais. As regras de correção do discurso estabelecem fatos institucionais que constituem o próprio mundo das relações sociais, e a comunicação é, a um só tempo, constituinte do poder e constituída por ele. O controle, que caracteriza o discurso racional, decorre do "poder capaz de impor significações como legítimas, dissimulando as relações de força que estão no fundamento da própria força".[279] Daí que o poder do discurso racional é aquele que se apresenta como controle legítimo, no sentido de que é dispensada a coação e a pura violência, justamente porque o sujeito incorpora o poder em sua

277. DASCAL, Marcelo. *Interpretação e compreensão*. São Leopoldo: Editora Unisinos, 2005, p. 362.

278. Essa relação com as formas de comunicação com o poder está presente no pensamento do autor sobretudo a partir de seu Função Social da Dogmática Jurídica e do Introdução ao Estudo do Direito, bem como nos ensaios que seguiram nesse período. Aqui, mais do que mostrar simplesmente os aspectos estruturais do discurso, o autor se volta para observar como que as relações de poder se estabelecem sobre essas estruturas (MARANHÃO, Juliano Souza de Albuquerque. O Discurso da Dogmática Jurídica. In: RODRIGUEZ, José Rodrigo; COSTA, Carlos Eduardo Batalha da Silva e; BARBOSA, Samuel Rodrigues (Orgs). *Nas fronteiras do formalismo:* a função social da dogmática jurídica hoje. São Paulo: Saraiva, 2010, p. 76).

279. FERRAZ JR., Tercio Sampaio. *Direito, retórica e comunicação:* subsídios para uma pragmática do discurso jurídico. São Paulo: Atlas, 2015.

própria fala, ao neutralizar-se para cumprir a regra.[280] Nesse sentido, a correção ou a forma correta de agir, que se expressa nas regras compartilhadas de uso, decorre da exclusão, por meio do controle, da infinita variedade de possibilidades de ação e significação, exclusão essa que tem base primeira no "arbitrário socialmente prevalecente".[281] A forma correta ou racional do uso, o literal, poderíamos dizer, se deita sobre metáforas, que quando empregadas originalmente não eram mais do que formas de adaptação social pela comunicação, instituindo relações de poder, sem qualquer base referencial ou descritivas. O poder de violência simbólica, então, base da racionalidade, constitui e é constituído na comunicação, e "por aí passa a formação do uso competente enquanto manifestações de um arbitrário social".[282]

Aqui podemos sintetizar o fundamento da legitimidade do terceiro no discurso jurídico, que se apresenta como autoridade que se impõe, mesmo quando ignorado. A autoridade só é possível em razão de sua institucionalidade, que pressupõe a racionalidade. Mas se a razão se mostra no agir sob regras, então a razão não é mais do que submeter-se ao controle do outro. Logo, discurso racional é aquele que se conforma com o poder de violência simbólico, assim entendido como o que é ratificado no uso da palavra quando o interlocutor se neutraliza e se conforma às regras impostas nas relações

280. Quer dizer, "não se trata de coação, pois, pelo poder de violência simbólica, o emissor não coage, isto é, não se substitui ao outro. Quem age é o receptor. Poder aqui é controle. Para que haja controle é preciso que o receptor conserve suas possibilidades de ação, mas aja conforme o sentido, isto é, o esquema de ação do emissor. Por isso, ao controlar, o emissor não elimina as alternativas de ação do receptor, mas as neutraliza. Controlar é neutralizar, fazer com que, embora conservadas como possíveis, certas alternativas não contem, não sejam levadas em consideração" (FERRAZ JR., Tercio Sampaio. Interpretação Jurídica: interpretação que comunica ou comunicação que se interpreta? In: HARET, Florence; CARNEIRO, Jerson. *Vilém Flusser e juristas:* comemoração dos 25 anos do grupo de estudos de Paulo de Barros Carvalho. São Paulo: Noeses, 2009, p. 32).

281. FERRAZ JR., Tercio Sampaio. Interpretação Jurídica: interpretação que comunica ou comunicação que se interpreta? In: HARET, Florence; CARNEIRO, Jerson. *Vilém Flusser e juristas:* comemoração dos 25 anos do grupo de estudos de Paulo de Barros Carvalho. São Paulo: Noeses, 2009, p. 32.

282. Idem, p. 36.

estruturantes e estruturadas do poder. O discurso controlado por regras pressupõe a relação de distribuição do poder de violência simbólica, em que o falante se neutraliza e ratifica a vigência da regra. Nesse sentido, o discurso possui fundamento circular: a autoridade é acatada por sua racionalidade, mas a racionalidade constrange por sua autoridade. O discurso jurídico afirma a si próprio, ao ser compartilhado pelo uso. A legitimidade do discurso jurídico, sua força, seu poder de desconfirmar a indiferença, não advêm de fatores externos, vêm de si. No fundo, é a autoridade que se reforça ao ratificar as regras que a constitui como atividade racional, dissimulando o que, na sua base, é luta simbólica que substitui a violência em cada interação discursiva, isto é, o constrangimento da racionalidade tem base em formas de estruturação das relações sociais constituídas nas próprias reiterações das formas de agir, não apenas numa vinculação externa que lhe confere legitimidade. É assim, com a pretensão de controle e racionalidade, negando a arbitrariedade, que o direito constitui artificialmente sua legitimidade e seu próprio campo de ação.[283]

Portanto, o teste da universalidade como correção racional do discurso também está envolvido em situações concretas de interação, em que se mede o que é dito pelas reações dos ouvintes, presentes ou potenciais. A metáfora do "auditório universal", de Perelman e Olbrichts-Tyteca, é ilustrativa. A comunicação é sempre orientada ao outro, buscando reações de confirmação, mas a crença na racionalidade toma a universalidade do auditório como parâmetro de correção, isto é, pode-se considerar racional o argumento quando consegue potencialmente a adesão de todos aqueles que tenham capacidade média de compreensão, independentemente das circunstâncias e perspectivas concretas. Nesse sentido, "uma argumentação dirigida a um auditório universal deve convencer o leitor do caráter coercivo das razões fornecidas, de sua evidência, de sua validade intemporal e absoluta,

283. BOURDIEU, Pierre. *O poder simbólico*. Lisboa: Edições 70, 2011, p. 255.

independentemente das contingências locais ou históricas".[284] Ocorre que, como afirmam os próprios autores, "auditório universal" não passa de uma pressuposição do orador, fruto de sua própria projeção, em que o argumento é colocado em xeque de acordo com os requisitos para a confirmação de interlocutores potenciais, antecipando objeções. O "auditório universal", em Perelman e Olbrechts-Tyteca, seria o campo da coerência do argumento visando à adesão não do auditório presente, mas de uma universalidade presumida na comunicação, tendo como base o horizonte de interlocutores projetado. O "auditório universal" não passa de uma pretensão pragmática do orador sobre o teste último de seus argumentos, tentando ir além de seu interlocutor presente, mas visando a potenciais interlocutores. Dizem os autores: "O auditório universal é constituído por cada qual a partir do que sabe de seus semelhantes, de modo a transcender as poucas oposições de que tem consciência. Assim, cada cultura, cada indivíduo tem sua própria concepção de auditório universal".[285] Logo, cada universalidade, projetada pelo orador, consiste numa delimitação de suscetibilidade da fala ao poder e controle dos interlocutores potenciais, que correspondem ao "auditório de elite" que pode julgar a fala e dizer o "ser perfeito".[286] Dessa forma, a universalidade do argumento corresponde ao teste daqueles que compartilham o mesmo jogo de linguagem, que conhecem e ratificam as mesmas regras, pois para quem não faz parte dessa roda de semelhantes o auditório universal não passará de mais um auditório particular, isto é, não haveria universalidade alguma, apenas uma perspectiva diferente.[287] Por isso, o controle da universalidade do argumento não escapa do campo das relações hierarquizadas e regradas, em que a racionalidade se mostra como controle do outro e

284. PERELMAN, Chaïm; OLBRECHTS-TYTECA, Lucie. *Tratado da argumentação:* a nova retórica. São Paulo: Martins Fontes, 2014, p. 35.

285. Idem.

286. Ibidem.

287. Idem, p. 38.

neutralização do próprio orador. No fim, o teste da universalidade também é expressão do poder de violência simbólica.

Além disso, perceber o controle da racionalidade como poder simbólico, que se legitima na ratificação pelo uso que se submete, faz perceber a fragilidade da própria pretensão de racionalidade. A crença da vinculação às regras conduz à autoimagem dos juristas de que sua atividade é em absoluto controlada, separando assim o "poder-força", como fenômeno irracional e extrajurídico, do "poder-jurídico", como fenômeno racional e ordenado.[288] Nessa perspectiva, a racionalidade jurídica não seria nem mesmo poder, porque careceria de inventividade, capacidade de inovação ou arbítrio, ela seria, como se pressupõe, uma ação científica e vinculada, baseada na verdade. Mas, compreendida a racionalidade como estrutura estruturante de poder simbólico, é possível afirmar também que a vinculação ou a conformação às regras de controle da fala é antes uma atitude ética de concretização, não apenas vinculação racional predefinida. A racionalidade, com sua pretensão de vinculação e controle, apenas suspende o poder e o arbítrio presente em cada ação, que sempre estará lá, inegavelmente. Dessa forma, o terceiro no discurso jurídico tem legitimidade porque vinculado às regras compartilhadas, mas não deixa de ter também poder. Lei, sentença, precedente, doutrina, costume etc., são, todos, formas de expressão de poder, com pretensão de vincular estando vinculado. Como qualquer ato de fala, cada ato do discurso jurídico é também poder que contém expressão de inventividade ou arbitrariedade,[289] que opera valorações e escolhe alternativas, possuindo uma irredutível dimensão ética que não se sujeita ao *logos*.

Em suma, essas observações parecem confrontar duas crenças gerais dos juristas sobre sua racionalidade, quais sejam: primeiro, a de que o seu saber e agir são racionais porque

---

288. FERRAZ JR., Tercio. *Introdução ao estudo do direito*. São Paulo: Atlas, 2008, p. 289-290.

289. BOURDIEU, Pierre. *O poder simbólico*. Lisboa: Edições 70, 2011, p. 233.

não se sujeitam a estruturas artificialmente construídas de poder; segundo, a de que a racionalidade de seu saber reduz por completo a arbitrariedade, como se sua ação não tivesse também um âmbito de inventividade que extrapola o controle e se constitui como poder.

2.4 Norma jurídica, expectativas e conflito

Como dissemos, o discurso jurídico não se dá numa instância única. Há diversos campos de diálogo, cada qual com pressupostos estruturais e pretensões distintos. Assim, podemos sistematizar ao menos três âmbitos do discurso jurídico, quais sejam: i) o discurso normativo ou da linguagem prescritiva, que tem como significantes leis, decretos, constituição etc.; ii) o discurso da dogmática jurídica, compreendida como o conjunto de enunciados que tratam das formas como decisões devem ser tomadas, mas que se remetem ao discurso normativo, situando-se num lugar intermediário entre normas e decisões; iii) o discurso da decisão jurídica ou de sua fundamentação, que compreende os enunciados de justificação e persuasão sobre determinada decisão prática, em vista das circunstâncias do caso concreto e a partir das orientações dogmáticas e do discurso normativo.[290] Essas três instâncias não compreendem em absoluto todas as possíveis formas de expressão do discurso jurídico, muito menos compreendem um retrato de sua natureza ontológica, é antes uma divisão funcional, a partir dos ambientes principais de manifestação nas práticas que se constituíram sobretudo a partir da Modernidade. A divisão das instâncias discursivas entre *norma*, *dogmática* e *decisão* é uma distribuição de papéis própria de determinado modelo de

290. RICOUER, Paul. *O justo*. Vol. 1. São Paulo: Martins Fontes, 2008, p. 165; ROCHA, Leonel Severo. Semiótica e Pragmática em Tercio Sampaio Ferraz Jr. In: ADEODATO, João Maurício; BITTAR, Eduardo C. B. *Filosofia e teoria geral do direito:* homenagem a Tercio Sampaio Ferraz Jr. São Paulo: Quartier Latin, 2011, p. 765; FERRAZ JR., Tercio Sampaio. *Direito, retórica e comunicação:* subsídios para uma pragmática do discurso jurídico. São Paulo: Atlas, 2015, p. 79.

práticas jurídicas, o que não necessariamente esgota todas as possibilidades discursivas, nem hoje nem sempre.

A instância discursiva da norma jurídica, de um modo geral, não é vista propriamente como um discurso, no sentido pragmático que esboçamos até aqui. A crença é a de considerar a norma jurídica como um objeto, que se observa e descreve, sobre o qual se pode fazer afirmações falsas ou verdadeiras, acerca de seu conteúdo e estrutura. Aliás, a norma, enquanto uma unidade ontológica, é frequentemente considerada como o objeto por excelência da ciência jurídica, delimitando seu campo de análise e autonomia científica. A definição mais frequente de direito é a de conjunto ordenado de normas. A norma, nestes termos, é apresentada como expressão universal e atemporal do direito, enquanto objeto da ciência jurídica.[291] Há ao menos duas variações dessa concepção de norma, quais sejam, a norma-comando e a norma-proposição.[292] Na primeira perspectiva, a norma jurídica é compreendida como um ato de vontade realizado pelo soberano ou autoridade, numa relação em que a norma somente pode ser caracterizada pela subordinação institucionalizada. Essa concepção, chamada de teoria imperativista da norma, tem vinculação com teorias legalistas ou estatais do direito, negando a qualidade de norma a tudo aquilo que não for produto da vontade de autoridades.[293] A norma como comando tem precedentes no pensamento medieval, mas tomou forte representatividade como doutrina da formação dos Estados modernos nacionais,[294] a exemplo de Thomas Hobbes, e, mais tarde no Século XIX, na afirmação das leis e codificações

---

291. KELSEN, Hans. *Teoria pura do direito*. São Paulo: Martins Fontes, 2006, p. 79; BOBBIO, Norberto. *Teoria geral do direito*. São Paulo: Martins Fontes, 2008, p. 3.

292. FERRAZ JR., Tercio Sampaio. *Introdução ao estudo do direito*. São Paulo: Atlas, 2008, p. 75.

293. BOBBIO, Norberto. *Positivismo jurídico*. São Paulo: Ícone, 2006, p. 181.

294. VESTING, Thomas. *Teoria do direito*. São Paulo: Saraiva, 2015, p. 62.

como fonte primordial do direito,[295] a exemplo de John Austin e Jeremy Bentham.

Já a segunda concepção, própria da chamada teoria normativista do direito, compreende a norma jurídica como proposição prescritiva, independente de quem a pronuncie. É tão somente por sua estrutura sintática básica e sua pertinência a um sistema ordenado que se caracteriza a norma jurídica. A partir da distinção neokantiana entre ser e dever-ser, separando metodologicamente o campo dos fatos e comportamentos e o mundo da normatividade, Kelsen desenvolveu o conceito de norma como prescrições coercitivas, que determinam condutas a serem realizadas por meio do constrangimento das sanções.[296] O princípio é de que dos fatos não decorrem normas, pois é preciso valoração e imputação humanas para que haja normas, ou seja, normas implicam que haja o estabelecimento de consequências não causais para certos fatos.[297] Sendo assim, a norma teria necessariamente uma estrutura hipotético-condicional, no seguinte esquema: "dado o fato *x*, *deve ser* a consequência *y*". Assim, a norma se torna, no vocabulário de Kelsen,[298] um "esquema de interpretação" do comportamento, na medida em que qualifica juridicamente o fato como lícito ou ilícito, ao imputar-lhe consequências. Mas, diferentemente da teoria imperativista, aqui a vontade se desgarra dos fatos como norma, isto é, a ação humana possui um sentido subjetivo, que é a vontade própria da ação, mas a norma jurídica é tão só o seu sentido objetivo, que decorre das relações de validade da proposição prescritiva com outras normas. A relação de validade, que caracteriza uma norma como jurídica, se dá por coordenação/subordinação, isto é, normas de superior hierarquia estabelecem as condições formais para produção de outras normas, que passam a ter validade e pertencer ao

295. BOBBIO, Norberto. *Positivismo jurídico*. São Paulo: Ícone, 2006, p. 181.

296. KELSEN, Hans. *Teoria pura do direito*. São Paulo: Martins Fontes, 2006, p. 33-ss.

297. Idem, p. 18.

298. Idem, p. 4.

sistema. Mas basta a presença de certos requisitos procedimentais mínimos para o pertencimento ao sistema, e assim a norma terá validade até que sobrevenha outra norma que lhe retire a validade, seja por revogação seja por nulidade. Daí então que sistema jurídico é constituído por uma "ordem escalonada de normas",[299] cuja unidade é garantida pelo autorregramento da produção de normas, sendo que se trata de uma unidade formal, firmada em requisitos procedimentais de validade. Nisso que o normativismo se diferencia do imperativismo: no lugar do comando de uma autoridade soberana está a qualidade formal da norma jurídica, assim considerada por sua estrutura lógica e validade, comportando diversas espécies, tais como a lei, o contrato ou mesmo o costume.

Essas, porém, são perspectivas sintático-semânticas. A qualidade de norma é definida ou por seu conteúdo referência (ordem coercitiva de autoridade) ou por sua composição sintática (prescrição hipotético condicional derivada de outras normas). Em ambas, existe a pressuposição de que a norma jurídica constitui um objeto, existente por si e que pode ser descrito tal como é.[300] Uma proposta pragmática de norma jurídica enseja uma leitura diversa, que, sem refutar totalmente as conclusões anteriores, tenta enxergar a norma jurídica a partir da interação discursiva. Diz Ferraz Jr.[301] que, "nesse caso, a norma é vista como *comunicação*, isto é, troca de mensagens entre seres humanos, modo de comunicar que permite a determinação das relações entre os comunicadores". O esforço de Ferraz Jr.,[302] nos seus estudos de pragmática jurídica, é o de formular um conceito não coisificado de norma, considerando-a como um signo que estabelece uma relação interativa

---

299. KELSEN, Hans. *Teoria pura do direito.* São Paulo: Martins Fontes, 2006, p. 247.

300. FERRAZ JR., Tercio Sampaio. *Teoria da norma jurídica:* ensaio de pragmática da comunicação normativa. Rio de Janeiro: Forense, 2009, p. 37.

301. FERRAZ JR., Tercio Sampaio. *Introdução ao estudo do direito.* São Paulo: Atlas, 2008, p. 77.

302. FERRAZ JR., Tercio Sampaio. *Teoria da norma jurídica:* ensaio de pragmática da comunicação normativa. Rio de Janeiro: Forense, 2009, p. 38.

de duas posições. A norma jurídica, nessa acepção, consiste numa forma de relação discursiva. É, nas palavras de Ferraz Jr., "a expressão abreviada de uma forma particular de relação em curso",[303] sendo, portanto, uma realidade que não está predefinida à interação discursiva. Na perspectiva pragmática, importa não só a proposição (relato), mas também os aspectos contextuais dos sujeitos envolvidos, ou seja, são igualmente relevantes as palavras, as reações pretendidas e as relações que se constituem (cometimento). Trata-se de uma perspectiva dinâmica da norma jurídica, abordando-a como comportamento em situações determinadas de uso da palavra.

Dessa forma, a proposta pragmática mostra-se crítica da visão da norma como padrão regulatório, que autoriza ou vincula condutas, separando assim normatividade, anterior à experiência concreta, e facticidade, própria de contingências comportamentais ou de uso da norma.[304] A teoria do direito tradicionalmente entende a norma como objeto de conhecimento e que possui normatividade indiferente aos aspectos comportamentais, no sentido de que a norma traz uma regularidade que independe das circunstâncias fáticas. A pressuposição é de que existe barreira metodológica entre ser e dever-ser, que separa normatividade e facticidade. Trata-se de uma perspectiva puramente semântica, a qual tem como norma um objeto a ser conhecido e descrito.[305] A crítica do realismo jurídico, de um modo geral, levaria ao oposto dessa distinção, para atribuir primazia aos comportamentos concretos como expressão de juridicidade, renunciando ao aspecto normativo e limitando a investigação ao estudo de causalidades envolvidas no processo decisório, isto é, ao estudo do

---

303. FERRAZ JR., Tercio Sampaio. *Teoria da norma jurídica:* ensaio de pragmática da comunicação normativa. Rio de Janeiro: Forense, 2009, p. 38.

304. Sobre o ponto, diz Vesting: "Na teoria das normas, está tradicionalmente ligado ao conceito de norma jurídica um entendimento normativista das regras. A teoria das normas não fala apenas de normas do Direito privado ou do Direito penal, mas simplesmente da normatividade jurídica, e situa a totalidade dos enunciados jurídicos explícitos em um mundo separado de todas as regularidades e de todos os hábitos não jurídicos" (VESTING, Thomas. *Teoria do direito.* São Paulo: Saraiva, 2015, p. 64).

305. VESTING, Thomas. *Teoria do direito.* São Paulo: Saraiva, 2015, p. 66-67.

que efetivamente faz com que uma decisão seja tomada. Aqui adotamos uma posição realista, mas sem renunciar totalmente à normatividade, pois se a pragmática leva, por um lado, a que os significados sejam decorrentes de usos e concretizações contextuais e, portanto, de comportamentos efetivos, permite, por outro, perceber que os usos não são totalmente desvinculados, na medida em que certas regras pragmáticas de uso precisam ser respeitadas para que a ação seja confirmada pelo ouvinte. Portanto, a distinção entre ser e dever-ser não deve refletir um isolamento metodológico absoluto, pois, no plano pragmático, a norma jurídica tem base em práticas de uso efetivas e compartilhadas.[306] Como diz Vesting, "essa concepção [pragmática] ancora a linguagem em práticas quase habituais, no 'comportamento', em formas de conduta repetidas e arraigadas, mas não na reflexão ou na intenção, no

306. A perspectiva aqui a dotada não assume a distinção metodológica kelseniana entre ser e dever-ser, mas não refuta que, no plano sintático, a norma possui estrutura prescritiva, portanto hipotético-condicional, nos seguintes termos: "dado o fato *x*, *deve ser* a consequência *y*". Por outro lado, essa crença na estrutura sintática também é objeto de críticas, no sentido de que a estrutura hipotético-condicional não é a universal entre os modelos normativos, havendo ainda estruturas finalísticas, isto é, normas que prescrevem fins e não consequências. Assim, haveria normas que prescrevem fins e normas que prescrevem sanções, sendo que só essas últimas teriam estrutura hipotético-condicional (VESTING, Thomas. *Teoria do direito*. São Paulo: Saraiva, 2015, p. 61; DWORKIN, Ronald. *Levando os direitos a sério*. São Paulo: Martins Fontes, 2011, p. 35-ss). Outros ainda afirmam existir normas de condicionamento indireto do comportamento, como as sanções premiais, incentivos fiscais etc., os quais não constituem coação impositiva, mas estímulos (BOBBIO, Norberto. *Da estrutura à função*. Barueri: Manole, 2007, passim). Há respostas a essas críticas, como, por exemplo, a de que é possível reconstruir sintaticamente um enunciado finalístico numa proposição prescritiva, de modo a ter uma hipótese e uma consequência, sobretudo diante de um caso concreto, quando o juiz deve dizer se o caso cumpre ou não ao desiderato normativo (ÁVILA, Humberto. *Teoria dos princípios*. São Paulo: Malheiros, 2010, p. 66). Quanto às medidas de estímulo, tal como incentivos fiscais e outras sanções premiais, há respostas de que também se mantem a estrutura hipótese-consequência, havendo apenas uma mudança na natureza do consequente, que deixa de ser a imposição de uma coerção. Além disso, afirma-se que, em última instância, o consequente da norma de sanção premial sintaticamente integra uma prescrição coercitiva, quando impõe a alguém o dever de conferir o direito da sanção premial a outro, ou mesmo quando impede a aplicação de uma prescrição coercitiva, como nas isenções fiscais (CARVALHO, Paulo de Barros. *Curso de direito tributário*. São Paulo: Saraiva, 2011, p. 567).

pensamento ou na vontade",[307] como o fazem as teorias normativistas ou imperativistas.

O risco do isolamento metodológico das teorias imperativistas e normativistas é o da hipóstase do conceito de norma jurídica, ou seja, é o de considerar efetivamente como real e existente por si mesmo algo que é metaforicamente construído na interação concreta de comunicação. Assim, no lugar da distinção apriorística entre ser e dever-ser como categorias epistemológicas, Ferraz Jr. faz uso do conceito de *expectativa*:[308] "quando nos comportamos, na troca de mensagens, está presente, de parte a parte dos agentes, uma *expectativa* mútua de comportamento".[309] A "situação comunicativa" é compreendida como a interação entre os interlocutores, através de ações e reações, que reduzem a diversidade de alternativas possíveis de comportamento. Cada fala espera por uma reação, ela constitui uma expectativa de confirmação, rejeição ou desconfirmação. Isso pressupõe a *complexidade* das relações, que significa o fato de que numa interação há mais possibilidades de comportamento do que aquelas efetivamente realizáveis, isto é, existe incerteza quanto às ações e reações, porque as possibilidades são inúmeras. Como a incerteza sobre o que pode ocorrer é insuportável, a fala *seleciona* algumas alternativas comportamentais dentre outras, formando-se expectativas de

---

307. VESTING, Thomas. *Teoria do direito*. São Paulo: Saraiva, 2015, p. 82.

308. A partir daqui, Ferraz Jr. faz uso de categorias e alguns aspectos da teoria dos sistemas de Niklas Luhmann, sem assumir integralmente seus pressupostos, com o propósito é de desenvolver um modelo pragmático da norma jurídica. A escolha para se dever não só pelo fato de que Luhmann se insere nos estudos da pragmática em sociologia, como também porque fornece uma perspectiva comportamental suprime "a alienação recíproca entre ciências normativas e empíricas", isto é, "as normas jurídicas são expressamente relacionadas com estruturas semânticas ou de expectativa da realidade social e, por conseguinte, com a experiência e a comunicação fáticas" (VESTING, Thomas. *Teoria do direito*. São Paulo: Saraiva, 2015, p. 67). Mas, por não se limitar a reproduzir o modelo teórico de Luhmann, Ferraz Jr. acaba por desenvolver uma perspectiva própria, relacionando aspectos da filosofia pragmática da linguagem e teoria dos sistemas.

309. FERRAZ JR., Tercio Sampaio. *Introdução ao estudo do direito*. São Paulo: Atlas, 2008, p. 77, grifo no original.

que certas ações e reações se confirmem. "Quem diz: *sente-se!* já selecionou uma possibilidade",[310] pois na complexidade da relação reduziu a incerteza e estabeleceu expectativa sobre a reação do outro: sentar. Cada fala implica seletividade, reduz a complexidade da relação. Mas não se trata de uma operação cognitiva, trata-se de uma expectativa sobre ações e reações.

As expectativas nem sempre se concretizam, podem ser frustradas. A contingência da comunicação se caracteriza pela possibilidade da não ocorrência da expectativa, isto é, pela possibilidade da desilusão quanto às reações esperadas. Como dissemos, a ação do orador pode ser confirmada, rejeitada ou desconfirmada pelo ouvinte. Por isso, na seleção das reações, elas podem não vir a acontecer, pela rejeição ou desconfirmação do ouvinte. Diante de quem diz *sente-se!*, "o endereçado pode não sentar-se ou pode sentar-se sem subordinação, por exemplo, desdenhosamente".[311] Em razão disso, pode se desenvolver um jogo de fundamentações reflexas, em que cada fala, como resposta, tenta confirmar sua fundamentação para ter a adesão do outro. Quer dizer, o primeiro orador pode retrucar apresentando razões para que o ouvinte se sente, ao passo que o ouvinte pode desafiar a autoridade do orador, ao dizer, digamos, que não há qualquer obrigatoriedade de acatar ordens desse tipo e pode manter-se em pé, e assim sucessivamente. No meio dessa troca, um dos interlocutores pode conformar-se e adaptar-se diante da frustração de sua expectativa, e assim se dá um processo de aprendizado e adaptação, no caso a pessoa aceita que deve sentar-se numa sala de aula.[312] Por outro lado, é possível que cada uma das

---

310. FERRAZ JR., Tercio Sampaio. *Introdução ao estudo do direito*. São Paulo: Atlas, 2008, p. 77.

311. Idem.

312. "Admitamos, pois, que as partes que trocavam mensagens (nível relato) tivessem certas expectativas de como elas estivessem sendo entendidas (nível cometimento). No momento em que as expectativas são desiludidas, a possibilidade de conflitos em larga escala aparece. [...] A desilusão consequente, para ambas as partes, pode motivar dois comportamentos: adaptação ou manutenção da expectativa desiludida" (FERRAZ JR., Tercio Sampaio. *Teoria da norma jurídica:* ensaio de

partes mantenha uma posição irredutível em relação a outra, caso em que o aprendizado não será possível e o conflito pode se desenvolver para estágios infindáveis de fundamentação, até culminar na violência, limite último da comunicação. Na primeira situação, os interlocutores possuem *expectativas cognitivas*, caracterizadas pela capacidade de aprendizado e adaptação diante da frustração, de modo que, quando não concretizada a reação esperada, o sujeito confirma a reação ocorrida. Mas, na segunda situação, temos *expectativas normativas*, quando os interlocutores mantêm expectativas resistentes à frustração e, portanto, irredutíveis à negação e à desconfirmação do outro. Quer dizer, mesmo quando a reação esperada não acontece, o orador mantém a sua posição e expectativa, sem confirmar a reação do outro.[313] Por isso toda interação comunicativa é potencialmente conflitante. A ação do orador apenas suspende a incerteza e a complexidade, que pode ser renovada de acordo com as reações do ouvinte.

Quando as expectativas normativas são diversas entre os interlocutores, haverá uma situação de conflito que demanda uma decisão.[314] A decisão irá definir a expectativa legítima, isto é, irá confirmar uma das expectativas selecionadas. Daí então a necessidade de institucionalização das expectativas, por meio de formas de ratificação da fala mesmo diante da frustração quanto às reações do outro. Criam-se formas institucionalizadas de controle, em que os participantes se

---

pragmática da comunicação normativa. Rio de Janeiro: Forense, 2009, p. 42).

313. FERRAZ JR., Tercio Sampaio. *Introdução ao estudo do direito*. São Paulo: Atlas, 2008, p. 78. Trata-se de uma postura resistente ao aprendizado, isto é, o interlocutor mantém suas expectativas mesmo diante da frustração, negando-se a aprender com a experiência. Diz Ferraz Jr., "*aprender* é respeitar as expectativas modificadas pela decisão, aceitando-as como um fato. Não aprender é recusar-se a aprender, permanecendo em estado de protesto, mantendo as expectativas desiludidas" (FERRAZ JR., Tercio Sampaio. *Direito, retórica e comunicação:* subsídios para uma pragmática do discurso jurídico. São Paulo: Atlas, 2015, p. 109). Trata-se de um processo interativo e comunicacional, que se desenvolve na relação discursiva com o outro, aceitando suas posições e expectativas e provendo o autocontrole da fala.

314. FERRAZ JR., Tercio Sampaio. *Teoria da norma jurídica:* ensaio de pragmática da comunicação normativa. Rio de Janeiro: Forense, 2009, p. 42.

envolvem e se neutralizam diante das regras. Como diz Adeodato, "os seres humanos institucionalizam expectativas em normas, ideias, ações, papéis, processos sociais, os quais selecionam previamente as expectativas que devem ser satisfeitas, garantindo assim a estabilidade da comunicação".[315] A institucionalização do conflito torna a comunicação regrada, submetida ao controle intersubjetivo. Isso só é possível pela presença de um terceiro comunicador, com repertório próprio e que põe fim à discussão ao tomar uma decisão. A norma jurídica, enquanto fato institucional, é uma dessas formas de reforço de expectativas. Ela se mostra como um terceiro comunicador que institucionaliza o conflito e seleciona, na condição de autoridade, a expectativa legítima. A norma é uma decisão sobre decisão: estabiliza uma expectativa normativa sobre quais expectativas normativas devem ser confirmadas. Diz Ferraz Jr.,[316] "através delas [as normas], garantimos que certas decisões serão tomadas. Elas estabelecem assim controles, isto é, pré-decisões, cuja função é determinar outras decisões". Nisso se caracteriza o processo de positivação.

Em contextos determinados, a norma jurídica seleciona expectativas e reduz a complexidade. O faz por meio de uma decisão, resolvendo determinado conflito. Assim ocorre nos debates parlamentares, em que se discutem princípios e diretrizes políticas em conflito, com o fim de estabilizar alguma posição. Promulgar uma lei, então, é realizar uma decisão que resolve conflitos. A lei seleciona e estabiliza uma expectativa normativa, no sentido de que em outras situações discursivas se deverá seguir esse padrão de reação. Mas a seletividade da lei pode se mostrar insuficiente em outro momento, pois as expectativas dos diversos interlocutores sobre as expectativas estabilizadas na norma jurídica podem variar e se confrontar, surgindo uma nova situação de conflitualidade. É o caso dos

315. ADEODATO, João Maurício. *Uma teoria retórica da norma jurídica e do direito subjetivo*. São Paulo: Noeses, 2011, p. 171.

316. FERRAZ JR., Tercio Sampaio. *Teoria da norma jurídica:* ensaio de pragmática da comunicação normativa. Rio de Janeiro: Forense, 2009, p. 49.

conflitos sobre a interpretação da lei, quando ninguém questiona a autoridade da lei, mas seu relato enseja, no contexto de aplicação, diferentes expectativas. Como a decisão que estabiliza expectativas *resolve provisoriamente* conflito, em outros contextos de interação podem ser retomadas a complexidade e a incerteza. Será necessária então uma nova decisão, tomada a partir de um novo contexto, porém levando em consideração a autoridade da norma jurídica, isto é, de decisões passadas.

Esquematicamente, no contexto C, os interlocutores estão em conflito sobre diferentes expectativas E1, E2, E3... Ex, de modo que se desenvolve um processo decisório que estabiliza uma expectativa por meio de um código normativo N; mas, no contexto C', desenvolvem-se outros conflitos discursivos, dessa vez sobre diferentes expectativas E1', E2', E3'... Ex', acerca de N, de modo que se desenvolvem outros processos decisórios para outro código normativo N', em que se selecionam certas expectativas prevalecentes. Esse processo se renova inesgotavelmente, pois as decisões não estabilizam expectativas em caráter absoluto, uma vez que estão sujeitas a confrontos interpretativos de acordo com diferentes contextos. A norma encerra o discurso e resolve o conflito, mas não os elimina.[317]

Isso se explica porque o discurso da norma jurídica possui ambiguidade estrutural. O discurso normativo admite a contestação pelos interlocutores, que passam a ser corresponsáveis pela determinação do sentido. A norma jurídica então representa ponto em que se admite a controvérsia e discussão, havendo simetria na relação, que se expressa, por exemplo, no dever de fundamentação, na regra do contraditório, no duplo grau de jurisdição etc. Porém, as relações instituídas pela norma não comportam controvérsia, ou seja, a norma jurídica pressupõe a relação de autoridade que não se desfaz pela reação do outro. A norma "passa a valer independentemente de as expectativas dos endereçados serem, de fato, contrárias, valendo ainda que os endereçados insistam em desiludi-la", e

317. RICOUER, Paul. *O justo*. Vol. 1. São Paulo: Martins Fontes, 2008, p. 176-177.

isso, inclusive, explica o fato de que "ela soluciona os conflitos, não porque os elimina de fato, mas porque lhes põe um fim, encerra-os".[318] Noutras palavras, a norma jurídica não enuncia apenas mensagem, mas estabelece uma definição das posições na interação comunicativa, impondo relação de autoridade e assimetria, em que a fala do terceiro comunicador nunca pode ser desconfirmada. A norma estabelece "a garantia de que reações que desqualificam a autoridade, como tal, estão excluídas da situação comunicativa".[319] Dessa forma, a ambiguidade estrutural permite que se possa discutir a norma jurídica e até impugná-la, mas nunca ignorar a relação de autoridade constituída.

Enfim, a compreensão pragmática da norma jurídica como seleção de expectativas tem a importância de mostrar que, no lugar de essências ontológicas ou da descrição de objetos pré-fabricados, há uma interação comunicativa marcada por expectativas mútuas de comportamentos. A crença comum, pressuposta por exemplo no conceito de legalidade e de fraude à lei, é a de que a linguagem descreve referentes invariáveis e que a disputa judicial resolve sobre a correta aplicação, isto é, aquela que bem descreve os fatos e a lei. A perspectiva pragmática, porém, leva a conclusão de que a norma funciona na interação como um interlocutor que seleciona uma dentre expectativas em conflito, mas que o faz apenas provisoriamente, pois novos conflitos podem ser retomados, sem que nunca se chegue a um resultado ótimo. Nesse sentido, a norma jurídica age como agente estabilizador, porém precário e instável, que não diz a verdade ou a solução última dos conflitos, ela apenas mediatiza e estabiliza conflitos sobre posições em interações discursivas concretas.

---

318. FERRAZ JR., Tercio Sampaio. *Teoria da norma jurídica:* ensaio de pragmática da comunicação normativa. Rio de Janeiro: Forense, 2009, p. 42.

319. Idem, p. 67.

2.5 Codificação e decodificação

Os conflitos de expectativas são mediados pela linguagem do comunicador normativo, que possibilita a resolução do conflito através de uma decisão. Os conflitos, porém, podem se renovar infinitamente, pois sobre o mesmo código normativo N podem se formular expectativas diversas E1', E2', E3'... Ex', que demandará um código normativo N'. Isso significa que os interlocutores agem sob a pressuposição de se referir a outro código, ou seja, eles interpretam. As expectativas são formadas sobre N porque interpretam N, e o mesmo faz a autoridade que seleciona uma entre as expectativas em conflito. Isso remete ao problema sobre como as mensagens são transmitidas e recebidas entre orador e ouvinte, isto é, sobre como se interpreta um enunciado. Ferraz Jr. enfrenta esse problema a partir da analogia entre interpretação e tradução, que permite compreender a comunicação como um esquema de codificação e decodificação.

Com efeito, a tradução consiste numa decodificação de palavras em outras, isto é, traduzir é tentar dizer a mesma coisa com outras palavras. Mas essa pode ser também a definição de interpretação, pois interpretar é exatamente "o que fazemos quando definimos uma palavra com outra do mesmo léxico, como fazem os dicionários", e "também o que fazemos quando reformulamos um argumento que não foi compreendido".[320] Assim, a tarefa da tradução é semelhante ao da interpretação. Interpretar uma mensagem é tentar compreendê-la a partir do repertório que temos, a partir de nossa língua. É tentar dizer a mesma coisa com nossas palavras.

Quando abandonamos essa crença em referentes extralinguísticos, passamos a perceber similitudes entre a ação de traduzir e de interpretar. Com efeito, os referentes do signo podem ser compreendidos também como signo, no sentido de que o significado de uma palavra consiste no seu

---

320. RICOEUR, Paul. *O justo*. Vol. 2. São Paulo: Martins Fontes, 1998, p. 131.

desdobramento em outras palavras, em um processo de substituição de umas por outras.[321] Diz Ferraz Jr.,[322] "a diferença entre rio, riacho, córrego, rego ou entre jovem, velho, quente, frio pressupõe fronteiras que não são dadas previamente, mas dependem de articulação linguística (o que é um velho para a criança não será necessariamente o mesmo para um adulto)". A compreensão de uma palavra que se apresenta implica a remissão para os usos de diversos outros signos que com ela guarda relação de aproximação. Definir uma palavra ou dizer seu significado é atribuir-lhe predicados, é atribuir qualidades a um nome, isto é, o significado de uma palavra depende da explicação progressiva em termos de outros significados implícitos, até uma série infinita, e essa explicação consiste justamente em atribuir predicados.[323] Nesse sentido, qualquer processo de interpretação ou de busca do significado será também um ato de tradução. Como diz Jakobson, "o significado de um signo linguístico não é mais que sua tradução por um outro signo que lhe pode ser substituído",[324] quer dizer, interpretar é traduzir.

Dessa forma, não há apenas traduções entre textos de línguas distintas – "*tradução interlingual*". Há também traduções entre textos de uma mesma língua, que são processos de interpretação que permeiam a comunicação – "*tradução intralingual ou reformulação*".[325] Então, na medida em que interpretação pressupõe traduções internas a um mesmo idioma, toda comunicação, que pressupõe interpretações, é composta por sucessivas traduções. As mensagens emitidas pelo orador

321. JAKOBSON, Roman. *Linguística e comunicação.* São Paulo: Cultrix, 2010, p. 80.

322. FERRAZ JR., Tercio Sampaio. Interpretação Jurídica: interpretação que comunica ou comunicação que se interpreta? In: HARET, Florence; CARNEIRO, Jerson. *Vilém Flusser e juristas:* comemoração dos 25 anos do grupo de estudos de Paulo de Barros Carvalho. São Paulo: Noeses, 2009, p. 25.

323. FLUSSER, Vilém. *Philosophy of language.* Minneapolis: Univocal Plublishing, 2016, p. 33-34.

324. JAKOBSON, Roman. *Linguística e Comunicação.* São Paulo: Cultrix, 2010, p. 80.

325. JAKOBSON, Roman. *Linguística e comunicação.* São Paulo: Cultrix, 2010, p. 81.

não são recebidas tal como são pelo ouvinte, pois os códigos são decodificados, o que significa que são traduzidos em palavras do repertório disponível ao ouvinte. Em outras palavras, a comunicação se desenvolve num processo dialógico de codificação e decodificação, em que as mensagens são elaboradas em códigos, mas reelaboradas – ou traduzidas – pelo ouvinte, a partir de seus horizontes de compreensão, contexto, limites de interpretação, constrições sociais etc.[326] Toda comunicação efetiva envolve codificação e decodificação, pois a mensagem nunca chega pronta e acabada para o ouvinte. Ela, a mensagem, é reformulada no contexto de compreensão do ouvinte. Interpretar a lei, portanto, é também traduzi-la. É decodificar seus significados.

Compreender a comunicação como processo de sucessivas traduções permite também entender de que forma a comunicação consiste num processo de adaptação e aprendizado, expandindo os horizontes de interlocução e organização social. O modelo comunicacional clássico tenderia a ver as mensagens verdadeiras ou falsas, na medida em que adequadamente representam seus referentes, sendo a verdade semântica a condição para uma interlocução precisa. Mas, vista a comunicação na dinâmica pragmática entre codificação/decodificação, o referente deixa de ser entidade extralinguística e a verdade é substituída pela efetividade da comunicação conforme as condições de recepção do significado pelo ouvinte, o que envolve tanto criatividade quanto aprendizado. Quer dizer, na medida em que a mensagem não possui referentes extralinguísticos prontos e acabados, ela precisa ser interpretada pela substituição de signos por outros, o que implica que ela nunca chegará a ela mesma no destino. Isso implica compreender como se desenvolvem as interações discursivas operadas num mesmo idioma, pois tanto codificação quanto decodificação são ações discursivas, que avançam e

326. FERRAZ JR., Tercio Sampaio. Direito, Linguagem e Interpretação. In: MACEDO JR., Ronaldo Porto; BARBIERI, Catarina Helena Cortada (Orgs.). *Direito e interpretação:* racionalidades e instituições. São Paulo: Saraiva, 2011, p. 105.

restringem posições em relações intersubjetivas, que ensejam também conflitos.[327]

O problema fundamental da tradução, assim como da interpretação, diz respeito às possibilidades e aos critérios da tradução *correta*. Indaga-se: quando que uma tradução pode ser considerada melhor que outra? Existe uma única tradução correta? Trata-se de uma investigação sobre os fundamentos da tradução, sobre a possibilidade de sua correspondência exata, de sua correção. Há ao menos duas posições extremadas sobre a questão. De um lado, posições otimistas afirmam a possibilidade de traduções corretas, ao se encontrar palavras que signifiquem exatamente a mesma coisa que a palavra traduzida; de outro, posições céticas entendem que a tradução é impossível porque cada língua comporta horizontes próprios de significação que língua diversa não seria capaz de envolver totalmente. Exploremos um pouco mais.

As posições otimistas quanto à tradução possuem em comum a premissa de que há critérios extralinguísticos de correção, que se impõem a todos irrestritamente. O valor da evidência, empírica ou racional, mostra-se como limite das interpretações, apartando o verdadeiro do falso. A primeira teoria que segue essa perspectiva é a chamada *teoria essencialista* ou *realista*, segundo a qual a tradução correta é aquela que corresponde ao exato referente da palavra traduzida. Trata-se de uma herança do platonismo à cultura ocidental a crença de que as palavras relatam objetos existentes por si e que os objetos possuem uma única essência. O pressuposto é de que as coisas possuem uma estrutura própria que independe da linguagem e que pode ser objetivamente descrita pela linguagem. O enunciado verdadeiro, então, não comporta variações ou perspectivas, deve ele relatar a essência própria do objeto. Assim, "a permanência da essência é pressuposta como fundamento da unidade do sentido: é porque as coisas têm uma essência que

327. FERRAZ JR., Tercio Sampaio. Direito, Linguagem e Interpretação. In: MACEDO JR., Ronaldo Porto; BARBIERI, Catarina Helena Cortada (Orgs.). *Direito e interpretação:* racionalidades e instituições. São Paulo: Saraiva, 2011, p. 106.

as palavras têm sentido".[328] O modelo essencialista pressupõe uma homologia entre o signo e seu referente,[329] de modo que a comunicação não comporta arbitrariedade, ou ela é verdadeira ou falsa, na medida em que se aproxima com o objeto descrito. A partir da ideia de que as coisas possuem uma essência intrínseca, é possível formular traduções corretas, verificando as essências a que se refere a palavra traduzida.[330]

Outra teoria que compartilha da mesma conclusão é a teoria que podemos chamar de *nominalista* ou *convencionalista*, segundo a qual as palavras são produto de convenções sociais, e não necessariamente descrição objetiva da essência das coisas. Pressupõe-se que a linguagem é um processo de construção social arbitrária e que os nomes são expressões linguísticas de certas representações mentais. Assim, entre a coisa em si e a palavra estão as representações mentais do sujeito, retratadas em linguagem.[331] Para comunicar suas representações mentais, os sujeitos convencionam arbitrariamente designações linguísticas, de modo que a comunicação se torna possível quando os mesmos objetos mentais são representados pelas mesmas palavras. Não obstante ser um processo arbitrário, a significação se dá num nível de sistematização social que refuta variações contextuais. Assim, as convenções expressam a forma correta de dizer os objetos pensados, com a mesma pretensão de universalidade dos modelos essencialistas. Disso decorre a distinção saussuriana entre *língua* e *fala*, isto é, entre o sistema das convenções linguísticas, estável e abstrato, e a aplicação concreta dessas convenções, variável e contextual. A tradução, portanto, deve consistir na expressão dos mesmos objetos mentais da palavra traduzida, de acordo com as formas convencionais da correta representação desses

---

328. OLIVEIRA, Manfredo Araújo de. *Reviravolta linguístico-pragmática na filosofia contemporânea*. São Paulo: Loyola, 2006, p. 31.

329. RICOEUR, Paul. *O justo*. Vol. 2. São Paulo: Martins Fontes, 1998, p. 124.

330. FLUSSER, Vilém. *Philosophy of language*. Minneapolis: Univocal Plublishing, 2016, p. 24.

331. Idem, p. 24.

objetos, isto é, o processo de tradução consiste numa comparação entre duas estruturas convencionais, as quais possuem as mesmas representações mentais.

O problema das posições otimistas reside justamente no pressuposto comum de que há categorias universais de correção, que se impõe pela evidência extralinguística. Essas posições caminham para afirmar a existência de uma semântica universalista, o que parece bastante improvável. A crítica a essa perspectiva perpassa justamente pela crença de que não há realidades extralinguísticas ao qual a linguagem faz relatos descritivos, pois a linguagem é uma forma de ação e adaptação, e não de referência a estados de coisas por si sós existentes. A pragmática fornece os elementos para a crítica dessa perspectiva, ao afirmar que a comunicação efetiva não depende de elementos extralinguísticos, mas, pelo contrário, das condições de codificação e decodificação dos signos. Ou seja, o próprio referente não pode ser visto como entidade extralinguística que se impõe aos interlocutores, é ele mesmo uma unidade linguística.[332] Dessa forma, a referência de um signo corresponde a outro signo, e uma palavra pode ser compreendida quando definida através de outras palavras, no jogo de substituições. O significado de uma palavra não está num referente fora da linguagem, mas nos predicados linguísticos que se atribuem como definição do significado. Em última instância, isso conduz a que o próprio referente seja também signo.[333]

Daí, então, a reação da posição cética, que podemos chamar de *teoria contextualista radical*, segundo a qual as línguas possuem horizontes próprios de significação, construídos em contextos particulares de adaptação e pela singular formação histórica de cada povo, de modo que nenhuma tradução é capaz de retratar com inteireza e correção os significados da língua originária. Toda tradução, assim, é apenas o olhar dos horizontes de onde parte o tradutor, isto é, a tradução opera

332. ECO, Umberto. *As formas do conteúdo*. São Paulo: Perspectiva, 2010, p. 16-17.

333. JAKOBSON, Roman. *Linguística e comunicação*. São Paulo: Cultrix, 2010, p. 79-ss.

de acordo com os seus contextos de sua formação linguística. O significado de uma língua A nunca pode ser inteiramente transportado para a língua B, porque cada língua possui seus próprios aspectos contextuais. As palavras são formadas por meio de processos históricos adaptativos, na forma das interações e situações que ocorrem. Para essa perspectiva, "é o conjunto das relações humanas dos falantes de dada língua que não se pode sobrepor às relações por meio das quais o falante de outra língua compreende a si mesmo ao compreender sua relação com o mundo".[334] Ou seja, a tradução neutraliza os aspectos contextuais ou culturais da língua originária, para reproduzir os horizontes do contexto da língua do tradutor. Essa perspectiva culmina numa heterogeneidade radical da fala,[335] que nunca pode ser reproduzida tal como é e sem a influência do domínio pelo tradutor, muito menos está sujeita a qualquer critério de correção. Aqui, portanto, mais vale o ditado italiano: *traduttore traditore*.

Ocorre que essas posições pessimistas não podem ser aceitas sem restrições. Elas sucumbem ao fato de que a tradução simplesmente acontece. A vivência das interações mostra que, bem ou mal, a tradução é possível e as pessoas não só confiam nas traduções, como, por vezes, conseguem fazer nítidos juízos sobre sua qualidade sem grandes controvérsias. Como diz Ricouer,[336] "é preciso admitir: entre uma língua e outra, a situação é mesmo de dispersão e confusão. No entanto, a tradução se inscreve na longa litania dos 'apesar de tudo'", isto é, mesmo que se negue a possibilidade de traduções exatas, o fato é que, apesar de tudo, sob critérios precários, continuamos traduzindo. O mesmo pode se dizer sobre a interpretação e a comunicação, vez que, por mais que haja desacordos e mal-entendidos, ainda se pode acreditar na possibilidade de interações eficazes. Então, além de ser uma

334. RICOEUR, Paul. *O justo*. Vol. 2. São Paulo: Martins Fontes, 1998, p. 123.

335. Idem, p. 121.

336. Idem, p. 125.

circunstância efetivamente presente nas interações, ela também produz efetivas trocas simbólicas, que, se não são compreendidas em sentido de exata correspondência, podem ser compreendidas em termos de aprendizado pela comunicação. Assim, se a teoria cética peca pelo excesso de crítica ao otimismo quanto ao significado das palavras, a teoria contextualista peca por negar a possibilidade da efetiva interação entre interlocutores e línguas diferentes.

Por isso, não acreditamos ser possível traduções absolutamente exatas ou por critérios de evidência, dado que o fenômeno da língua é histórico e está ligado às condições uso e adaptação pela fala. Porém, não defendemos a excessiva contingência da língua, que, de tão presa em seus aspectos contextuais de comunicação, não seria capaz de ter seus significados transportados para outra língua. A experiência prova que continuamos sempre traduzindo e nos comunicando, ainda que por critérios precários. A tradução, embora não seja exata, é possível, o que significa que há parcela do significado que é traduzível, mas que há resíduos não traduzíveis, que se fecham na língua originária. Defendemos, então, que a tradução é possível, mas que não se fundamenta em critérios de evidência racional ou empírica, de modo que todo o processo implica *significados traduzíveis*, quando há aproximação entre os usos da palavra pelas diferentes línguas, mas também *significados intraduzíveis*, quando a distância entre as práticas comunicativas é tamanha que não há similitudes facilmente verificáveis.

A tradução, então, consiste num processo de *aproximação* e *aprendizado* pela comunicação: ora os horizontes das duas línguas estão bem próximos entre si, ora estão distantes e será preciso que o tradutor desempenhe uma ação adaptativa dos seus horizontes ao do outro. A aproximação explica a parcela traduzível do significado, quando há, de acordo com os usos da fala, similitudes semântico-pragmáticas entre os signos. Essas similitudes são tão somente aproximativas, ou seja, trata-se de "uma equivalência presumida, não baseada numa identidade demonstrável de sentido".[337] Já o aprendizado explica a parcela não traduzível, quando há diferença entre os usos das palavras nas duas línguas, de tal modo que não há similitudes facilmente identificáveis, cumprindo ao tradutor exercer sua criatividade para adaptar sua língua aos horizontes da língua do outro. No momento em que não há similitudes entre os usos, o tradutor realiza um esforço de adequação e adaptação, não só das palavras, mas do próprio horizonte cultural, e na realização desse esforço ocorre a expansão de seu mundo.[338] Os significados intraduzíveis podem ser agregados à língua de destino, como novas formas de adaptação, expandindo o próprio mundo do tradutor. Assim, "o resultado mais provável de uma tentativa de tradução é uma compreensão parcial do significado original combinada a alguma incompreensão, em um processo de adaptação mais ou menos criativa de conceitos a um novo contexto".[339]

Aqui podemos ver na decodificação a presença da "textura aberta da linguagem". Como afirmou Wittgenstein,[340] o uso das palavras nos contextos concretos não se dá por critérios de rígida identidade e significado *a priori* definitivo, mas sim pela presença de "semelhanças de família". O modelo de linguagem das teorias essencialistas e nominalistas implicam que o nome representa a identidade abstrata do objeto, de modo que a designação requer uma operação dedutiva de enquadramento de situações concretas à esquemas abstratos. Porém, mostrou Wittgenstein, as palavras designam apenas gêneros agrupados em termos de similitude prática, que pode

337. RICOEUR, Paul. *O justo*. Vol. 2. São Paulo: Martins Fontes, 1998, p. 128.

338. FLUSSER, Vilém. *Philosophy of language*. Minneapolis: Univocal Plublishing, 2016, p. 68-70; PONZIO, Augusto; CALEFATO, Patrizia; PETRILLI, Susan. *Fundamentos de filosofia da linguagem*. Petrópolis: Vozes, 2007, p. 157.

339. RICHTER, Melvin. Mais do Que Uma Via de Mão Dupla: analisando, traduzindo e comparando conceitos políticos de outras culturas. In: FERES JR., João; JASMIN, Marcelo (Orgs.). *História dos conceitos:* diálogos transatlânticos. Rio de Janeiro: Ed. Puc-Rio, 2007, p. 24.

340. WITTGENSTEIN, Ludwig. *Investigações filosóficas*. Petrópolis: Vozes, 2009, p. 51-ss.

ser sempre problematizada e adaptada diante de novas experiências de uso. Assim, há casos em que temos certeza sobre a aplicação ou não do nome (zonas de certeza positiva ou negativa), mas também há situações em que a aplicação não se mostra tão fácil.[341] Daí então a "textura aberta", no sentido de que os conceitos, nomes, palavras, normas etc., estão sempre abertos a reformulações criativas, para aplicação em casos não previstos, o que se verifica em contextos de interação. Afastar por completo a vaguidade do texto e apostar na exatidão da linguagem é impossível, todas as decodificações são potencialmente problemáticas e nunca se dão por critérios de identidade, mas por semelhanças, aproximações, similitudes, adaptações, aprendizados etc.

Mas como definir quando uma tradução é melhor que outra? Como a tradução não consiste numa apreensão cognitiva, mas numa tarefa ou fazer,[342] ou seja, a decodificação é também uma ação discursiva, ela pressupõe escolha e esforço criativo, assim como responsabilidade. A correção da tradução não obedece a critérios de evidência, mas a criatividade do tradutor lhe impõe obediência a certas regras, o que faz com que a tradução seja um problema ético.[343] São as regras sobre as possibilidades de escolha do significado decodificado pelo tradutor que guiam a ação de traduzir. São regras fundadas no contexto da própria experiência da tradução, isto é, nas interações comunicativas e práticas simbólicas compartilhadas. Isso remete à existência de uma responsabilidade do tradutor, decorrente do próprio papel que assume, conforme as expectativas que os outros criam sobre suas escolhas. É assim, então, que o ato de traduzir já surge regrado, de acordo com as experiências e expectativas dos interlocutores de seu contexto. A operação pode ser lida no seguinte esquema: *O texto T^1, formulado na língua L^1, conforme*

341. HART, Herbert. *O conceito de direito*. Lisboa: Fundação Calouste Gulbenkian, 2011, p. 139.

342. RICOEUR, Paul. *O justo*. Vol. 2. São Paulo: Martins Fontes, 1998, p. 126.

343. Idem, p. 130.

contexto C^1*, possui o significado* S^1*, que é traduzido como texto* T^2*, que, de acordo com as regras* R^1*,* R^2*,* R^3*...*R^x*, na língua* L^2*, conforme contexto* C^2*, decodifica o significado* S^2*.*[344] Desse modo, a tradução implica a produção de outro texto na língua do tradutor, conforme certas regras pragmáticas de tradução. O significado decodificado nunca será idêntico, não obstante isso, a inventividade de sua produção estará sujeita a essas regras pragmáticas e ao contexto.

A regra básica e mais importante da tradução é a *fidelidade ao texto*, isto é, o tradutor comunica sobre a pressuposição pragmática que reporta a palavra de algum outro. Cria-se, então, a expectativa de que a escolha dos signos não se dá por seu puro arbítrio, mas porque é o arbítrio do autor do texto. Como diz Ricoeur,[345] "traduzir é servir a dois senhores, o estrangeiro na sua estranheza, o leitor em seu desejo de apropriação". O tradutor não fala por si e por isso deve assumir como princípio ético a escolha de significados que o autor escolheria. Daí que a melhor tradução é a que possui uma postura fiel ao texto, mesmo quando se trata de inovar sobre ele. Mas disso, decorre imediatamente a regra da *alteridade da língua*, isto é, na ausência de similitudes quanto aos usos da palavra, o tradutor deve se deslocar de seus horizontes de significados e tentar olhar o mundo com os olhos do outro. Isso impõe uma tentativa de compreender as cadeias de sentido do outro, suas práticas linguísticas, estruturas sociais etc., inaugurando um processo dialógico e circular, em que o tradutor interpreta os horizontes do outro através de seu contexto, mas se engaja em renunciar às próprias crenças para hospedar realidades até então inexistentes.[346] Assim, os contextos da língua de origem e da língua do tradutor mutuamente se interferem,

---

344. Vide esquema formulado por Dascal (DASCAL, Marcelo. *Interpretação e compreensão*. São Leopoldo: Editora Unisinos, 2006, p. 370-371 e 376).

345. RICOEUR, Paul. *O justo*. Vol. 2. São Paulo: Martins Fontes, 1998, p. 129.

346. PONZIO, Augusto; CALEFATO, Patrizia; PETRILLI, Susan. *Fundamentos de filosofia da linguagem*. Petrópolis: Vozes, 2007, p. 153.

formulando novas formas de compreensão, que não é nem uma nem outra na sua totalidade.

Mas as regras podem variar de acordo com o contexto. Em alguns ambientes se tolera maior liberdade do tradutor, noutros a expectativa da tradução é mais rígida, exigindo maiores pesquisas e autocontenção do tradutor. O que define a boa tradução é confirmação dos interlocutores,[347] sendo por isso que as regras têm vigência contextual, não universal. Como na metáfora dos "jogos de linguagem" de Wittgenstein, as regras de tradução possuem vigência em práticas intersubjetivas, que se reforçam e se atualizam quando observadas. Como diz Ferraz Jr.,[348] "numa comunidade linguística, existem condições, estruturas gerais de possíveis situações discursivas, que sempre aparecem toda vez que alguém fala". O controle da tradução, então, está nas regras contextuais, não na verificação empírica. Trata-se de uma constrição social, imposta nas relações de controle da fala pelos interlocutores. Há limites para a tradução não porque o texto traz a evidência de seu sentido, mas porque os interlocutores constrangem o tradutor. Essas regras de correção são incorporadas pelo próprio tradutor, que neutraliza suas possibilidades de ação e o faz incorporar certas formas de expressar-se. Por isso, o constrangimento do tradutor é uma forma de violência simbólica,[349] fortemente contextualizada e ligada ao seu ambiente de fala. Não se trata de critérios de verdade universais e atemporais. Por isso, até mesmo as regras da fidelidade ao texto e da alteridade da língua podem ser desconsideradas, a depender das circunstâncias.

O que dissemos até aqui comporta algumas associações com a hermenêutica jurídica. A interpretação das normas, seja no âmbito da dogmática seja no da decisão concreta,

347. FERRAZ JR., Tercio Sampaio. *Introdução ao estudo do direito.* São Paulo: Atlas, 2008, p. 239.

348. Idem, p. 240.

349. Idem, 242.

consiste numa operação de decodificação, em que o intérprete transporta para seu contexto a mensagem codificada. Mas, da mesma forma que em qualquer tradução, na hermenêutica jurídica não cabe a crença na decodificação exata do significado, em termos de verificação empírica ou racional. O significado da norma não pode ser decodificado a partir da essência empiricamente verificada no texto, muito menos na compreensão das convenções sobre objetos do pensamento. O significado decorre do esforço de decodificação do intérprete, de acordo com o contexto de interpretação, e por isso não se encontra pronto e acabado. A transposição do código para o contexto atual do intérprete poderá ser problemática, comportando variações e problemas de adequação. Por outro lado, também é verdade que não há espaço para o ceticismo total quanto à possibilidade de apreender o significado do texto legal, que nega qualquer pretensão de correção, já que a experiência ordinária mostra que a interpretação ocorre e é, por vezes, razoavelmente criticável.

Podemos dizer, então, que há casos em que a interpretação é possível, quando os significados decodificados da lei são facilmente aceitos. Nesse tipo de situação a tradução é possível porque os horizontes do contexto de interpretação L^2 e C^2 permitem decodificar o significado S^2 com alto grau de similitude ao significado S^1 do contexto de enunciação do texto interpretado L^1 e C^2. Contudo, também há casos em que a interpretação é tormentosa, porque a tradução não encontra significados facilmente decodificáveis no contexto do intérprete. Nesse tipo de caso, os horizontes do contexto de intepretação L^2 e C^2 não garantem a decodificação de significado S^2 semelhante ao do contexto de enunciação do sentido S^1, em L^1 e C^1. Em tais circunstâncias, em que não há similitudes facilmente identificáveis, cabe ao intérprete o esforço de inventividade, para construir adaptações e escolher o significado, e nesse momento entram em jogo as regras práticas ou a ética da interpretação $R^1, R^2, R^3 ... R^x$. Qualquer interpretação jurídica se opera nesse modelo regrado de decodificação de mensagens codificadas, transportando-as para o contexto atual do intérprete, o que não se faz por critérios de identidade, mas entre similitudes e adaptações.

Assim, o que possibilita a correção e racionalidade da decodificação não é a evidência do texto, mas as regras pragmáticas de interpretação. São regras de controle intersubjetivo, que se expressam nos critérios de confirmação da decodificação do intérprete. A interpretação, assim como a tradução, se apresenta como uma ação, que já nasce regrada pelos "jogos de linguagem" dos juristas. Essas regras encontram sua vigência nas práticas compartilhadas, que se reforçam e se atualizam em cada ato concreto de interpretação. Diz Ferraz Jr.,[350] "a interpretação não é verdadeira nem por fidelidade ao pensamento do legislador nem por fidelidade aos fatores objetivos da realidade, mas à medida que serve congruentemente a uma relação de poder de violência simbólica". Não se trata de um imperativo cognitivo, que se impõe pela evidencia do texto, mas de um imperativo prático, de uma regra de ação, a qual prescreve a autocontenção do intérprete no direito. O intérprete acaba incorporando as regras na sua ação, neutralizando a si e submetendo-se ao controle, e assim o faz para que sua interpretação seja reconhecida e confirmada por seus interlocutores. Nisso consistem as regras de ponderação de princípios, os conceitos dogmáticos, os cânones interpretativos, os brocardos jurídicos etc.

As regras da interpretação ou a dogmática hermenêutica são operacionalizadas como elementos discursivos de crítica das interpretações apenas quando se tem um caso problemático, isto é, as regras da interpretação funcionam justamente para os casos difíceis, quando não há no contexto do intérprete palavras adequadas para traduzir do texto normativo. Isso não significa que só haja exercício hermenêutico nos casos difíceis, como faz sugerir o brocardo *interpretatio cessat in claris*. Mesmo na clareza do texto interpretado há atividade interpretativa, já que essa clareza depende de avaliações

350. FERRAZ JR., Tercio Sampaio. *Introdução ao estudo do direito*. São Paulo: Atlas, 2008, p. 249.

e suposições pragmáticas. A clareza não é uma propriedade inerente do texto, mas uma decorrência dos contextos. O significado claro é tão somente aquele adequado para a situação, isto é, sobre o qual os interlocutores não divergem. Daí que não é possível dizer *a priori* se um texto é impreciso ou não, se é traduzível ou não, pois os contextos do intérprete que definem as dificuldades da interpretação. Por isso é que as regras da dogmática hermenêutica surgem justamente nos casos problemáticos, ou seja, é na imprecisão que surge a inventividade do intérprete, e justamente para refrear essa inventividade que se constituem as regras pragmáticas.[351]

As regras não possuem uma existência universal e atemporal, elas também são produtos de ações em contextos específicos. Em nossa tradição, elas costumam ser sistematizadas pela doutrina e pela dogmática hermenêutica, que definem os métodos de interpretação e os conceitos fundamentais do vocabulário jurídico.[352] Ao fazê-lo, ela acaba por promover a distribuição de papéis funcionais, pois delimita o campo de ação de determinados interlocutores, dizendo o que podem e o que não podem fazer. A correção da interpretação "depende de uma relação ideológica de poder",[353] necessariamente contingente. Regras da fidelidade ao texto, por exemplo, tendem a centralizar as decisões fundamentais em órgãos legislativos, enquanto que regras que focam na interpretação teleológica ou funcional tendem a fazer expandir o âmbito de ação dos juízes. À medida que a doutrina estabelece as regras da interpretação, ela confere elementos para a correção crítica da fala dos intérpretes, autorizando ou desautorizando-os. Por isso, regras de interpretação não são mais do que organização de comportamentos discursivos em contextos de interação.

---

351. DASCAL, Marcelo. *Interpretação e compreensão*. São Leopoldo: Editora Unisinos, 2006, p. 344-ss.

352. FERRAZ JR., Tercio Sampaio. *Introdução ao estudo do direito*. São Paulo: Atlas, 2008, p. 250-ss.

353. Idem, p. 243.

No direito, está bastante marcante a ética da fidelidade ao texto, isto é, está presente a crença de que a fala do orador apenas reporta o que outro disse, e nesse ponto a interpretação jurídica se assemelha com a tradução ordinária. Tanto a doutrina quanto a fundamentação das decisões judiciais estão sujeitas à ética da fidelidade ao texto. Mas essa é uma específica prática que se desenvolveu na cultura jurídica ocidental, que tem como base a ideologia de que a interpretação jurídica é uma operação cognitiva não arbitrária e vinculada aos textos legislativos a que se reporta. Como qualquer regra de interpretação, a ética da fidelidade ao texto é produto dos contextos de interação. Por isso, em alguns casos pode até ser aceitável entre os interlocutores o abandono da fidelidade ao texto e a expansão da inventividade não regulada por parte do intérprete, enquanto que em outros contextos as técnicas de fundamentação atreladas ao texto parecem ser mais aderentes. São justamente os contextos que definem as expectativas e limites do discurso dos juristas, que definem quando uma interpretação pode ser bem-sucedida ou não, pois o sucesso da fala implica certo afinamento com os horizontes de compreensão daquele a quem é dirigida a mensagem.[354] Em outras palavras, as regras discursivas são variáveis de acordo com os diferentes contextos, a depender das expectativas comportamentais criadas acerca das ações dos intérpretes.

Como consequência da fidelidade ao texto, também é marcante a presença da ética da alteridade da língua entre os juristas, porém, na cultura jurídica ocidental, o colocar-se no lugar do outro na interpretação das leis se opera na crença do "*legislador racional*". Na tradução, cumpre ao tradutor empenhar-se em olhar o mundo com os olhos do outro, no esforço de aprender e expandir seus próprios horizontes, enquanto que no contexto da interpretação jurídica, o intérprete possui certas pressuposições de racionalidade do discurso normativo, isto é, ele deve empenhar-se em relatar as palavras da lei

354. PERELMAN, Chaïm; OLBRECHTS-TYTECA, Lucie. *Tratado da argumentação:* a nova retórica. São Paulo: Martins Fontes, 2014, p. 20-ss.

com o máximo de coerência e com maior atenção aos seus propósitos funcionais. Diz Ferraz Jr.:[355] "a ideia é que o esforço interpretativo resista o quanto possível a uma atribuição de um sem sentido, buscando fazer com que a fala do outro *faça sentido*"; e segue: "incumbe ao intérprete, diante de textos vagos, ou aparentemente incoerentes ou irrelevantes, entender o que o agente quis dizer (comunicar), muito embora isso não esteja claramente articulado no que ele 'disse'". Trata-se de um esforço de coerência e de intencionalidade. Wróblewisk[356] diferencia essas duas pressuposições da interpretação jurídica de *contexto funcional*, quando o jurista se encontra no dever de elaborar discurso de maximização da intencionalidade do sentido da lei, e *contexto sistêmico*, quando ele se vê no dever de maximizar a coerência do texto em relação a outros textos. Assim, configura-se num *topos* do discurso dos juristas que a lei comporta certas a intencionalidade e racionalidade, de modo que ela deve ser lida conforme seus propósitos específicos de enunciação e conforme o tratamento sistemático com outros dispositivos normativos.

A pressuposição do "legislador racional" funciona como base metodológica das decodificações no direito, seja pela dogmática seja pela decisão judicial. Os interlocutores agem como se o texto a ser decodificado fosse constituído de unidade e propósitos bem definidos, pois "subjacente à busca da vontade da lei ou do legislador encontra-se a necessária pressuposição epistemológica de um desígnio que quer ser entendido e afigurar-se como racional".[357] É "como se o intérprete 'fizesse de conta que' suas normas constituem um todo

---

355. FERRAZ JR., Tercio Sampaio. Direito, Linguagem e Interpretação. In: MACEDO JR., Ronaldo Porto; BARBIERI, Catarina Helena Cortada (Orgs.). *Direito e interpretação:* racionalidades e instituições. São Paulo: Saraiva, 2011, p. 108.

356. WRÓBLEWSKI, Jerzy. *Constituición y teoría general de la interpretación.* Madrid: Editorial Civitas, 1988, p. 38-39. Também em: DASCAL, Marcelo. *Interpretação e compreensão.* São Leopoldo: Editora Unisinos, 2006, p. 358.

357. FERRAZ JR., Tercio Sampaio. *Introdução ao estudo do direito.* São Paulo: Atlas, 2008, p. 246.

harmônico, capaz, então, de ter um sentido na realidade".[358] Por meio dessa pressuposição se busca a uniformização dos sentidos, como forma de alcançar a neutralização dos interlocutores concretos. A racionalidade do legislador, enquanto pressuposição prática, enseja alguns "postulados de competência", entre os quais: a) o legislador não cria normas impossíveis ou absurdas; b) o legislador não cria normas sem propósito; c) as condutas exigidas levam à satisfação dos fins da norma; d) a vontade do legislador não é contraditória; e) a vontade do legislador é capaz de solucionar todos os casos possíveis; f) o legislador não cria redundâncias e inocuidades.[359] Todos esses postulados são desdobramentos dos contextos sistêmico e funcional, que implicam o esforço de unidade e de maximização da intencionalidade.

Ocorre que nem a intencionalidade nem a coerência consistem, necessariamente, numa propriedade inerente ao texto, mas sim numa pressuposição do intérprete/tradutor que decodifica a mensagem. A pressuposição do "legislador racional" não passa de uma projeção idealizada das crenças compartilhadas pelos próprios juristas.[360] Desde a Modernidade, se cultivou a concepção de que a atividade hermenêutica dos juristas consiste numa operação cognitiva, sujeita ao teste da evidência empírica ou racional, de modo que os métodos de interpretação jurídica possuiriam certo grau de universalidade, porque proporcionariam os critérios exatos para a identificação do sentido da lei e da "vontade do legislador". Mas tais regras não passam de pressuposições da comunicação, compartilhadas de acordo com os contextos e expectativas que se formam sobre a fala do jurista. O próprio conceito de legislador no discurso dos juristas apresenta variações. Dascal[361] vê três tipos de le-

358. FERRAZ JR., Tercio Sampaio. *Introdução ao estudo do direito*. São Paulo: Atlas, 2008, p. 246.

359. Idem, p. 247.

360. DASCAL, Marcelo. *Interpretação e compreensão*. São Leopoldo: Editora Unisinos, 2006, p. 365.

361. Idem, p. 368.

gislador, quais sejam, o *legislador histórico*, quando se trata de personagens concretos de um contexto passado, "como uma pessoa ou corpo coletivo dotado de algum conhecimento e de uma atitude axiológica mais ou menos determinada, expressa em avaliações"; o *legislador presente*, enquanto órgão atual que relê a lei enunciada em outro tempo, isto é, uma entidade real cuja vontade é reconstruída no presente como um todo unitário; e, por fim, o *legislador construto*, compreendido como uma elaboração argumentativa, "que funciona como um ponto de referência ideal para a definição de racionalidade de uma decisão".[362] Essas variações dão mostras de que o sentido de legislador é intrinsecamente contextual.

Assim, as regras da interpretação são ideológicas e contingenciais. Os contextos de interação e as pretensões de organização social pela fala que definem os contornos da ideologia da interpretação.[363] A racionalização do discurso jurídico pode servir para favorecer a certeza, a estabilidade e a segurança, como também pode servir para adaptação, abertura, equidade e mudança. No primeiro caso temos *ideologias estáticas* da intepretação, que enfatizam o contexto do legislador histórico e de elementos sistêmicos, e no segundo temos *ideologias dinâmicas*, que enfatizam o contexto do intérprete e o discurso das consequências práticas ou do propósito concreto da lei.[364] No primeiro caso, a ideologia da interpretação privilegia a igualdade e aspectos formais, no segundo, privilegia a razoabilidade prática e justeza em situações concretas.[365] Ambos os cenários,

---

362. DASCAL, Marcelo. *Interpretação e compreensão*. São Leopoldo: Editora Unisinos, 2006, p. 368-369.

363. FERRAZ JR., Tercio Sampaio. Direito, Linguagem e Interpretação. In: MACEDO JR., Ronaldo Porto; BARBIERI, Catarina Helena Cortada (Orgs.). *Direito e interpretação:* racionalidades e instituições. São Paulo: Saraiva, 2011, p. 111. O próprio conceito de "legislador racional" é produto ideológico do Estado Moderno, que, de um lado, exige supremacia da vontade popular pela lei e, de outro, a igualdade formal pela coerência sistêmica.

364. DASCAL, Marcelo. *Op. cit.*, p. 377-378.

365. FERRAZ JR., Tercio Sampaio. *Introdução ao estudo do direito*. São Paulo: Atlas, 2008, p. 247.

contudo, são marcados pelas projeções do intérprete, por suas pressuposições discursivas e controle realizado por seus interlocutores, de modo que tanto o "legislador histórico" quanto o "propósito da lei" cumprem esse papel de regramento da fala, cuja importância pode crescer ou diminuir, a depender dos contextos e das expectativas compartilhadas, pouco importando para isso as supostas propriedades inerentes à lei ou decorrentes de sua leitura imediata. Em suma, "a concepção de racionalidade do intérprete é que, no fim das contas, determinará a interpretação", o que possui "como referência uma certa noção idealizada, que predomina na tradição jurídica",[366] mas não sendo mais do que isso mesmo, isto é, não sendo mais do que uma predominância prática em certas tradições.

Ainda vale dizer que as ideologias dinâmicas e estáticas convivem mutuamente, e são operacionalizadas na variação entre *códigos fracos* e *códigos fortes*. Segundo Ferraz Jr.,[367] as decodificações podem produzir códigos com sentido de alta precisão denotativa e conotativa, tais como regras de prazos, hipóteses taxativas etc. Mas as decodificações podem também produzir códigos débeis em termos de precisão conotativa e denotativa, sendo, portanto, ambíguos e vagos, tais como os conceitos de dignidade humana, razoabilidade etc. Dessa forma, as interações discursivas podem se desenvolver numa dinâmica não linear entre enunciados mais precisos (códigos fortes) e enunciados imprecisos (códigos fracos), a depender das estratégias discursivas dos interlocutores. Isso permite que ocorram divergências interpretativas contingentes sem que necessariamente se perca o ideal de correção racional. Quer dizer, as interações permitem decodificações válidas que não são necessariamente universalizáveis, mas contingenciais,[368]

366. DASCAL, Marcelo. *Op. cit.*, p. 381.

367. FERRAZ JR., Tercio Sampaio. *Introdução ao estudo do direito.* São Paulo: Atlas, 2008, p. 249-250; FERRAZ JR., Tercio Sampaio. Direito, Linguagem e Interpretação. In: MACEDO JR., Ronaldo Porto; BARBIERI, Catarina Helena Cortada (Orgs.). *Direito e interpretação:* racionalidades e instituições. São Paulo: Saraiva, 2011, p. 113.

368. FERRAZ JR., Tercio Sampaio. *Introdução ao estudo do direito.* São Paulo: Atlas, 2008, p. 331.

pois caso a caso o mesmo código pode ser decodificado de diferentes formas. Assim, por exemplo, diante de um código forte da lei para imposição de tributo, o interlocutor pode opor o código fraco da vedação ao confisco (art. 150, IV, da Constituição Federal), e decodificar a impossibilidade da cobrança. Da mesma forma, mas em sentido inverso, a lei pode conter um código fraco de vedação genérica à elisão fiscal, em face da qual eventual interlocutor pode opor o código forte da regra permissiva da autonomia da vontade, e decodificar a licitude do negócio. Portanto, essa dinâmica entre códigos fortes e códigos fracos permite enxergar a decodificação também como um processo variável e conflituoso, não possuindo a linearidade do pensamento racional.[369]

369. Diz Ferraz Jr.: "Assim, a possibilidade, conforme a situação, de usar códigos fortes e códigos fracos a serviço do poder de violência simbólica confere à hermenêutica uma margem de manobra, que, simultaneamente, explica as divergências interpretativas, sem, porém, ferir a noção de interpretação verdadeira [...]" (FERRAZ JR., Tercio Sampaio. *Introdução ao estudo do direito.* São Paulo: Atlas, 2008, p. 250).

3. SOBRE A FRAUDE À LEI E A VIOLAÇÃO INDIRETA À NORMA JURÍDICA

3.1 A tradição prudencial romana: fraude à lei como solução de equidade

O conceito de fraude à lei é sucessivamente resgatadc de antigas tradições, sob renovadas definições a cada contexto. A origem do conceito está no direito privado romano, que, muito diferente do direito moderno, não possuía qualquer unidade sistemática, interna ou externa. O direito romano não estava estruturado em termos de lei universal, como pensaram os modernos, muito menos estavam preocupados em rigor conceitual. A tradição jurídica romana foi formada por camadas sobrepostas de instituições, preceitos e orientações práticas. A evolução do direito não se deu de forma planejada por controle centralizado, mas seguiu um fluxo natural da prática.[370] Primeiro se constituiu como um fazer, decorrente de necessidades surgidas na contingência, para depois se tornar um saber, quando as relações se complexificaram de tal modo a haver a distinção de papéis entre aqueles que fazem parte de um conflito e aqueles que o decidem.

370. KASER, Max. *Direito privado romano*. Lisboa: Calouste Gulbenkian, 2011, p. 32.

A história do direito romano costuma ser organizada entre os *períodos arcaico*, com predomínio de organizações familiares, o *período clássico*, em que o contato com a cultura helênica fez desenvolver os primeiros arranjos conceituais a partir dos casos práticos, e o *período pós-clássico*, marcada pela tentativa de ordenação teórica das construções clássicas em compilações como o *Corpus Juris Civilis* e o *Digesto*.[371] Nas duas primeiras fases, não foi possível a constituição de um saber propriamente jurídico, existindo apenas, a partir do período clássico, formulações pretorianas em formas de ação ou situações típicas, organizadas em método de distinções dicotômicas com a finalidade do ensino das práticas jurídicas, como o fizeram Gaio, Ulpiano e Paulo. Mesmo nesse período, não há preocupação com estruturas sistemáticas e problemas abstratos, mas apenas o registro exemplificativo das questões levadas aos juristas em casos de conflito. O acúmulo desses relatos que fez com que houvesse alguma sofisticação no período clássico, de modo a que houvesse certo inter-relacionamento entre as resoluções e o compartilhamento das premissas.[372] Buscavam-se semelhanças, mas sem preocupação com identidade lógica e coerência sistêmica.

Assim, a cultura jurídica romana se formou não como ciência, mas como uma arte ou técnica prudencial. A prudência se liga à *fronesis* grega, que tinha o sentido de um saber sobre determinada aptidão ou "virtude desenvolvida pelo homem prudente, capaz então de sopesar soluções, apreciar situações e tomar decisões".[373] Trata-se de um saber sobre a prática, isto é, sobre avaliar argumentos e opiniões, que tinha semelhança com a dialética grega. Assim, os textos romanos partiam de problemas e situações conflituosas, buscando encontrar as soluções a partir de outros textos, argumentos e lugares

---

371. KASER, Max. *Direito privado romano.* Lisboa: Calouste Gulbenkian, 2011, p. 18-23.

372. FERRAZ JR., Tercio Sampaio. *Função social da dogmática jurídica.* São Paulo: Max Limonad, 1998, p. 26-27.

373. Idem, p. 27.

comuns. Não havia um sistema pré-fabricado de esquemas e regras, a solução seria tomada ali, na escolha ponderada entre posições contrapostas. A lei, como ordem centralizadora e geral, ocupava a função de regular assuntos políticos ou situações excepcionais, enquanto que o direito privado era predominantemente um direito de juristas.[374] O direito romano foi marcadamente casuístico e alheio a pretensões de unidade lógica, pois nem mesmo a noção de conceito como unidade do ser estava presente entre os romanos.[375] É certo a partir do período clássico houve o esforço de formulações dicotômicas pela técnica *divisio*, de onde surgiram primeiras generalizações, mas tais formulações não passavam de lugares-comuns sem pretensão de universalidade, por vezes ignorados diante das situações práticas.[376]

Assim, no direito romano, a fraude à lei não possuía conteúdo estruturado e unitário, limitando-se a menções vagas, pontuais e dispersas. No Digesto se encontra a seguinte afirmação de Paulo: "*Contra legem facit, qui id facit quod lex prohibet, in fraudem vero, qui salvis verbis legis sententiam eius circumvenit*". Já Ulpiano escreveu: "*Fraus enim legi fit, ubi quod fieri noluit, fieri autem non vetuit, id fit: et quod distat, hoc distat fraus abe o, quod contra legem fit*". Já no período pós-clássico, no Codex, também disse o Imperador Theodosius: "*Non dubium est, in legem committere eum qui verba legis amplexus contra legis nititur voluntatem: nee poemas insertas legibus evitabit, qui se contra iuris sententiam scaeva praerogativa verborum fraudulenter excusat*".[377] Assim, os escritos orientam a consideração da fraude como uma forma particular de violação às leis e aos estatutos de Roma, situações em que os contratos e atos privados

374. KASER, Max. *Direito privado romano*. Lisboa: Calouste Gulbenkian, 2011, p. 35 e 53.

375. CASTRO, Marcus Faro de. *Formas jurídicas e mudança social*. São Paulo: Saraiva, 2012, p. 40.

376. VIEHWEG, Theodor. *Tópica e jurisprudência:* contribuição à investigação dos fundamentos jurídico-científicos. Porto Alegre: Sergio Antonio Fabris Editor, 2008, p. 54.

377. *Apud* ZIMMERMAN, Reinhard. *The law of obligations:* roman foundations of the civilian tradition. Johannesburg: Juta & Co, 1990, p. 702.

violavam as proibições estatutárias existentes, porém de forma indireta, contornando a proibição. Os estatutos romanos não possuíam todos a mesma força, pois eram graduados em *leges minus quam perfectae*, *leges imperfectae* e *leges perfectae*, sendo que apenas essa última classe tinha força de obrigatoriedade. Apenas no período clássico, e sobretudo no pós-clássico, que as *leges perfectae* se tornaram mais frequentes, passando a ser importante a perquirição sobre a vontade do legislador para a resolução dos casos.[378]

O período pré-clássico foi caracterizado por uma abordagem formalista, no sentido de privilegiar a interpretação geral e inflexível da lei e dos contratos. Foi na fase republicana, no período clássico, que a fraude à lei surgiu nos escritos dos juristas, quando se flexibilizou o formalismo e a jurisprudência construiu soluções para os casos com maior adequação contextual. Com o enfraquecimento do formalismo clássico, a aceitação de interpretações para além da literalidade dos estatutos passou a ser frequente, montando o cenário para a formulação solução de fraude à lei. A formulação da fraude à lei surgiu, então, da diferença entre *verbas* e *voluntas* ou *scriptum* e *sententia*, isto é, entre o texto e a vontade de seu autor. A interpretação das leis e estatutos nos casos concretos se tornou um ato de conhecer sua força e tendência, não apenas de suas palavras.[379] A fraude à lei, então, seria uma forma de adequação da proibição ao caso, para anular negócios que a princípio não estavam abrangidos pela lei.

A *frau legis* não tinha ainda para os romanos o sentido comum de fraude como ato de enganar, mentir, dizer deliberadamente uma falsidade. A fraude tinha a conotação de contorno, elusão, sem necessariamente envolver questões de verdade e falsidade. Apenas com a influência da moral cristã a

378. ZIMMERMAN, Reinhard. *The law of obligations:* roman foundations of the civilian tradition. Johannesburg: Juta & Co, 1990, p. 700.

379. Diz Zimmerman: "*knowing laws is not a matter of sticking to their words, but of grasping their force and tendency*" (ZIMMERMAN, Reinhard. *The law of obligations:* roman foundations of the civilian tradition. Johannesburg: Juta & Co, 1990, p. 705).

fraude à lei adquiriu a conotação pejorativa de mentira e, em termos comparativos, passou a ser tratada com maior rigor em relação à violação direta da lei.[380] A fraude como mentira proposital passou a ter o sentido de atuação ardilosa ou trapaceira, sobretudo com os estudos dos comentadores medievais, que caminharam para comparar a *frau legis* à simulação, dando aos dois conceitos os mesmos critérios configuradores e pressupostos filosóficos.[381] Portanto, os juristas romanos inicialmente não estavam preocupados com questões de verdade e falsidade, mas com a adequação prudencial das proibições estatutárias.

Enfim, a figura da fraude à lei não surgiu como uma teoria no sentido moderno de descrição precisa e objetiva de uma realidade universal. A fraude surgiu como ensinamento do exercício prudencial do direito pelo exemplo, sem valor vinculante e absoluto. A fraude à lei surgiu como um *topos* da prática jurídica romana, um lugar comum discursivo, que poderia ser levado em conta como uma possibilidade de resolução do caso. Mas, do seu surgimento, dois aspectos são destacáveis: primeiro, que a fraude à lei surgiu no momento em que o direito dos juristas foi progressivamente perdendo espaço para os estatutos, as *leges perfectae*, que se tornaram mais abundantes; segundo, que a fraude à lei adveio também no contexto das primeiras formulações conceituais dos juristas, quando, com o propósito de ensinar a prática jurídica e fazer dela um saber, foram transcritas as soluções na forma de definições e distinções, agrupando situações em critérios de semelhança e diferença. Podemos assim dizer que a fraude à lei decorre de um duplo esforço de redução do formalismo e adequação prática dos estatutos, quando se estava em crescente a padronização legal, e de conceptualização para o ensinamento e repetição da prática para outras situações. A rigor,

380. CORDEIRO, A. Barreto Menezes. *Do trust no direito civil.* Lisboa: Almedina, 2014, 769.

381. ZIMMERMAN, Reinhard. *The law of obligations:* roman foundations of the civilian tradition. Johannesburg: Juta & Co, 1990, p. 649.

podemos dizer que se tratou de conferir o mesmo nome, *frau legis*, a um julgamento intrinsecamente contingente, de modo a ensinar quando que se fazem exceções à lei. Logo quando se fez crescente a formulação de padrões gerais, se fez necessário formular, também como fórmula geral, uma técnica de equidade, a *frau legis*.

3.2 Discurso da fraude à lei na dogmática civilista

3.2.1 Contexto e conceito

A atividade jurídica como prudência se perde na Modernidade e cede lugar ao pensamento sistemático-racional. Os juristas do Século XIX fizeram uso do repertório de definições herdado da tradição romana e se empenharam na "procura incessante de regras predeterminadas ou predetermináveis para a resolução dos problemas".[382] Deu-se o primado do *sistema*, produto histórico do racionalismo e do jusnaturalismo moderno, de modo que a dogmática consistiria num trabalho teórico, portanto não prático, de categorizações uniformes e coerentes entre si, o que seria sinônimo de ciência e a metodologia própria dos juristas. O pensamento sistemático se caracteriza, então, pela formação de conceitos tidos por universais. "O direito romano oferece, com efeito, classificações simples que permitem, sem entrar em todos os detalhes, esboçar um quadro universal do direito, tanto mais claro porque nele todas as matérias estão ligadas a princípios gerais, que lhe conferem unidade essencial".[383] Assim, a doutrina civilista do Século XIX resgatou as definições romanas para formar uma ordenação sistêmica de conceitos, como uma totalidade acabada que contivesse a solução científica para todos os casos possíveis, por meio de operações dedutivas. O trabalho da dogmática ganhou o sentido de

382. CANARIS, Claus-Wilhelm. *Pensamento sistemático e conceito de sistema na ciência do direito*. Lisboa: Calouste Gulbenkian, 2012, p. XXIV.

383. GOYARD-FABRE, Simone. *Os fundamentos da ordem jurídica*. São Paulo: Martins Fontes, 2007, p. 113.

ciência, perdendo a conotação de saber prático, que interpreta a lei e lhe confere ordenação sistêmica.

Assim, com o Pandectismo e a Escola Histórica alemã, a correção das teses jurídicas estaria relacionada à adequação das conclusões aos conceitos do sistema. A ciência do direito teria como base esses conceitos jurídicos fundamentais, compreendidos como unidades abstratas e predefinidas, por meio das quais são possíveis os juízos, isto é, operações de subsunção do geral ao particular. A valor de cientificidade, nesse modelo, decorre dos princípios de unidade e completude do sistema, isto é, da ausência de contradições e de lacunas. A cientificidade é garantida não como teste empírico, mas como sistema coerente de enunciados abstratos.[384] O fundamento para tanto é a pretensão de uniformidade no tratamento dos casos particulares, que se tornaria possível por meio do enquadramento conceitual.[385] Assim se forma o conceito de fraude à lei na doutrina civilista e tributarista, conforme vimos. Não obstante assentar-se em premissas positivistas, essa doutrina acabou por conceber um sistema de conceitos ideais, perenes na história. As construções da Escola Histórica eram tão estáticas quanto os valores do jusnaturalismo, com a mesma pretensão de universalidade.[386]

Na tradição privatista, a fraude à lei é resgatada como significante de uma específica forma de violação da lei, que se dá por meio ardilosos, por subterfúgios e contornos. Há aqueles que violam a lei ostensivamente, sem preocupação de ocultar a licitude. Mas quem viola a lei em fraude não o faz diretamente, o faz de modo a parecer estar conforme o que prescreve a regra. Daí que o conceito de fraude à lei requer a distinção

---

384. CANARIS, Claus-Wilhelm. *Pensamento sistemático e conceito de sistema na ciência do direito.* Lisboa: Fundação Calouste Gulbenkian, 2012, p. 28-ss.

385. CASTRO JR., Torquato. Metáforas na Teoria do Fato Jurídico. In: DIDIER JR., Fredie; EHRHARDT JR., Marcos. *Revisitando a teoria do fato jurídico:* homenagem a Marcos Bernardes de Mello. São Paulo: Saraiva, 2010, p. 638-639.

386. AFTALIÓN, Enrique R.; VILANOVA, José; RAFFO, Julio. *Introducción al derecho.* 5 ed. Buenos Aires: AbeledoPerrot, 2009, p. 246-248.

entre ilícitos diretos e ilícitos indiretos, isto é, entre o agir *contra legem* e o agir *frau legis.*[387] Segundo a doutrina, o ato *contra legem* compreenderia o ilícito direto, quando o sujeito viola uma regra proibitiva ou impositiva, realizando a conduta vedada ou se omitindo em realizar a conduta imposta. Já a *frau legis* consistiria no ilícito indireto, "quando, por meio que aparenta compatibilidade com a lei, se obtém resultado proibido pela lei ou se impede que fim por ela imposto se realize".[388] A fraude à lei é o ato realizado de tal modo a evitar a aplicação da lei proibitiva ou impositiva, "dando uma larga volta em seu redor para evitar toda suspeita", como diz metaforicamente Ferrara.[389] Portanto, a composição argumentativa da fraude à lei se apresenta como um complemento ao ilícito, isto é, na dicotomia entre ilícitos diretos e indiretos a doutrina almeja alcançar todas as formas de violação à lei, tanto aquelas violações que mostram sua essência às claras e quanto aquelas que são dissimuladas em aparência de licitude.

Assim, a estrutura sintática da fraude requer duas normas jurídicas, pois para fugir à incidência da norma, que apenas indiretamente se quer violar, utiliza-se uma outra norma que a princípio autoriza o que foi vedado pela primeira.[390] Ou seja, como diz Torres,[391] "na *frau legis* tem-se também o ato jurídico de violar a lei, mas como tentativa de afastar sua incidência, de modo indireto, usando de uma norma de cobertura para fazer-se sujeito a esta e não àquela que evita". Ou seja, o sujeito se utiliza de expedientes *a priori* lícitos para encobrir uma substancial ilicitude, o que significa necessariamente que há uma tensão entre dois tipos de normas, as que proíbem e

---

387. PEREIRA, Regis Fichtner. *A fraude à lei.* Rio de Janeiro: Renovar, 1994, p. 14.

388. MELLO, Marcos Bernardes de. *Teoria do fato jurídico:* plano da validade. São Paulo: Saraiva, 2010, p. 125.

389. FERRARA, Francesco. *A Simulação dos negócios jurídicos.* São Paulo: Red Livros, 1999, p. 92.

390. PEREIRA, Regis Fichtner. *A fraude à lei.* Rio de Janeiro: Renovar, 1994, p. 14.

391. TORRES, Heleno. *Direito tributário e direito privado:* autonomia privada, simulação, elusão tributária. São Paulo: Revista dos Tribunais, 2003, p. 339.

impõem condutas e as que permitem condutas. Em termos analíticos, *há a norma jurídica impositiva ou proibitiva N, cuja concretização da hipótese de incidência H implica como efeito a relação R de obrigação ou proibição do comportamento C, que se pretende realizar; e há a norma jurídica permissiva N', cuja concretização da hipótese de incidência H' implica como efeito a relação R' de permissão de realizar ou de não realizar o comportamento C', mas que guarda relação com o comportamento vedado ou imposto C.*

3.2.2 Entre as doutrinas subjetivista e objetivista

No discurso da dogmática civilista, isso é sustentado pela distinção entre *regras dispositivas* e *regras cogentes*. As regras dispositivas, típicas do direito privado, são aquelas em que há concessão para que os particulares possam exercer a autonomia privada, em espaço de permissividade, de modo que elas apenas regulam na ausência de manifestação da vontade particular, isto é, elas produzem efeito tão somente até que haja o regramento pelos próprios sujeitos, o que afasta a eficácia da regra dispositiva. Já as regras cogentes são aquelas de teor impositivo ou proibitivo, cuja vontade dos particulares não possui o condão de alterar, sendo aplicável sempre que esteja concretizada sua hipótese de incidência. Assim, a partir dessa distinção do discurso privatista, entre regramentos afastáveis pela autonomia da vontade e regramentos a toda circunstância imponíveis, é que a fraude à lei se operacionaliza, pois ela pressupõe o uso de regras dispositivas quando seriam aplicáveis regras cogentes, isto é, "agir com liberdade criadora de normas, com autonomia privada, onde só caberia a aplicação de direito já positivado, que obrigasse ou proibisse alguma espécie de conduta".[392] Então, é com base no discurso da autonomia da vontade que é possível sustentar a fraude à lei ou a violação indireta, ou seja, é na pressuposição de que há um

392. TORRES, Heleno. *Direito tributário e direito privado:* autonomia privada, simulação, elusão tributária. São Paulo: Revista dos Tribunais, 2003, p. 341.

espaço de liberdade ou permissividade, assim compreendido no conceito moderno de autonomia da vontade, que é possível construir discursivamente a ocorrência de uma violação indireta à lei. Onde não há permissões, não há violações indiretas, tudo se torna violação direta.

Mas a questão que resta é: o que faz com que a norma impositiva ou proibitiva N seja considerada violada, quando o que se materializou foi a hipótese de incidência da norma permissiva N'? Esse é justamente o maior desafio dogmático do conceito de fraude à lei, qual seja, o de justificar a proibição quando *a priori* se está agindo na margem de liberdade e autonomia privada. O ato em fraude à lei é, a um só tempo, lícito e ilícito. Por ser uma fraude, é lícito na aparência, mas ilícito na essência. O debate doutrinário se constituiu justamente na tentativa de definição dos critérios abstratos de identificação da essência ilícita, como se fosse ela uma unidade que se impõe a todos, sob qualquer perspectiva. A pressuposição presente é a de que a ilicitude está lá, mas ainda não foi revelada, e por corresponder à essência mesma do ato jurídico, não está sujeita a qualquer tipo de manipulação retórica. Mas isso tudo no esforço, propriamente discursivo, de elaborar critérios conceituais, isto é, padrões com pretensão de tratamento uniforme para todos os casos concretos.

No enfrentamento do problema de critérios gerais de identificação da fraude à lei, há duas principais correntes, quais sejam, a *teoria subjetivista* e a *teoria objetivista*. Para a teoria subjetivista, a fraude à lei é identificada pelo propósito ou intencionalidade fraudulenta do sujeito. Agir em fraude equivale ao ato de enganar, de praticar ação aparentemente lícita, acobertando sua ilicitude por meios ardilosos.[393] Nestes

393. "*En la esencia del fraude vibran la intención y la acción engañosas puestas em evidencia por la obtención de un resultado distinto al querido por la norma: la voluntad legislativa se desvanece em la práctica por fuerza del interés particular impuesto a la sombra de la maquinación evasiva*" (BONNEMAISON, Jose Luis. *Fraude a la ley*. Valencia: Universidad de Carabobo, 1972, p. 8.). Também em: AUDIT, Bernard. Fraude. In: ALLAND, Denis; RIALS, Stéphane. *Dicionário da cultura jurídica*. São Paulo: Editora WMF Martins Fontes, 2012, p. 821.

termos, "a fraude é o ato ardiloso, enganoso, de má-fé, com o intuito de conferir aparência de legalidade à intenção de descumprir a lei".[394] O próprio termo *fraude* já carrega a conotação de ato praticado com a intenção de enganar ou de burlar, de pura má-fé.[395] Dessa forma, para a identificação de um fato realizado em fraude à lei seria necessária a perquirição sobre a real pretensão do sujeito, sua intenção e motivação de agir. Nas palavras de Alvino Lima,[396] "a teoria subjetivista não se contenta apenas com o elemento material, objetivo, mas exige o elemento intelectivo, volitivo, isto é, a prova de que os fraudadores agiram com a intenção de fugir da aplicação da lei, de frustrar o seu conteúdo proibitivo". Para tanto, a teoria subjetivista estabelece a diferença entre a vontade real, não exteriorizada, e a vontade aparente, mera encenação. Durante muito tempo, essa foi a concepção que prevaleceu.[397]

A doutrina subjetivista tem origem na tradição que enxerga a fraude à lei como uma forma de simulação,[398] cuja base ideológica está no cristianismo e na proteção da autonomia da vontade. Com o cristianismo, o significado de fraude adquiriu a conotação de má-fé, de ardil, de ato de enganar. A fraude é vista não como versão construída dos fatos, mas como verdade obscurecida pela malícia. Assim, a influência cristã fez com que a fraude fosse vista não como simples violação da lei, mas como uma violação mais gravosa, acompanhada de ardil, trapaça, falsidade.[399] Já quanto à autonomia da vontade, a fraude à lei na perspectiva subjetivista tem razão de ser na relação entre fraude e simulação. Em razão dessa associação

394. LÔBO, Paulo. *Direito civil:* parte geral. São Paulo: Saraiva, 2009, p. 305.

395. MELLO, Marcos Bernardes de. *Teoria do fato jurídico:* plano da validade, p. 128; MIRANDA, Pontes de. *Tratado de direito privado.* Tomo I. p. 90.

396. LIMA, Alvino. *A fraude no direito civil.* São Paulo: Saraiva, 1965, p. 293.

397. ATIENZA, Manuel; MANERO, Juan Ruiz. *Ilícitos atípicos,* p. 68.

398. CORDEIRO, A. Barreto Menezes. *Do trust no direito civil.* Lisboa: Almedina, 2014, p. 772.

399. Idem, p. 769.

da fraude ao ato de enganar, foi vista como sinônimo ou variação da simulação. Ambos os conceitos têm origem no *ius commune*, e os comentadores medievais atribuíram a ambos os mesmos requisitos configuradores, de modo que passaram a ser tratados como sinônimos, o que foi acompanhado até o Séc. XIX, quando a fraude à lei passou a ser tratada também como vício da vontade e proteção do interesse de terceiros.[400]

Assim, a fraude à lei na doutrina subjetivista tem como fundamento a preservação do interesse de terceiros e é vista como defeito do negócio jurídico. Na medida em que a simulação consiste numa regra de nulidade negócio por vício da vontade, no sentido de que consiste num ato realizado em prejuízo dos credores quando da formação do negócio jurídico, a fraude também é compreendida como a violação indireta da lei em que o sujeito age por meios aparentemente lícitos para violar regra cogente de proteção a terceiros. Assim, tal como na simulação, a fraude consiste numa forma de preservação da liberdade individual e da autonomia da vontade. Como a livre manifestação da vontade depende do conhecimento sobre a verdade dos fatos, o engano é uma violação à liberdade e aos interesses do outro, porque implica restrição da autonomia da vontade. A pressuposição é a de que bem pode decidir sobre o que fazer quem conhece a verdade dos fatos. Em suma, a fraude é uma lesão ao outro no âmbito de sua autonomia privada, de modo que fundamento é a preservação do interesse de terceiros.

A teoria objetivista, por seu lado, aposta em critérios objetivos e alheios à vontade ou consciência dos sujeitos envolvidos. Rejeita como critério de definição da *frau legis* a intencionalidade do agente e elabora categorias que representam ora a realidade objetiva dos fatos, ora a interpretação objetiva da lei. O critério objetivo considerado como identificador da fraude à lei é a concretização do *resultado* reputado como ilícito. Segundo essa doutrina, o que define a fraude é a prática de um ato

400. ZIMMERMAN, Reinhard. *The Law of Obligations:* roman foundations of the civilian tradition. Johannesburg: Juta & Co, 1990, p. 648-649.

que, apesar de permitido pela regra de cobertura N', produz o mesmo resultado proibido ou deixa de produzir o resultado imposto pela norma fraudada N.[401] Assim, a fraude consiste na verificação da ocorrência de resultados que são vedados pelo ordenamento jurídico, não obstante o fato que deu origem ao resultado ser admitido como lícito.[402] Diz Pontes de Miranda[403] que "quando a regra jurídica determina que algum resultado, positivo ou negativo, seja alcançado, dando a sanção, essa apanha todos os casos em que se violou a lei sem ser pelo modo previsto". O autor distingue as regras entre aquelas que produzem certos resultados e aquelas cujos resultados da ação são indiferentes, para dizer que o primeiro grupo corresponde ao das normas fraudáveis. É o resultado positivo ou negativo que define o caráter fraudulento da ação. Nestes termos, o ato possui uma *licitude formal*, que se opõe à sua *ilicitude substancial*, assim configurada através da concretização do resultado ilícito.[404] É a doutrina que prevalece em tempos atuais.[405]

Há autores da doutrina objetivista que reconhecem que se trata de uma perquirição sobre o alcance de incidência da norma fraudada e, por isso, se trataria de uma questão de interpretação. Contudo, mesmo reconhecendo como interpretação, o tema é desenvolvido sob a perspectiva de apriorismos conceituais. A doutrina afirma a existência de uma *ratio legis* ou de um espírito da lei, identificado objetivamente pelo

401. Como define Marcos Bernardes de Mello, a fraude à lei é a ação daquele que, "por meios indiretos, viola norma jurídica cogente, permitindo que se obtenha o resultado por ela proibido (norma jurídica cogente proibitiva) ou impedindo que o fim por ela imposto se realize (norma jurídica cogente impositiva)" (MELLO, Marcos Bernardes de. *Teoria do fato jurídico:* plano da validade, p. 127).

402. PEREIRA, Regis Fichtner. *A fraude à lei.* Rio de Janeiro: Renovar, 1994, p. 29.

403. MIRANDA, Pontes de. *Tratado de direito privado.* Tomo I. p. 100. Outros autores afirmam o mesmo, tais como: AMARAL, Francisco. *Direito civil:* uma introdução. Rio de Janeiro: Renovar, 2008, p. 535; GRECO, Marco Aurélio. *Planejamento tributário.* São Paulo: Dialética, 2011, p. 252; BECKER, Alfredo Augusto. *Teoria geral do direito tributário.* São Paulo: Noeses, 2007, p. 146.

404. MELLO, Marcos Bernardes de. *Teoria do fato jurídico:* plano da validade, p. 132.

405. ATIENZA, Manuel; MANERO, Juan Ruiz. *Ilícitos atípicos,* p. 70.

intérprete e que define os contornos do que pode ser considerado como resultado ilícito. Como diz Pereira,[406] "a fraude é, assim, meio pelo qual o agente consegue alcançar um resultado proibido através de atos que não contrariam as palavras da lei, mas que contrariam o seu sentido", isto é, o resultado não contraria a literalidade, mas contraria a essência, o espírito, a *ratio*. A norma fraudada incide sobre os resultados ilícitos do ato aparentemente lícito, isso porque a *ratio* da norma permite a extensão do âmbito de incidência para os casos *a priori* não sujeitos à proibição ou imposição. Cada regra teria um propósito próprio, que deve ser concretizado para além da literalidade do texto. A *ratio legis* amplia a hipótese de incidência da regra na medida em que envolve não só os casos expressamente previstos para sua aplicação e produção de efeitos, como também todos os outros casos que, conforme os resultados obtidos, não se conformem ao propósito da lei. Continua sendo o resultado ilícito o critério de definição da fraude à lei, sendo que o resultado é compreendido a partir do espírito da norma.[407] Por isso, mesmo se afirmando se tratar de uma operação interpretativa, tem-se a elaboração de um arranjo de conceitos *a priori*, aplicados por critério de verificação, ou seja, a *ratio* aparece como elemento explicativo ou demonstrativo da incidência da norma ao caso, e não elemento argumentativo ou interpretativo, pois o raciocínio proposto é dedutivo e apodítico.

Na doutrina objetivista de Pontes de Miranda, a questão envolve a verificação da incidência sobre o ato jurídico de violação indireta, a fim de que se possa aplicar acertadamente a

---

406. PEREIRA, Regis Fichtner. *A fraude à lei*. Rio de Janeiro: Renovar, 1994, p. 15.

407. É o que se vê, por exemplo, no dizer de Pereira, que mesmo dizendo ser um fenômeno interpretativo, afirma que a fraude à lei pode ser reconhecida quando da verificação dos resultados proibidos: "Estando prevista sanção para determinado comportamento produtor de certos resultado, em razão da verificação deste resultado, parece lógico que o atingimento deste mesmo resultado por outros meios mesmo que não explicitamente proibidos, ou até mesmo à primeira vista permitidos, acarretará ipso facto o fenômeno da incidência da norma proibitiva sobre o caso concreto" (PEREIRA, Regis Fichtner. *A fraude à lei*. Rio de Janeiro: Renovar, 1994, p. 13).

lei ao caso. Essa doutrina pressupõe a definição do que seja o resultado proibido; é algo que se define por critérios de verificação, e não argumentação ou interpretação. O autor critica expressamente a tese de que a fraude à lei seria uma questão de hermenêutica ou de interpretação do texto da lei, ao afirmar que se trata, na verdade, de uma questão de incidência.[408] Segundo entende, a lei permissiva aplicável deixa de incidir, porque incide a lei cogente fraudada. Faz a distinção entre a *incidência*, como operação automática e infalível, operando-se no "mundo do pensamento" e independentemente da ação humana discursiva, e a *aplicação*, como ação humana falível, cujo objetivo deve ser o de verificar objetivamente a incidência da regra e operar de acordo com ela. Nestes termos, a fraude à lei consistiria num equívoco de aplicação quanto à regra que efetivamente incidiu.[409] Trata-se de uma questão de verificação lógico-empírica acerca da regra que efetivamente se aplica para o caso, de acordo com os resultados conseguidos ou não pelo ato, na medida em que esses resultados compõem o suporte fático da regra cogente fraudada N, que passa a incidir só por isso.[410] Essa é a razão pela qual conclui que as regras fraudáveis são as proibitivas ou impositivas de resultado, já que se trata de mera verificação da ocorrência do resultado ilícito.[411]

---

408. MIRANDA, Pontes de. *Tratado de direito privado.* Tomo I. p. 98.

409. Nas suas palavras: "pratica-se o ato de tal maneira que eventualmente possa ser aplicada outra regra jurídica e deixar de ser aplicada a regra fraudada. Aquela não incidiu, porquê incidiu essa; a fraude à lei põe diante do juiz o suporte fático, de modo tal que pode o juiz errar" (MIRANDA, Pontes de. *Tratado de direito privado,* Tomo I, p. 98).

410. Diz Marcos Bernardes de Mello: "Na verdade, tem-se como infringida a lei se o resultado positivo ou negativo a que se destina foi alcançado ou evitado. Não importa por que meios. Importa apenas que a conduta humana lhe foi contrária aos mandamentos, precisamente porque a incidência da norma jurídica, por seu caráter lógico, se dá fatalmente à concreção do suporte fático. Por consequência, tem-se que basta a constatação de que houve a infração indireta da lei" (MELLO, Marcos Bernardes de. *Teoria do fato jurídico:* plano da validade, p. 131).

411. MIRANDA, Pontes de. *Tratado de direito privado,* Tomo I, p. 100; MELLO, Marcos Bernardes de. *Teoria do fato jurídico:* plano da validade, p. 135.

A doutrina objetivista do conceito de *frau legis* se fundamenta na imperatividade da lei.[412] O discurso dogmático acerca do conceito de fraude à lei justifica a extensão dos efeitos da norma cogente para casos não expressamente previstos por ela, e que estão acobertados por norma permissiva, na imperatividade da lei, que deve atingir a todos e não pode ser sub-repticiamente violada.[413] A lei se aplica à totalidade dos casos iguais e por isso não cabe que não seja aplicada apenas em razão da criatividade do agente, que fez uso de norma permissiva para obter o mesmo resultado.[414] Aplicam-se as consequências para além do que prevê a lei à primeira vista, mas *sob o propósito de se atribuir efetividade à própria lei*. Na medida em que a prescrição normativa não envolve apenas o seu sentido literal, mas também seus propósitos e razão de ser, é que não se admite a violação indireta à lei. Assim, em direito privado, a doutrina subjetivista defende que a fraude à lei se fundamenta na lesão ao interesse de terceiros,[415] enquanto que para a doutrina objetivista, mesmo não havendo lesão imediata a terceiros e credores, o ato em fraude à lei é considerado reprimível por haver violação indireta a regras cogentes.[416] No direito internacional privado o postulado de imperatividade da lei ganha o especial aspecto de proteção da soberania nacional, isto é, quando o sujeito se utiliza de algum elemento de conexão com a legislação estrangeira e se utiliza dessa legislação para se furtar à aplicação da lei nacional mais

---

412. MIRANDA, Pontes de. *Tratado de direito privado.* Tomo I, p. 99.

413. LIMA, Alvino. *A fraude no direito civil.* São Paulo: Saraiva, 1965, p. 312.

414. Diz Miranda, "as violações das leis, que o direito não tolera, são todas as violações das leis. Se, na espécie, pode dar-se violação indireta e ela ocorre, a atitude do direito tem de ser a mesma que teria se tratando de qualquer outra violação" (MIRANDA, Pontes de. *Tratado de direito privado.* Tomo I, p. 99).

415. AUDIT, Bernard. Fraude. In: ALLAND, Denis; RIALS, Stéphane. *Dicionário da Cultura jurídica.* São Paulo: Editora WMF Martins Fontes, 2012, p. 822.

416. MELLO, Marcos Bernardes de. *Teoria do fato jurídico:* plano da validade. São Paulo: Saraiva, 2010, p. 137.

gravosa, não apenas se está lesando a autoridade do legislador, como também a soberania estatal.[417]

Mas, no discurso da dogmática civilista, a imperatividade da lei é apresentada mais como um critério lógico de coerência sistêmica, do que como o estabelecimento de determinada conformação político-institucional. Diz Lima:[418] "a obrigatoriedade da lei constitui, sem dúvida, a espinha dorsal de todo o sistema de direito positivo". Reprime-se o ato em fraude à lei porque a aplicação do direito deve corresponder à totalidade harmônica do ordenamento jurídico.[419] Diz Pereira, "a aplicação da norma cogente a todos os fatos que venham a permitir o atingimento de resultados por ela proibidos é uma exigência da própria *lógica jurídica* e possibilita que se evite o surgimento de contradições internas".[420] E complementa, "em se admitindo o contrário, estaria o sistema jurídico possibilitando a existência de duas soluções diversas para a mesma situação jurídica, algo inconcebível em um sistema que se pretenda coerente".[421] Assim, a imperatividade da lei se apresenta como rigor lógico por si evidente e que é verificado no exercício da racionalidade jurídica, e logo a fraude à lei se mostra não só como preservação da autoridade do legislador, mas como exigência científica. Essa exigência lógica implica regramentos gerais e uniformes, que não comportam contradições e exceções, e dessa forma o ato em fraude deve ser reprimido tanto quanto a violação direta.[422] Trata-se, para

---

417. BONNEMAISON, Jose Luis. *Fraude a la ley*. Valencia: Universidad de Carabobo, 1972, p. 26-27.

418. LIMA, Alvino. *A fraude no direito civil*. São Paulo: Saraiva, 1965, p. 312.

419. ATIENZA, Manuel; MANERO, Juan Ruiz. *Ilícitos atípicos:* sobre el abuso del derecho, el fraude de ley y la desviación de poder, 2a. ed. Madrid: Editorial Trotta, 2006, p. 69.

420. PEREIRA, Regis Fichtner. *A fraude à lei*. Rio de Janeiro: Renovar, 1994, p. 13, grifo nosso.

421. Idem, p. 22-23.

422. "Os sistemas jurídicos são sistemas lógicos e nada mais ilógico do que, em se considerando dois atos contrários à mesma norma jurídica, sendo um direto, claro e

a doutrina civilista, de uma exigência científica, de racionalidade e coerência sistêmica.

Além disso, a pretensão é a de que a investigação sobre os propósitos da lei, postos em harmonia com o sistema, torna o raciocínio mais científico e apurado. Por redundante que pareça, para a doutrina, a investigação da *ratio legis* expressa maior racionalidade, porque a perquirição do que efetivamente quis dizer o legislador é que permite construir a unidade do sistema. A literalidade do texto pode trazer contradições e inconsistências, mas a investigação sobre o que realmente o legislador quis dizer é que afasta esses problemas. Com isso, a doutrina faz a diferença entre o texto (*verbum legis*) e o seu espírito (*ratio legis*), de modo que é o último que confere racionalidade à atividade jurídica. Daí a definição de Ferrara,[423] de *frau legis* como "uma violação indireta à lei, não segundo seu conteúdo literal, senão segundo seu espírito". Quem age em fraude à lei não viola o texto da lei, mas viola a própria racionalidade do direito, de modo "a efetuar uma interpretação mais racional", isto é, que "tornasse possível sua aplicação [da lei] sempre que ocorresse hipótese que, a despeito de não estar expressamente prevista, fosse substancialmente por ela regulada".[424] Diz Pereira, a "interpretação racional" torna a norma mais adequada para a situação concreta e respeita "o próprio sistema adotado pelo ordenamento jurídico como um todo, de forma que o intérprete possa corrigir eventuais distorções porventura existentes".[425] Em suma, mais do que autoridade da lei, a reprimenda à violação indireta se mostra como uma exigência de racionalidade.

---

sem artimanhas inteligentes, e o outro indireto, embuçado, cercado de artifícios, se pudesse aplicar-lhes penalidades diferentes" (MELLO, Marcos Bernardes de. *Teoria do fato jurídico:* plano da validade. São Paulo: Saraiva, 2010, p. 139).

423. FERRARA, Francesco. *A simulação dos negócios jurídicos.* São Paulo: Red Livros, 1999, p. 91-92.

424. PEREIRA, Regis Fichtner. *A fraude à lei.* Rio de Janeiro: Renovar, 1994, p. 9.

425. Idem, p. 10.

Em razão dessas considerações, a fraude à lei é considerada por parte da doutrina como conceito pertencente à esfera da teoria geral do direito. Desde os romanos, e mais precisamente com os glosadores, a reprimenda da fraude foi tida como princípio geral do direito, conforme o brocardo *fraus ominia corrumpit.*[426] Assim, a fraude esteve presente na tradição como princípio de correção do direito.[427] Mas, com a doutrina objetivista, a fraude à lei ganhou aspecto de conceito científico fundamental. Através da classificação entre infrações diretas e indiretas à lei, a doutrina objetivista permite a atribuição de *status* universal ao conceito de fraude à lei, que se considera aplicável em qualquer ramo específico do direito e até mesmo em qualquer sistema jurídico, prescindindo de previsão específica no direito positivo. Na crítica à concepção subjetiva da fraude à lei é que se passou a afirmar essa universalidade. A intencionalidade fraudulenta entre os elementos do instituto limita a doutrina ao estudo da fraude à lei no direito privado, em especial no campo de estudo das nulidades dos negócios jurídicos, mas para a doutrina objetivista, o conceito de *infração indireta* é presente em qualquer espécie de norma jurídica. Como diz Mello, "não cabe, assim, essa restrição apenas aos negócios jurídicos, mas deve-se aplicar a todos os atos jurídicos, inclusive os de natureza legislativa, nos sistemas de direito escrito".[428] O próprio termo *fraude à lei* deveria dar lugar para *infração indireta à norma jurídica*, na medida em que a lei é apenas uma das espécies de norma jurídica, e a intenção fraudulenta apenas uma forma de violação indireta.[429] A partir disso, a doutrina passou a considerar a fraude à lei no direito processual civil, direito tributário, direito constitucional etc.

---

426. AUDIT, Bernard. Fraude. In: ALLAND, Denis; RIALS, Stéphane. *Dicionário da cultura jurídica.* São Paulo: Editora WMF Martins Fontes, 2012, p. 821.

427. Idem.

428. MELLO, Marcos Bernardes de. *Teoria do fato jurídico:* plano da validade, p. 129.

429. Idem, p. 130.

A par da divergência sobre os critérios identificadores da fraude à lei, a doutrina subjetivista e a objetivista divergem também sobre as consequências imputáveis. Para a doutrina subjetivista, a fraude à lei implica a nulidade ou ineficácia do negócio jurídico, a depender do regramento do direito positivo, à semelhança da simulação. Para essa doutrina, a fraude à lei consiste numa variação da simulação, cujo fundamento é a preservação dos interesses legítimos dos credores e terceiros. Ou seja, a fraude é interpretada como ato de enganar terceiros para lhes causar danos, concentrando-se, então, na esfera estritamente privada, de modo que só cabe impor as sanções de nulidade ou ineficácia do negócio jurídico. A fraude, então, aparece como requisito de validade ou eficácia do negócio, em razão de que ela provoca vícios de vontade, ao levar ao engano o terceiro ou o credor. A diferença entre ineficácia e nulidade é apenas quanto ao grau da extensão, isto é, a ineficácia é relativa e inibe os efeitos do negócio em desfavor do terceiro prejudicado, enquanto a nulidade é absoluta e inibe que qualquer efeito seja produzido a partir do ato, pois só assim poderia ser protegido o interesse do terceiro. A fraude à lei, então, fica equiparada a outras figuras assemelhadas, tais como a fraude contra credores, a fraude à execução, a simulação, o dolo etc., todos os quais compreendidos como vícios da vontade, ensejando a nulidade, ou violação do interesse de terceiros, ensejando a ineficácia, sendo que, quando o interesse de terceiros só pode ser tutelado pela eficácia total, atribui-se a consequência da nulidade do ato fraudulento.[430] No direito positivo brasileiro, a fraude à lei foi tratada como hipótese de nulidade do negócio jurídico, no art. 166, VI, do

430. Diz Lima: "Podemos afirmar um princípio irrefutável: todo ato em fraude à lei é ineficaz. Mas a extensão desta ineficácia depende exclusivamente da medida dos interesses da vítima do ato; a proteção destes interesses do credor lesado pela fraude determina a extensão da ineficácia. Se a proteção dos interesses do credor lesado é perfeitamente assegurada com a ineficácia relativa e parcial, nada justificaria a nulidade do ato fraudulento. Se, todavia, os interesses do credor lesado só possam ser devidamente amparados pela ineficácia total, ou seja, pela nulidade do ato fraudulento, este não pode e não deve subsistir; impõe-se a sua nulidade" (LIMA, Alvino. *A fraude no direito civil*. São Paulo: Saraiva, 1965, p. 319-320).

Código Civil, ao prever que "é nulo o negócio jurídico quando: [...] VI – tiver por objetivo fraudar lei imperativa". Tal dispositivo é considerado como contendo a regra geral antifraude do direito brasileiro, que regula os casos que não se sujeitam a outra previsão específica.

Já para a doutrina objetivista, deve-se ter como consequência da fraude à lei a mesma consequência que haveria se a regra cogente não tivesse sido fraudada. Se o fundamento é a imperatividade da lei, aplicam-se a mesma consequência prevista pela regra fraudada. A doutrina objetivista enxerga a fraude à lei como correção, em busca de coerência e unidade sistêmica na concretização do direito. A lei, como regra geral e uniforme, se aplica para todos os casos iguais, de modo que também na violação indireta devem ser imputadas as mesmas consequências.[431] Haverá, então, a desconsideração da regra permissiva e a imposição de uma obrigação ou proibição de determinada conduta. Assim, pratica-se a conduta C', sob a permissão da norma jurídica N', mas por se concretizar o resultado vedado ou não se concretizar o resultado imposto por N, a eficácia de N' é desconsiderada e é aplicada a proibição ou obrigação de N sobre a conduta C', como se fosse a conduta C. Rigorosamente, nesse mecanismo, ocorre uma extensão da hipótese da norma jurídica proibitiva ou impositiva, que passa a ser aplicada sobre fato a princípio não previsto expressamente.

3.2.3 Ao fim, uma questão de interpretação?

A doutrina se esforçou por afirmar a autonomia conceitual da fraude à lei, no sentido de tratá-la como um fenômeno de características próprias e que por isso deve ter tratamento doutrinário particular. A doutrina da autonomia conceitual da fraude à lei buscou, então, desenvolver definições, critérios de aplicabilidade, consequências devidas e fundamentos jurídicos para aquilo que entende ser um fenômeno universal do direito

431. MELLO, Marcos Bernardes de. *Teoria do fato jurídico:* plano da validade, p. 138-139.

e particular em relação a outras categorias. Esse esforço se tornou maior no século XIX, quando o trabalho intelectual dos juristas de tradição romano-germânica confluiu para elaboração de um sistema jurídico racional e ordenado, isto é, de um sistema de conceitos capaz de descrever as prescrições normativas sem contradições, lacunas, vaguezas, ambiguidades, redundâncias etc. Esse pensamento sistemático e conceitual se tornou sinônimo de pensamento científico, e a metodologia jurídica assumiu como postulado fundamental a unidade do direito.[432] De certa forma, essa busca de unidade conceitual é ilustrativa do pensamento ontológico entre os juristas.

O pensamento sistemático compreendia um raciocínio apodítico na resolução de problemas. Bastaria firmar o conceito e os critérios gerais, para que todos os problemas concretos fossem resolvidos de maneira uniforme. A padronização conceitual levaria à solução igual para os casos iguais. A pretensão é a mesma da legalidade, a conformação das situações concretas ao regramento geral, não particularizado. O raciocínio, então, é sempre o da verificação no caso concreto das condições abstratamente concebidas. A fraude se configura na presença da intenção fraudulenta ou do resultado ilícito, no prejuízo a terceiros ou na desconformidade à *ratio legis*. O pensamento é dedutivo: firmadas as premissas gerais caracterizadora dos conceitos, tem-se a consideração do fato concreto como fraude à lei e dão-se as consequências devidas. O que não corresponder a uma dedução precisa, não é verdadeiro do ponto de vista da metodologia jurídica, e dessa forma a unidade sistêmica se converte em critério de verdade e falsidade para a solução dos problemas. Assim, "o sistema assume a decisão e decide por si sobre o sentido de cada questão. As suas proposições são inteiramente controláveis do ponto de vista lógico, isto é, no sentido de uma lógica ambivalente 'verdadeiras' ou 'falsas'".[433]

---

432. CANARIS, Claus-Wilhelm. *Pensamento sistemático e conceito de sistema na ciência do direito*. Lisboa: Calouste Gulbenkian, 2012, p. 14.

433. VIEHWEG, Theodor. *Tópica e jurisprudência:* contribuição à investigação dos fundamentos jurídico-científicos. Porto Alegre: Sergio Antonio Fabris Editor, 2008, p. 45.

Mas, se se trata de um esquema culturalmente desenvolvido, em meio ao contexto cientificista do Séc. XIX, haveria de se indagar: é preciso mesmo tratar da fraude à lei na forma de um conceito aprioristicamente concebido? A resposta veio da própria dogmática civilista. Para Santos,[434] a violação indireta é apenas um problema interpretativo, quando se aplica a regra para um fato que a princípio não foi por ela previsto, conferindo interpretação extensiva. Daí que a autonomia conceitual e outros problemas dessa natureza são irrelevantes, porque a fraude à lei consiste apenas em um problema de interpretação. "A ilicitude deste tipo de ato resulta não do seu hipotético conteúdo fraudulento, mas da simples violação de um preceito legal".[435] Todo o problema gira em torno da interpretação da norma supostamente violada e, por isso, a fraude à lei como conceito autônomo seria totalmente dispensável. Em suma, essa perspectiva desloca o problema do campo dos conceitos e critérios abstratos para a interpretação da regra proibitiva ou impositiva.

Com efeito, o conceito de fraude à lei se assemelha a outras estruturas discursivas envolvendo a interpretação e aplicação de regras, tal como a antinomia e a analogia. A fraude à lei poderia ser descrita como um conflito aparente de normas, entre a norma permissiva N' e a norma impositiva ou proibitiva N, as quais seriam aplicáveis para a mesma situação,[436] a primeira em razão de sua literalidade e a segunda em razão de espírito. Conforme Ferraz Jr.,[437] as antinomias são caracterizadas como conflito de normas como operadores distintos (permissão C x obrigação não-C; permissão C x proibição C), sendo a antinomia real quando não há soluções para o conflito

---

434. SANTOS, José Beleza. *A simulação no direito civil.* Coimbra: Coimbra Editora, 1955, p. 97-98.

435. CORDEIRO, A. Barreto Menezes. *Do trust no direito civil.* Lisboa: Almedina, 2014, p. 774.

436. PEREIRA, Regis Fichtner. *A fraude à lei.* Rio de Janeiro: Renovar, 1994, p. 29.

437. FERRAZ JR., Tercio Sampaio. *Introdução ao estudo do direito.* São Paulo: Atlas, 2008, p. 178-180.

e o sujeito fica numa situação de indecidibilidade para agir, e antinomia aparente quando tais soluções existem, ensejando a solução do conflito. A fraude à lei seria uma antinomia aparente, solucionável pela regra da especialidade. Nesse sentido, a norma N derrogaria a norma N', por prevalecer na situação concreta em função do princípio da especialidade, isto é, o conflito é solucionado por se considerar a norma proibitiva ou impositiva mais especial ou adequada à situação concreta.[438] Portanto, do ponto de vista sintático-semântico, a fraude à lei possui estrutura semelhante ao de qualquer antinomia, sendo dispensável o próprio conceito, isto é, bastaria a interpretação conjunta das normas aparentemente em conflito.

A fraude à lei também poderia ser lida como um problema de lacuna normativa, a ser solucionada por meio de analogia. Com efeito, a norma proibitiva ou impositiva N, que se aplica apenas para C, poderia conter lacuna quanto a C', que, em razão do espírito da norma, deve ser contemplado na sua regulação. Assim, a norma permissiva N' deixaria de ser aplicada, dando lugar para N, aplicável analogicamente. Essa extensão do sentido não deixa de ter condão valorativo, isto é, C e C' não são situações idênticas, mas são situações valoradas igualmente. Ou seja, "a admissibilidade de determinada analogia não se obtém com os meios da lógica, mas antes depende da definição do respectivo círculo de semelhança, o qual só é possível de acordo com critérios teleológicos".[439] A questão se mostra como uma lacuna axiológica.[440] Envolve interpretação

---

438. "Nesse sentido, ou o operador do direito obtém êxito de aplicar a tal 'norma de contorno' N1 que lhe permite praticar a conduta vedada pela norma imperativa N2, em razão de ser N1 preferencialmente aplicável, ou estará obrigado a aplicar N2. Nesse sentido, a fraude à lei apenas seria configurada caso o aplicador aplique a norma N1 de forma indevida, ou seja, sem observância aos critérios de solução de antinomias previsto pelo direito positivo" (MCNAUGHTON, Charles William. *Planejamento elisão e norma antielisiva:* completabilidade e sistema tributário. São Paulo: Noeses, 2014, p. 202).

439. CANARIS, Claus-Wilhelm. *Pensamento sistemático e conceito de sistema na ciência do direito.* Lisboa: Calouste Gulbenkian, 2012, p. 36.

440. ATIENZA, Manuel; MANERO, Juan Ruiz. *Ilícitos atípicos:* sobre el abuso del derecho, el fraude de ley y la desviación de poder, 2a. ed. Madrid: Editorial Trotta, 2006, p. 125.

teleológica da regra tida por fraudada, de modo a conferir-lhe amplitude para o caso que, a princípio, não estava sob o âmbito de sua regulação, sendo, mais uma vez, dispensável o conceito de fraude à lei. Em suma, bastaria falar de interpretação da norma, sem qualquer alusão a estruturas conceituais.

Essa crítica antecipa algumas considerações que pretendemos desenvolver oportunamente, no sentido de que a fraude à lei é menos uma questão conceitual do que uma questão de decodificação de mensagens em situações de interação conflitiva. Mas sendo a fraude à lei uma operação meramente interpretativa, por que então é cultivada como conceito? Por que não se fala apenas em interpretar a norma? Ou simplesmente em lacunas e antinomias? A questão parece ser, então, não sobre o que se diz com a palavra ou simplesmente o seu referente, mas sim o que se faz ao dizê-la. A fraude à lei é uma estratégia discursiva porque carrega consigo implicações performativas, ela desqualifica o discurso do outro e apela para o valor da verdade. Sobre isso falaremos em breve.

3.3 Discurso da fraude à lei na dogmática do direito tributário brasileiro

A fraude à lei possui íntimas conexões com o que aqui vamos chamar de doutrina do planejamento tributário. O problema do planejamento tributário costumava ser considerado simples, isto é, envolvia poucos elementos argumentativos. O debate limitava-se à legalidade e tipicidade, ao enquadramento dedutivo do caso em hipóteses legais, no sentido de que ou o fato estava previsto na regra impositiva da exação, cumprindo o dever de pagar, ou não estava e a operação não ensejava qualquer obrigação. A questão, contudo, tornou-se bem mais complexa à medida que as relações econômicas se complexificaram e, com elas, as regras de direito tributário, abrindo espaço para novas práticas negociais e novos arranjos para fins de planejamento tributário. Dessa forma, foram inseridos na discussão diversos outros elementos que se complementam, numa rede de numerosos conceitos, princípios, argumentos, regras etc.[441]. A doutrina do direito tributário, com a pretensão de resolver as questões através de conceitos e raciocínios apodíticos – por não reconhecer a insuficiência desse tipo de prática, poderíamos dizer –, passou a trabalhar com um grupo difuso de elementos discursivos, pouco organizados e sobre os quais paira certa confusão e desacordos de aplicação, entre os quais o conceito de fraude à lei.

O resultado é que o planejamento tributário se tornou um dos pontos de maior atenção da doutrina. Não só em razão da complexidade da própria dogmática, que, por fazer uso de um grupo difuso de conceitos, não conseguiu desenvolver uniformidade discursiva, de modo que cada interlocutor usa seus próprios conceitos, falando sua própria língua, mas também porque os limites do planejamento tributário e da interpretação da lei tributária para os casos de elusão fiscal se tornaram temas de alta complexidade social, em que ocorrem constantes desacordos discursivos. O problema tem sido tratado como uma questão de verdade, como se os desacordos discursivos fossem decorrência de equívocos cognitivos: "as autoridades fiscais e os contribuintes divergem fortemente quanto ao modo de identificar se determinado planejamento tributário engendra ou não *falsidades*, baseia-se ou não em cláusulas *não verdadeiras* etc".[442] Tanto contribuintes quanto agentes da fazenda defendem suas próprias verdades, na tentativa de desconfirmação do discurso do outro. Logo, vemos que se trata de uma questão semelhante ao problema enfrentado pela doutrina civilista da fraude à lei, isto é, sobre quando se pode considerar violada uma lei tributária nos casos em que na aparência o fato não enseja o pagamento do tributo, mas na

441. FOLLONI, André. Planejamento tributário e norma antielisiva no direito brasileiro. In: MACHADO, Hugo de Brito (Coord.). *Planejamento tributário*. São Paulo: Malheiros, 2016, p. 68.

442. GODOI, Marciano Seabra de; FERRAZ, Andréa Karla. Planejamento tributário e simulação: estudo e análise dos casos Rexnord e Josapar. *Revista Direito GV*. São Paulo: Jan-Jun, 2012, p. 361.

essência é considerado tributário. Ao fim, o que a doutrina do planejamento tributário busca é justamente essa essência não revelada que, uma vez descoberta, se impõe a todos e resolve o conflito em termos de racionalidade e verdade.

O conflito discursivo de que trata a doutrina do planejamento tributário é marcado, de um lado, pelo interesse do contribuinte de se desonerar de encargos fiscais e, de outro, o interesse estatal de maximização das receitas e desconsideração de certos negócios que, a princípio, não ensejariam a aplicação de uma regra tributária. A questão se mostra mais uma vez como uma contraposição entre autonomia da vontade, que autoriza a realização de negócios de acordo com a livre manifestação da vontade particular, e regras cogentes que não comportam inobservância pelo mero desiderato dos sujeitos. Assim, o discurso se desenvolve aqui também na distinção entre o ilícito direto e manifesto, consistente no mero inadimplemento do tributo, o ilícito indireto e sub-reptício, quando faz uso de regras permissivas para evadir à obrigação tributária. Mas o que pretendemos mostrar é que a doutrina tem trabalhado a questão sob a perspectiva ontológica da verdade, ou seja, na busca critérios objetivos, presentes na "unidade conceitual", no "sentido verdadeiro da regra", na "correta interpretação", no "real propósito negocial" etc.

Na composição do problema, *há uma norma impositiva N, cuja concretização da hipótese H implica como efeito a relação jurídica R de obrigação do comportamento C de pagar o tributo; e há uma norma permissiva N' cuja concretização da hipótese H' implica como efeito a relação jurídica R' de direito privado em que o contribuinte não está obrigado ao comportamento C de recolher o tributo, ou seja, R' ≡ -H.* A questão tratada pela doutrina do planejamento tributário consiste justamente na definição dos critérios para considerar o uso da norma permissiva N' uma violação indireta à norma impositiva N, e o tratamento dado à questão têm seguido repertório discursivo semelhante à doutrina civilista da fraude à lei, isto é, no esforço de depuração conceitual e raciocínio apodítico. É o que pretendemos mostrar.

3.3.1 Construção da doutrina do direito tributário brasileiro: legalidade, tipicidade e formalismo jurídico

A doutrina do direito tributário empenhou destacados esforços em resolver problemas de definição do objeto e autonomia científica, para demarcar seu campo de atuação discursiva e os limites de sua própria linguagem em termos de metodologia. O dizer sobre o objeto do direito tributário, sobre ser essa uma disciplina autônoma e as formas particulares que essa disciplina tem de aproximação de seu objeto, os juristas estão demarcando seu próprio campo de atuação, conferindo elementos de aceitabilidade e crítica. Esses esforços estiveram mais presentes aqui do que no direito privado, em razão do aumento progressivo da complexidade das relações entre Estado e contribuinte e da consequente necessidade de institucionalização dessa relação, com o fim de resolução mediatizada dos conflitos. No entanto, o caminho no sentido da autonomia temática não foi linear, havendo distanciamentos e reaproximações entre o direito privado e o direito tributário.

No Século de XIX, o tratamento jurídico das questões tributárias seguiu o fluxo das tendências uniformizadoras da modernidade. Os juristas passaram a defender o uso da doutrina dos princípios gerais de direito e dos conceitos de direito privado nas relações tributárias, com pretensões não só teórico-científicas, mas também político-institucionais. Era necessário afirmar que as relações entre Estado e contribuinte tinham a mesma feição das relações privadas, as quais são marcadas pela liberdade enquanto autonomia da vontade. Assim, à luz da jurisprudência dos conceitos, foi formulada a doutrina da obrigação tributária, aproveitando o mesmo repertório discursivo do direito privado, como forma de certeza a proteção da liberdade individual. Trata-se da doutrina jurídico-tributária do primado do direito civil, que tinha como características básicas, entre outras, a afirmação da liberdade dos sujeitos na constituição das obrigações, o emprego de conceitos do direito privado e a interpretação conforme os princípios gerais do direito.[443]

443. TORRES, Heleno. *Direito tributário e direito privado:* autonomia privada, si-

Como reação ao primado do direito civil, deu-se uma doutrina construtiva, com o propósito de distinguir metodologicamente o direito tributário de outras disciplinas. A doutrina teve de definir o objeto do direito tributário e a forma específica de abordagem desse objeto. A doutrina autonômica ou da autonomia do direito tributário coincide com o modelo metodológico da interpretação econômica do direito tributário. Era preciso dizer que o direito tributário se refere a um conjunto de relações próprias, distintas das relações de direito privado, e que recebem também uma diferente qualificação jurídica. O direito tributário, então, não se refere a estruturas predefinidas do direito civil, mas, sim, a fatos e relações econômicas, manifestações de riqueza, que devem ser interpretados exclusivamente quanto a esse aspecto econômico. A norma tributária mede grandezas econômicas para fins de tributação, e a capacidade contributiva é conceito central que demarca o campo de atuação do direito tributário, ou seja, onde há grandeza econômica, haverá de ter tratamento jurídico-tributário. Assim, o direito tributário possui autonomia para qualificar juridicamente os fatos, independentemente da forma de direito privado.[444]

Após, deu-se mais um movimento de crítica. A interpretação econômica do direito tributário e a doutrina da autonomia foi considerada autoritária e atentatória às liberdades individuais. A dogmática, então, cuidou de reestruturar sua metodologia. No lugar de afirmar a absoluta autonomia do direito tributário, a doutrina passou a afirmar a unidade do sistema, ou seja, o sistema é formado pela interpretação harmônica da totalidade do direito positivo vigente, de modo que não se pode seccionar as diferentes disciplinas em esferas isoladas, e assim os conceitos de direito privado incorporados e utilizados pela legislação tributária devem ter interpretação uniforme, por rigor lógico. Mas não se poderia retroceder na

---

mulação, elusão tributária. São Paulo: Revista dos Tribunais, 2003, p. 48.

444. FALCÃO, Amílcar de Araújo. *Fato gerador da obrigação tributária.* São Paulo: Noeses, 2013, passim; JARACH, Dino. *O fato imponível:* teoria geral do direito substantivo tributário. São Paulo: Revista dos Tribunais, 1989, *passim.*

diferenciação científica da disciplina, com seu repertório conceitual próprio: afirmou-se que as diferenças entre as disciplinas não dizem respeito a conteúdo e qualidades intrínsecas das normas ou dos fatos, mas sim da didática das obras doutrinárias. Quer dizer, a diferença entre direito tributário e direito privado seria apenas uma diferença de exposição, de tratamento simplificador da questão pela dogmática, porém o método para todas as disciplinas é o mesmo, qual seja, a uniformidade sistemática.[445]

Além disso, ainda como relação à interpretação econômica do direito tributário, a dogmática elaborou um discurso sofisticado de isolamento metodológico e ontológico do direito referente a outras esferas do conhecimento, especialmente a economia. Assim, o direito seria uma disciplina que cuida particularmente de normas, descrevendo-as e sistematizando-as, e não de fatos econômicos. A ciência jurídica cuida de descrever, em nível metalinguístico, as proposições de prescritivas que pertençam ao sistema jurídico, isto é, vigentes em determinado momento e espaço. A ciência do direito não descreve fatos tal como eles são, apenas diz, com base no direito positivo, o que deve ser em decorrência desses fatos, o que reduz o estudo às normas e sua ordenação. Assim, "compete à Ciência do Direito Tributário descrever esse objeto, expedindo proposições declarativas que nos permitam conhecer as articulações lógicas e o conteúdo orgânico desse núcleo normativo, dentro de uma concepção unitária do sistema jurídico vigente".[446] Enfim, o direito tributário passou a ser considerado como disciplina que cuida de aspectos lógico-semânticos das regras de direito positivo, em desconsideração aos aspectos econômicos, com o propósito de conferir certeza, segurança e controle racional das decisões jurídicas.

---

445. CARVALHO, Paulo de Barros. *Curso de direito tributário*. São Paulo: Saraiva, 2011, p. 45-ss; BECKER, Alfredo Augusto. *Teoria geral do direito tributário*. São Paulo: Noeses, 2007, p. 125-ss.

446. CARVALHO, Paulo de Barros. *Curso de direito tributário*. São Paulo: Saraiva, 2011, p. 47.

Consequentemente, segundo o discurso da doutrina atual, compartilhado com certa uniformidade, as decisões em matéria de direito tributário devem respeitar ao princípio da *legalidade* e da *tipicidade*. O princípio da legalidade impõe que todo tributo somente possa ser cobrado se possui autorização em lei, o que significa que nenhuma autoridade (auditores, juízes, administradores etc.) pode exigir o pagamento de tributo sem a previsão geral de sua imposição, de modo também que todos os aspectos da regra-matriz de incidência tributária devem estar taxativamente previstos em lei, sob pena de invalidade da própria lei.[447] Como consequência, deve ser respeitado o princípio da tipicidade, que significa que a cobrança do tributo se sujeita à subsunção, de modo a que o fato concreto seja a exata correspondência do enunciado abstrato da lei. Como diz Paulo de Barros Carvalho,[448] é preciso "exata adequação do fato à norma, e, por isso mesmo, o surgimento da obrigação se condicionará ao evento da subsunção, que é a plena correspondência entre o fato jurídico tributário e a hipótese de incidência".

Dessa forma, a legalidade e a tipicidade expressam a pretensão da dogmática do direito tributário em raciocínios e decisões exatas, corretas e verdadeiras, através do perfeito enquadramento de situações concretas aos enunciados gerais da lei. Assim, a doutrina do direito tributário forma suas construções sob a pressuposição da unidade ontológica do ser, de que há uma única verdade a ser revelada e que há uma forma exata de dizer as coisas e aplicar a lei. A subsunção, considerada como operação propriamente científica, admite apenas a unidade racional: "ou ocorre a subsunção do evento relatado à regra

---

447. CARRAZA, Roque Antonio. *Curso de direito constitucional tributário.* São Paulo: Malheiros, 2012, p. 276; CARVALHO, Paulo de Barros. *Curso de direito tributário.* São Paulo: Saraiva, 2011, p. 95; CARVALHO, Paulo de Barros. *Direito tributário:* linguagem e método. São Paulo: Noeses, 2011, p. 861.

448. CARVALHO, Paulo de Barros. Planejamento Tributário e a Doutrina da Prevalência da Substância Sobre a Forma na Definição dos Efeitos Tributários de um Negócio Jurídico. In: MACHADO, Hugo de Brito (Coord.). *Planejamento tributário.* São Paulo: Malheiros, 2016, p. 587.

ou não ocorre, afastando-se terceira possibilidade",[449] isto é, somente pode haver um único sentido correto da norma e uma única natureza para o fato, pois diferentemente haveria contradição insustentável para o conhecimento científico e aplicação racional do direito. Diz Becker,[450] "qualquer regra jurídica exprimirá sempre uma *única regra* (conceito ou categoria ou instituto jurídico) válida para a *totalidade* daquele *único* sistema jurídico", ou seja, "toda e qualquer regra jurídica tem o mesmo modo de incidir".[451] E assim, nas palavras de Paulo de Barros Carvalho,[452] "perfaz-se aqui a eficácia da lei lógica do terceiro excluído: a proposição 'p' é verdadeira ou falsa, inadmitindo-se situação intermediária". Prevalece nesse discurso, logo vemos, a verdade como relato da unidade do ser.

A legalidade e a tipicidade ensejam uma doutrina formalista, que nega criatividade à interpretação e exclui elementos tidos por extrajurídicos, em razão de não decorrerem da literalidade da lei. A atividade de interpretação deve consistir na exata descrição do sentido do texto legal, somado a uma tarefa de sistematização lógico-racional em relação a outros textos, no sentido de conferir unidade lógica e precisão semântica.[453] Para além da interpretação e sistematização racional do texto, não há espaço para a criatividade do jurista, sob

449. CARVALHO, Paulo de Barros. Planejamento Tributário e a Doutrina da Prevalência da Substância Sobre a Forma na Definição dos Efeitos Tributários de um Negócio Jurídico. In: MACHADO, Hugo de Brito (Coord.). *Planejamento tributário*. São Paulo: Malheiros, 2016, p. 587.

450. BECKER, Alfredo Augusto. *Teoria geral do direito tributário*. São Paulo: Noeses, 2007, p. 129.

451. Idem, p. 132.

452. CARVALHO, Paulo de Barros. Planejamento Tributário e a Doutrina da Prevalência da Substância Sobre a Forma na Definição dos Efeitos Tributários de um Negócio Jurídico. In: MACHADO, Hugo de Brito (Coord.). *Planejamento tributário*. São Paulo: Malheiros, 2016, p. 587.

453. Para Becker, trata-se de um trabalho lógico-racional, que revela os sentidos verdadeiros: "A lei age sobre as demais leis do sistema, estas, por sua vez, reagem; a *resultante* lógica é a verdadeira regra jurídica da lei que provocou o impacto inicial" (BECKER, Alfredo Augusto. *Teoria geral do direito tributário*. São Paulo: Noeses, 2007, p. 122).

pena de violação ao princípio da legalidade e da tipicidade.[454] Ou a hipótese de incidência já está definida pela interpretação do todo sistemático, que Becker chamou de "analogia por compreensão", ou então o intérprete estará expandindo a hipótese de incidência da norma, criando uma nova, que chamou ele de "analogia por extensão", e assim estará agindo no campo da ilegalidade.[455] O jurista está autorizado a superar os limites da literalidade quando o fizer na busca de unidade sistemática, mas tão somente, pois para além disso estará agindo contra a lei e criando, fazendo as vezes de legislador. Assim, negando criatividade ao intérprete em matéria de direito tributário, é que o Código Tributário Nacional veda a analogia (art. 108, § 1º) e define o tributo como obrigação instituída por "atividade administrativa plenamente vinculada" (art. 3º).

Como consequência do formalismo, a doutrina compartilha a crença de que a aplicação da lei pode se desenvolver livremente de impressões pessoais, convicções morais, escolhas práticas, ideologias e toda sorte de fatores tidos por não racionais. Por meio da operação dedutiva, acredita-se que se obtém uma única e mesma conclusão sempre que o mesmo fato ocorrer na realidade. Como há um sentido correto da lei, bem como forma correta de relatar os fatos, será possível se chegar às mesmas conclusões quando se mostrarem presentes os requisitos abstratos e *a priori* concebidos. A verdade do sentido da lei e dos fatos afasta a arbitrariedade do intérprete, pois o pensamento sistemático e a aplicação dedutiva tem como resultado a correta expressão da vontade da lei.[456] A verdade se opõe a todos, porque corresponde à unidade do ser, do sentido da lei e da natureza dos fatos. Dessa forma, a

---

454. GRANDO, Felipe Esteves. *A tipicidade em matéria tributária*. Porto Alegre: Livraria do Advogado, 2013, p. 57.

455. BECKER, Alfredo Augusto. *Teoria geral do direito tributário*. São Paulo: Noeses, 2007, p. 140.

456. GODOI, Marciano Seabra de. O Quê e o Porquê da Tipicidade Tributária. In: RIBEIRO, Ricardo Lodi; ROCHA, Sergio André (Coord.). *Legalidade e tipicidade no direito tributário*. São Paulo: Quartier Latin, 2008, p. 76.

crença compartilhada é de que existe uma forma científica de raciocínio jurídico, que exclui avaliações morais, ideologias e escolhas ético-políticas, isto é, a interpretação da lei tributária, em razão mesmo da legalidade e tipicidade, consiste numa operação cognitiva e de verificação do texto e dos fatos, não comportando escolhas e valorações. A ação do jurista, por ser racional e pautada na verdade, está plenamente vinculada.[457]

Assim, a doutrina do direito tributário mostra perfil formalista.[458] Desenvolveu-se uma prática metodológica e discursiva que nega a discricionariedade e crê na justificativa lógico-dedutiva das decisões judiciais. Dimoulis[459] fala em duas formas de compreensão do formalismo jurídico, quais sejam, *formalismo dissimulador* e *formalismo estrutural*, que são, na verdade, aspectos da mesma prática. No primeiro aspecto, a atividade jurídica é apresentada como neutra, ocultando-se determinantes da decisão. Do ponto de vista externo, o trabalho do jurista consiste numa prática política, que envolve escolha e conformação de posições institucionais, mas no seu discurso interno, na sua autoimagem fabricada, os aspectos ético-políticos são ocultados e o trabalho se mostra autônomo e insuscetível de influências externas ao seu sistema

---

457. Nas palavras de Carvalho, "o exercício da administração tributária encontra-se tolhido, em qualquer de seus movimentos, pela necessidade de aderência total aos termos inequívocos da lei, não podendo abrigar qualquer resíduo de subjetividade própria dos atos de competência discricionária" (CARVALHO, Paulo de Barros. Planejamento Tributário e a Doutrina da Prevalência da Substância Sobre a Forma na Definição dos Efeitos Tributários de um Negócio Jurídico. In: MACHADO, Hugo de Brito (Coord.). *Planejamento tributário*. São Paulo: Malheiros, 2016, p. 587).

458. O emprego da palavra formalismo requer certo cuidado. É expressão que comporta múltiplos usos. Em certo sentido, formalismo pode ser empregado como doutrina processual de apego a requisitos formais de validade dos atos, no lugar dos problemas de mérito ou de conteúdo. Aqui, pretendemos significar certa prática jurídica, caracterizada pelos aspectos de dissimulação, estrutura dedutiva e completude sistêmica.

459. DIMOULIS, Dimitri. Sentidos, Vantagens Cognitivas e Problemas Teóricos do Formalismo Jurídico. In: MACEDO JR., Ronaldo Porto; BARBIERI, Catarina Helena Cortada (Orgs.). *Direito e interpretação*: racionalidades e instituições. São Paulo: Saraiva, 2011.

próprio.[460] Essa crença no fechamento interno decorre da necessidade de justificativa do papel social dos juristas, cuja atividade deve se apresentar como racionalmente vinculada e repelida de inventividade e arbítrio ético-político. Já no segundo aspecto, trata-se da crença de que a atividade jurídica não possui discricionariedade e que é possível encontrar respostas certas para os problemas a partir de deduções e operações lógicas, decorrentes do sistema e da interpretação precisa da lei. Assim, os problemas são resolvidos a partir de critérios de verdade e falsidade. Na medida em que a decisão se mostra baseada num ato de conhecimento, considera-se não arbitrária e, portanto, legítima.[461] E poderíamos ainda acrescentar um terceiro aspecto, que consiste na crença da completude do sistema, de modo que a interpretação jurídica é capaz de formar um todo sistemático isento de lacunas, contradições, vaguezas, redundâncias etc., e assim o jurista teria o papel de racionalizar o direito positivo.

Particularmente, no direito tributário brasileiro, o formalismo ganhou destacada adesão nas décadas finais do Século XX, quando a doutrina desenvolveu uma abordagem lógico-estruturante, fazendo uso de conceitos da chamada teoria geral do direito e da lógica jurídica, para conferir precisão metodológica às discussões.[462-463] Nesse momento, fez-se necessária

---

460. BOURDIEU, Pierre. *O poder simbólico.* Lisboa: Edições 70, 2011, p. 217-ss; WARAT, Luiz Alberto. *Introdução geral ao direito.* Vol. 1. Porto Alegre: Sergio Antonio Fabris Editor, 1994, p. 52-53.

461. Idem.

462. GRECO, Marco Aurélio. Crise do Formalismo no Direito Tributário Brasileiro. In: RODRIGUEZ, José Rodrigo; COSTA, Carlos Eduardo Batalha da Silva e; BARBOSA, Samuel Rodrigues (Orgs). *Nas fronteiras do formalismo:* a função social da dogmática jurídica hoje. São Paulo: Saraiva, 2010, p. 229.

463. No empenho dessa tarefa, tiveram grande repercussão e adesão as obras de Ataliba (ATALIBA, Geraldo. *Hipótese de incidência tributária.* São Paulo: Malheiros, 2009) e Becker (BECKER, Alfredo Augusto. *Teoria geral do direito tributário.* São Paulo: Noeses, 2007), bem como, em pouco tempo depois, a de Carvalho (CARVALHO, Paulo de Barros. *Direito tributário:* fundamentos jurídicos da incidência. São Paulo: Saraiva, 2012; CARVALHO, Paulo de Barros. *Curso de direito tributário.* São Paulo: Saraiva, 2011).

a estruturação de discursos dotados de precisão semântica, com o fim de institucionalizar a relação Fisco/contribuinte, até então sujeita a variações incontroláveis. Era preciso construir conceitos marcados por previsibilidade e certeza. Pretendia-se o controle do arbítrio e da vontade, mediante "instrumentos gerais e universais de análise", com a pretensão de "perceber uniformidades sempre presentes numa realidade desuniforme".[464] A doutrina do direito tributário, a partir de então, passou a compartilhar algumas premissas metodológicas, entre as quais, o *descritivismo*, segundo o qual a ciência do direito seria uma metalinguagem que apenas descreve a linguagem-objeto do texto legal; o *empirismo*, que compreende o ordenamento como um dado empírico de teste dos conceitos e interpretações; e o *universalismo*, que significa que os conceitos lógicos independem da experiência e podem ser aplicáveis a todo e qualquer ordenamento.[465] Tais premissas caracterizam um pensamento que guarda semelhanças com o positivismo lógico, especialmente no que concerne ao papel do conhecimento e da linguagem.

Em suma, a partir dessas premissas, a doutrina do direito tributário sustentou o seguinte formato: i) isolamento metodológico e temático direito tributário, que se limita ao estudo de normas e é apartado de outras formas discursivas, tais como a contabilidade, a economia, a política, a moral etc.; ii) raciocínio apodítico e subsuntivo, caracterizado pela interpretação sistemática dos textos do direito positivo e dos conceitos dogmáticos, para formação de sentidos abstratos aplicáveis à situações concretas que perfeitamente a eles se enquadram; iii) ausência de criatividade do intérprete, que deve operar na plena vinculação, a partir de critérios de verdade, tanto dos fatos quanto da lei; iv) e, por fim, inadmissibilidade de escolhas ético-políticas na decisão, que deve se pautar pela racionalidade da ciência jurídica. Nesse modelo que se desenvolveu a doutrina do

---

464. ÁVILA, Humberto. A Doutrina e o Direito Tributário. In: ÁVILA, Humberto (Org.). *Fundamentos do direito tributário*. São Paulo: Marcial Pons, 2012, p. 239.

465. Idem, p. 235.

planejamento tributário, com o propósito de conferir parâmetros objetivos e racionais para as decisões em matéria de elusão fiscal.

3.3.2 Doutrina do planejamento tributário e comportamento elusivo

Chamamos aqui por doutrina do planejamento tributário os escritos acadêmicos sobre os limites ao exercício da autonomia privada quanto à realização de negócios que impliquem menor onerosidade fiscal. Em vista da interpretação que fazem das disposições normativas, os sujeitos estruturam suas operações com a expectativa de recolher menos tributo, por vezes entrando em conflito com as autoridades fiscais, que entendem que tais arranjos privados representam ilícita economia de tributos, por violar a regra impositiva, ainda que não na sua literalidade. A doutrina assume, então, o papel de mediar os limites desse conflito, definindo, a partir de critérios absolutos de verdade e falsidade, quando uma operação é ou não lícita. Assim, com o correto esquema conceitual, busca-se a essência não revelada que, uma vez descoberta, se impõe a todos e resolve o conflito em termos de racionalidade e verdade.

Basicamente, a literatura jurídica afirma encontrar três situações básicas ou tipos de comportamento do contribuinte quando se trata de economia de tributos. A primeira é a violação à lei de forma simples e direta, para a qual a doutrina costuma empregar o termo *evasão fiscal*. Evadir possui o sentido comum de fuga, de saída de um lugar fechado, mas para a doutrina teria o sentido de ação deliberada de eximir-se injustificadamente ao cumprimento da regra impositiva do tributo, isto é, não há dúvidas de que haveria de se pagar o tributo, mas o sujeito simplesmente não o faz.[466] Já a segunda situação consiste em evitar a incidência tributária ou ensejar a aplicação de regime mais benéfico "sem contratar frontalmente

466. TORRES, Heleno. *Direito tributário e direito privado:* autonomia privada, simulação, elusão tributária. São Paulo: Revista dos Tribunais, 2003, p. 177-ss.

o ordenamento", ao que se se atribui o nome de *elisão fiscal*. Elidir tem o sentido comum eliminar, suprimir ou evitar algo, e para a doutrina representa os casos de legítima economia de tributos, porque se faz uso aceitável de uma lacuna legal ou porque a própria lei induz a escolha.[467] Por fim, a terceira situação consiste no uso de negócios aparentemente lícitos, para evitar a incidência da regra ou a para aplicar regime mais benéfico, mas que na essência constituem violação indireta à lei. É o que a doutrina chama de *elusão fiscal*. Eludir tem a conotação de esquiva-se, mover-se furtivamente ou evitar algo com astúcia, mas para a dogmática significa o emprego de expedientes lícitos para contornar ilicitamente a aplicação da regra tributária.[468] Por vezes os vocábulos evasão, elisão e elusão são empregados com significação trocada, havendo quem use evasão para designar operações lícitas,[469] ou mesmo quem faça apenas a distinção entre evasão e elisão,[470] mas a doutrina de modo geral, por diferentes nomes, trata três situações distintas: o ilícito manifesto, a economia lícita e a licitude aparente.

Tal como na diferenciação entre ato *contra legem* e ato em *frau legis*, o esforço da doutrina foi o de definir os critérios para se dizer quando uma operação é elusiva ou não, isto é, se sobre ela deve ou não incidir a tributação, mesmo que acobertada por regras permissivas e aparência de não incidência do tributo.

O primeiro modelo apresentado em torno desse tema, sempre lembrado, como uma sombra que permanece nos debates atuais, é a doutrina alemã do *abuso das formas jurídicas* e a *interpretação econômica do direito tributário*. Trata-se de

467. TORRES, Heleno. *Direito tributário e direito privado*: autonomia privada, simulação, elusão tributária. São Paulo: Revista dos Tribunais, 2003, p. 174-ss.

468. Idem, p. 182-ss.

469. BECKER, Alfredo Augusto. *Teoria geral do direito tributário*. São Paulo: Noeses, 2007, p. 144.

470. DÓRIA, Antônio Roberto Sampaio. *Elisão e evasão fiscal*. São Paulo: Buschatsky, 1977, p. 46.

uma doutrina antiformalista, ascendente no período de maior autoritarismo da política alemã e inspirada por estudos da livre pesquisa do direito e da jurisprudência dos valores, mas que, para além de sua fundamentação doutrinária, teve, no contexto inicial, a função de incremento da arrecadação tributária, para reconstrução da Alemanha pós Primeira Guerra.[471] Segundo essa doutrina, os conceitos utilizados pelo legislador em matéria de tributação não se referem a aspectos estruturais e sistemáticos do próprio direito, mas de elementos concretos da relação econômica. Assim, a pretensão é a de opor realidade material e formalidade jurídica, no sentido de prevalecer a primeira quando houvesse abuso. Assim, como diz Falcão,[472] havendo o abuso de forma jurídica, o jurista está a autorizado "a desenvolver considerações econômicas para interpretação da lei tributária e o enquadramento do caso concreto em face do comando resultante não só da literalidade do texto, mas também de seu espírito da *mens* ou *ratio legis*". A finalidade econômica e a finalidade jurídica devem coincidir, pois para cada *intentio facti* há uma correspondente *intentio juris* típica, e quando inexiste essa correspondência é que acontece o abuso das formas,[473] devendo o jurista fazer prevalecer a realidade do material do negócio e evitar a "manipulação da *intentio juris*".[474] Em suma, trata-se de uma adequação da realidade jurídica à realidade econômica, quando haja anormalidade da forma jurídica, de acordo com a interpretação do espírito da lei.

Assim, a doutrina fundamenta a interpretação econômica sobre a forma jurídica também no espírito da lei ou *ratio legis*.

471. BARRETO, Paulo Ayres. *Planejamento tributário:* limites normativos. São Paulo: Noeses, 2016, p. 106; XAVIER, Alberto. *Tipicidade da tributação, simulação e norma antielisiva*. São Paulo: Dialética, 2001, p. 46.

472. FALCÃO, Amílcar de Araújo. *Fato gerador da obrigação tributária*. São Paulo: Noeses, 2013, p. 44.

473. JARACH, Dino. *O fato imponível:* teoria geral do direito substantivo tributário. São Paulo: Revista dos Tribunais, 1989, p. 144.

474. FALCÃO, Amílcar de Araújo. *Op. cit.*, p. 45.

A prevalência da materialidade econômica em detrimento da formalidade jurídica é, segundo a justificativa da dogmática, também uma imposição de racionalidade da interpretação da lei e da decisão jurídica. Diz Jarach,[475] a tese "deriva lógica e diretamente dos princípios gerais e sobre o critério econômico". Cada regra se dirige a uma realidade econômica típica, de modo que o contorno à regra deve ser reprimido quando se verificar que aquela realidade econômica gerada, ainda que não prevista como sujeita à incidência, representa a mesma realidade econômica intentada pelo legislador,[476] isto é, envolvida pela mesma *ratio*. A configuração econômica decorre da própria racionalidade da lei tributária, que qualifica os fatos de acordo com a capacidade contributiva. Precisamente nesse ponto, a doutrina da interpretação econômica se mostra apenas um meio de repressão da fraude à lei em matéria de direito tributário,[477] isto é, ambas se destinam a reprimir ações que, não obstante conformes com a literalidade da lei, violam o seu espírito. A consideração econômica é a forma específica de reprimenda à fraude à lei no direito tributário, na medida em que releva a racionalidade própria do tributo. Sendo, então, um imperativo racional, de adequação do tratamento jurídico à realidade econômica que a lei deve se dirigir, a interpretação econômica poderia ser até mesmo empregada para benefício do contribuinte, e não apenas nos casos de economia fiscal[478] – e assim a doutrina explora ao máximo sua

475. JARACH, Dino. *O fato imponível:* teoria geral do direito substantivo tributário. São Paulo: Revista dos Tribunais, 1989, p. 140.

476. Diz Nogueira: "O intérprete não está obrigado a ver o caso através da forma jurídica dada pelo interessado em optar uma vantagem fiscal, se aquela roupagem jurídica não é compreensiva do caso. Só que intérprete não fica livre para rejeitar apenas: ele terá de buscar a forma conceitual que melhor vivencie o caso de modo objetivo, através da valoração jurídica, procurando dar/ver no substrato o melhor sentido, sem que extrapole o canal conceitual da lei" (NOGUEIRA, Johnson Barbosa. *A interpretação econômica no direito tributário*. São Paulo: Editora Resenha Tributária, 1982, p. 113).

477. FALCÃO, Amílcar de Araújo. *Fato gerador da obrigação tributária*. São Paulo: Noeses, 2013, p. 46.

478. JARACH, Dino. *O fato imponível:* teoria geral do direito substantivo tributário.

pretensão de neutralidade. A consideração econômica, diz Jarack,[479] é apenas uma questão de "dogmática substancial" do direito tributário, que se opõe à dogmática formal.

A doutrina reagiu a esse modelo, acusando-o de casuístico, agressivo às liberdades individuais e pouco científico.[480] No lugar da consideração econômica, seria preciso maior rigor conceitual e sistemático, e que garantisse a autonomia metodológica do direito em relação à realidade econômica. Assim, a doutrina passou a fazer uso dos conceitos como forma de proporcionar uniformidade científica na aplicação do direito. No lugar da consideração econômica, os juristas deveriam fazer uso dos conceitos preexistentes no sistema, o que garantia certeza e correção. Assim, deve-se dar autonomia dos conceitos jurídicos: "embora o fator ético e o econômico entendam intimamente com o fenômeno da evasão e da elisão, não se pode alçá-los ao plano jurídico, para sobrepujá-lo, sob pena de se instalar o arbítrio resultante da apreciação subjetiva de dados pré-jurídicos".[481] O movimento foi de reação contrária, de expansão do pensamento formalista, pelo emprego dos conceitos de direito privado.

O conceito de fraude à lei, primeiro presente na doutrina espanhola e francesa do direito tributário, passou a ser usado como significante de economia ilícita de tributos. A fraude fiscal consistiria numa operação ilícita correspondente a todos os casos de elusão. O critério utilizado para a configuração da ilicitude foi o *tempo do fato*, isto é, a doutrina incorporou o conceito de fraude como ato ou conjunto de atos *posterior à ocorrência do fato gerador*, e que tem como efeito evitar ou

---

São Paulo: Revista dos Tribunais, 1989, p. 150.

479. JARACH, Dino. *O fato imponível:* teoria geral do direito substantivo tributário. São Paulo: Revista dos Tribunais, 1989, p. 125-126.

480. BECKER, Alfredo Augusto. *Teoria geral do direito tributário.* São Paulo: Noeses, 2007, p. 133-ss.

481. DÓRIA, Antônio Roberto Sampaio. *Elisão e evasão fiscal.* São Paulo: Buschatsky, 1977, p. 49.

retardar a obrigação tributária. Dessa forma, a fraude se distinguiu da economia fiscal, que consistiria nos atos anteriores à ocorrência do fato gerador, e que justamente porque se antecipam à obrigação tributária, não violam regra alguma. Os autores denominaram fraude fiscal a situação em que o contribuinte age depois da ocorrência do fato gerador, e evasão fiscal quando age depois.[482] O pressuposto é o de que somente pode haver obrigação tributária quando estiverem presentes os critérios de incidência, de modo que o planejamento somente pode ser considerado ilícito se já tiver ocorrido o fato gerador do tributo, sendo, então, uma articulação posterior ao surgimento da obrigação. Nesse sentido, diz Becker,[483] a fraude se configura "porque o contribuinte ergueu a estrutura jurídica de seus negócios, *violando regra jurídica ou desprezando a eficácia jurídica* (efeitos) resultante da incidência". A fraude possui o significado de burla à eficácia da lei, o que pressupõe que já tenha ela incidido. Qualquer ato que se dê anteriormente à incidência da lei é puramente econômico, não ensejando qualquer efeito tributário.

Nessa perspectiva, ações preventivas em relação à ocorrência do fato gerador são perfeitamente lícitas, não gerando qualquer consequência. Segundo Dória,[484] a elisão, operação que se dá antes do fato gerador, é lícita ou porque decorre de induções e autorizações predefinidas na lei, quando prevê, por exemplo, regimes jurídicos alternativos para a mesma situação, ou porque decorre de lacunas e omissões legais, quando determinadas operações simplesmente não se enquadram no tipo legal. Em ambas as situações o comportamento é admitido como lícito, pois não implica a concretização da hipótese

---

482. BECKER, Alfredo Augusto. *Teoria geral do direito tributário*. São Paulo: Noeses, 2007, p. 146; SOUZA, Rubens Gomes de. *Compêndio de legislação tributária*. Rio de Janeiro: Edições Financeiras, 1964, p. 107; DÓRIA, Antônio Roberto Sampaio. *Elisão e evasão fiscal*. São Paulo: Buschatsky, 1977, p. 47-ss.

483. BECKER, Alfredo Augusto. *Teoria geral do direito tributário*. São Paulo: Noeses, 2007, p. 146.

484. DÓRIA, Antônio Roberto Sampaio. *Elisão e evasão fiscal*. São Paulo: Buschatsky, 1977, p. 49-ss.

normativa, isto é, o fato gerador não ocorre e, portanto, não se pode falar em violação à lei. Nada obriga à realização do fato e pode o contribuinte simplesmente deixar de realizá-lo; o que não se admite é que, após a sua ocorrência, se evite a eficácia da regra. Assim, a fraude a uma distorção de uma realidade econômica já existente, realidade essa que se conforma à hipótese de incidência.

Contudo, esse não é o sentido que interessa aos problemas práticos vividos. A questão que efetivamente importa não é sobre se houve ou não violação após a ocorrência do fato gerador, no sentido de negação da eficácia da lei por estruturas negociais ou de falso relato dos fatos, mas de saber se seria possível a utilização de regras de cobertura para escapar à tributação e em quais casos isso poderia configurar violação indireta à lei. A questão é: mesmo nos casos em que não há falsidade documental e antes mesmo de estarem configurados os pressupostos para incidência da regra impositiva tributária, é possível desconsiderar negócios tidos por elusivos e impor a obrigação de pagar? O argumento da fraude como fato anterior à ocorrência do fato gerador perdeu força persuasiva, simplesmente porque a tese não interessa aos problemas práticos, que consistem nos casos em que, sob cobertura de regra permissiva, se produz um resultado indesejado em termos de racionalidade jurídica. O que se pretende é "recompor a juridicidade do sistema, violada pela elusão".[485] Dessa forma, a doutrina passou a refutar a tese da fraude como planejamento posterior ao fato gerador, considerando-a equivocada, inadequada ou insuficiente em relação à gama de problemas práticos enfrentados, na medida em que, no dizer de Torres,[486] "contribuiu ainda mais para ocultar a localização exata do problema e para dificultar o processo de controle". Como solução, "somente uma análise da natureza do ato ou negócio jurídico, ou mesmo dos respectivos efeitos de tais atos, pode

485. TORRES, Heleno. *Direito tributário e direito privado:* autonomia privada, simulação, elusão tributária. São Paulo: Revista dos Tribunais, 2003, p. 196.

486. Idem, p. 190.

prosperar como método seguro de análise". Ou seja, a tese cronológica realiza um mau relato da realidade objetiva dos negócios elusivos, como se os conceitos jurídicos fossem a descrição de estados objetivos de coisas, e não eles mesmos constituintes da realidade que descrevem e do problema que pretendem enfrentar.

Assim, na tentativa de estabelecer uma definição precisa entre economia lícita e ilícita de tributos, a doutrina passou a fazer uso de uma difusão de conceitos sobrepostos, isto é, passou a tratar da aplicabilidade de uma série de conceitos distintos que, cada qual com suas particularidades, possuem a mesma função. A doutrina passou então a se reportar aos conceitos já formulados nas obras de direito civil, como se tratando dos mesmos conceitos seriam possíveis identificar os mesmos problemas, como se as necessidades pragmáticas não fossem anteriores à estruturação conceitual, isto é, acreditava-se que o conceito seria o que melhor pudesse descrever realidades estanques, e assim uns poderiam ser mais adequados que outros. Cada conceito teria uma unidade de sentido, precisa, sistemática e com pretensão de universalidade. Por isso, os conceitos de fraude à lei, abuso de direito, simulação etc., passaram a ser tratados com perfil de uniformidade semântica, sendo transportados do âmbito discursivo do direito privado para o direito tributário. Na realidade, a questão já estava posta, e consistia em definir os limites discursivos da elusão fiscal, isto é, em estabelecer com uniformidade os limites entre a lícita elisão e a ilícita elusão, e para isso foi-se em busca do instrumental conceitual do direito privado. No final das contas, todos os conceitos tratavam das mesmas coisas, pois consistiam em justificar a repressão aos atos elusivos.[487]

487. "À distância, as terminologias dão a impressão de representar coisas distintas, mas, numa melhor aproximação, vê-se, de plano, que há em todos o mesmo propósito: conter a elusão tributária, variando apenas os pressupostos que cada um adota, segundo a estrutura do sistema, os recursos de direito privado e processual, seus conceitos jurídicos e a experiência de cada povo" (TORRES, Heleno. *Direito tributário e direito privado:* autonomia privada, simulação, elusão tributária. São Paulo: Revista dos Tribunais, 2003, p. 193).

O conceito de fraude à lei, não obstante, recebe resistência na doutrina brasileira do direito tributário. Sustentando uma metodologia formalista, com todos os aspectos que mencionamos, a doutrina nega aplicação à fraude à lei, por implicar violação aos princípios da legalidade e tipicidade.[488] Para Paulo de Barros Carvalho,[489] conceitos como o de fraude à lei violam a legalidade e tipicidade, na medida em que aludem a aspectos econômicos e extrajurídicos, apelando para critérios de decisão que não estão dispostos na norma. Ou o fato se enquadra perfeitamente na norma, ou não se sujeita à sua regulação. Por isso, a figura da fraude à lei causa certo constrangimento à forma apodítica de pensar: no argumento da fraude, o ato é lícito e ilícito ao mesmo tempo, ou seja, a situação não se enquadra na hipótese normativa, mas mesmo assim se considera aplicável a regra, por ter havido violação indireta.[490] A fraude à lei conduz a uma integração analógica do sentido da regra, ultrapassando os limites de sua literalidade.[491] Como, então, justificar uma incidência não prevista na hipótese? Para a doutrina da legalidade e da tipicidade, sob a pretensão de significados únicos e precisos, que rejeita contradições e vaguezas, somente é aceita como resposta a negação da fraude à lei e outros expedientes discursivos. No pensamento linear racional, ou o fato está previsto na regra e existe obrigação tributária, ou o fato não está previsto e assim o sujeito está livre de qualquer obrigação, não importando as circunstâncias concretas ou avaliações de qualquer

488. GODOI, Marciano Seabra de. O Quê e o Porquê da Tipicidade Tributária. In: RIBEIRO, Ricardo Lodi; ROCHA, Sergio André (Coord.). *Legalidade e tipicidade no direito tributário.* São Paulo: Quartier Latin, 2008, p. 91.

489. CARVALHO, Paulo de Barros. *Curso de direito tributário.* São Paulo: Saraiva, 2011, p. 604; CARVALHO, Paulo de Barros. *Direito tributário:* linguagem e método. São Paulo: Noeses, 2011, p. 861.

490. GRECO, Marco Aurélio. *Planejamento tributário.* São Paulo: Dialética, 2011, p. 493-ss.

491. XAVIER, Alberto. *Tipicidade da tributação, simulação e norma antielisiva.* São Paulo: Dialética, 2001, p. 98-101.

natureza.[492] Para a doutrina da legalidade e tipicidade, se não é possível concluir a existência da obrigação tributária pela literalidade da norma, é porque se fez uma análise extrajurídica da situação, e por isso a fraude à lei não pode ser admitida como forma de decisão.

A solução, então, foi elaborar um instrumental que se dirigisse ao negócio, e não à lei. Admitir a fraude à lei como critério de justificação seria inadmissível para a doutrina da legalidade e tipicidade, que tem como pressupostos a correção semântica da linguagem e a unidade sistêmica, não comportando variações contextuais. Por outro lado, não bastou apenas dizer que a tipicidade impede qualquer tipo de tributação dos atos elusivos, pois os conflitos discursivos concretos se mostraram incontornáveis. Seria necessário à doutrina desenvolver um instrumental discursivo que enfatizasse não a interpretação da lei, mas do negócio. Assim, a doutrina brasileira cultivou apreço pelo conceito de simulação,[493] no lugar de fraude à lei e abuso de direito, pois sua estrutura argumentativa permitiria sustentar a tributação sobre casos elusivos sem afrontar diretamente a legalidade e tipicidade. Diz Xavier,[494] o conceito de simulação "não respeita a qualquer distorção ou entorse da pureza do princípio da legalidade, por se tratar de um dos aspectos da

492. CARVALHO, Paulo de Barros. Planejamento Tributário e a Doutrina da Prevalência da Substância Sobre a Forma na Definição dos Efeitos Tributários de um Negócio Jurídico. In: MACHADO, Hugo de Brito (Coord.). *Planejamento tributário.* São Paulo: Malheiros, 2016, p. 589-590.

493. Vide: FOLLONI, André. Planejamento Tributário e Norma Antielisiva no Direito Brasileiro. In: MACHADO, Hugo de Brito (Coord.). *Planejamento tributário.* São Paulo: Malheiros, 2016; CARVALHO, Paulo de Barros. Planejamento Tributário e a Doutrina da Prevalência da Substância Sobre a Forma na Definição dos Efeitos Tributários de um Negócio Jurídico. In: MACHADO, Hugo de Brito (Coord.). *Planejamento tributário.* São Paulo: Malheiros, 2016; TORRES, Heleno. *Direito tributário e direito privado:* autonomia privada, simulação, elusão tributária. São Paulo: Revista dos Tribunais, 2003; BARRETO, Paulo Ayres. *Planejamento tributário*: limites normativos. São Paulo: Noeses, 2016; GODOI, Marciano Seabra de; FERRAZ, Andréa Karla. *Planejamento tributário e simulação:* estudo e análise dos casos Rexnord e Josapar. Revista Direito GV. São Paulo: Jan-Jun, 2012.

494. XAVIER, Alberto. *Tipicidade da tributação, simulação e norma antielisiva.* São Paulo: Dialética, 2001, p. 45.

interpretação do ato ou negócio que respeita à premissa menor do raciocínio subsuntivo". A alegação de simulação não implica, no caso concreto, raciocínio analógico ou extensivo da hipótese de incidência, pois consiste, na verdade, num caso de vício do negócio decorrente da divergência entre vontade declarada/vontade real ou negócio aparente/negócio real, isto é, os sujeitos dizem fazer uma coisa quando na verdade estão fazendo outra ou fazendo nenhuma, sendo a verdade declarada mera aparência, por trás dela estaria o fato jurídico tributário. Diz Lima,[495] "removido o véu enganador, fica o negócio na sua verdadeira essência, na nua e pura realidade e se este negócio se acha em contradição com uma lei proibitiva, haverá um *contra legem agere*", ou seja, desmentindo a aparência, pode-se encontrar a essência do fato jurídico tributário.

O uso da simulação cresceu sobretudo em razão da Lei Complementar n. 104 de 2001, que incluiu o parágrafo único ao art. 116 do Código Tributário Nacional: "a autoridade administrativa poderá desconsiderar atos ou negócios jurídicos praticados com a finalidade de *dissimular* a ocorrência do fato gerador do tributo ou a natureza dos elementos constitutivos da obrigação tributária [...]". A escolha do verbo *dissimular* pelo legislador fez a doutrina iniciar um debate sobre se se trata do conceito de simulação da doutrina civilista ou um conceito próprio do direito tributário, isto é, alguns entendem que se trata de empregar o conceito com o mesmo significado dado no direito civil,[496] enquanto outros entendem que se deve construir um conceito próprio para o tratamento da simulação no direito tributário.[497] Assim, de modo geral, o

---

495. LIMA, Alvino. *A fraude no direito civil.* São Paulo: Saraiva, 1965, p. 79.

496. CARVALHO, Paulo de Barros. Planejamento Tributário e a Doutrina da Prevalência da Substância Sobre a Forma na Definição dos Efeitos Tributários de um Negócio Jurídico. In: MACHADO, Hugo de Brito (Coord.). *Planejamento tributário.* São Paulo: Malheiros, 2016, p. 591; BOZZA, Fábio Piovesan. *Planejamento Tributário e autonomia privada.* São Paulo: Quartier Latin, 2015, p. 72.

497. FOLLONI, André. Planejamento Tributário e Norma Antielisiva no Direito Brasileiro. In: MACHADO, Hugo de Brito (Coord.). *Planejamento tributário.* São Paulo: Malheiros, 2016, p. 83; BARRETO, Paulo Ayres. *Planejamento tributário:* li-

conceito de simulação foi inserido nos escritos da doutrina do planejamento tributário como forma de tratamento científico e sistemático dos problemas, havendo crescente adesão dos juristas pela utilização desse conceito, ora a partir do que a doutrina civilista já havia feito, ora no sentido de construir um formato próprio para o direito tributário. Os autores se lançaram na busca de descrever a natureza da simulação como ato elusivo, com fortes pretensões descritivas.[498]

No direito civil, a simulação é compreendida como vício da vontade, que enseja nulidade do negócio jurídico. Tal como a fraude à lei, a simulação é conceito que se constrói nas dicotomias de falsidade/verdade, realidade/ficção, essência/aparência etc., isto é, ela pressupõe a unidade ontológica para negar o que se apresenta, afirmando ser mera aparência. Diz Ferrara,[499] "simular é fazer similar, dar aspecto e semelhança ao não verdadeiro". Do radical *simil*, o verbo "tem a ver com fazer algo que tem uma aparência, que se parece com aquilo que aparece, mas, na verdade, no (no plano empírico dos fatos) é outra coisa, isto é, é outro fato".[500] No discurso da doutrina, a simulação é afirmada como falsidade da declaração da vontade, havendo distinção entre vontade declarada e vontade real, ou negócio aparente e negócio real. Consiste no ocultamento da verdade por meio de forma jurídica que não corresponde ao que efetivamente se quis e se fez, distinguindo a doutrina entre a *simulação absoluta*, quando se afirma existente um negócio que na realidade não existiu, e *simulação relativa*, quando se afirma ocorrido um negócio A, sendo que materialmente ocorreu o negócio B. Assim, os juristas passaram a debater sobre

---

mites normativos. São Paulo: Noeses, 2016, p. 152-153.

498. TORRES, Heleno. *Direito tributário e direito privado:* autonomia privada, simulação, elusão tributária. São Paulo: Revista dos Tribunais, 2003, p. 282.

499. FERRARA, Francesco. *A simulação dos negócios jurídicos.* São Paulo: Red Livros, 1999, p. 49.

500. FERRAZ JR., Tercio Sampaio. Simulação e Negócio Jurídico Indireto no Direito Tributário e à Luz do Novo Código Civil. *Revista Fórum de Direito Tributário.* Belo Horizonte, ano 8, n. 48, 2010, p. 11.

os critérios identificadores da simulação em termos de natureza e essência, com pretensão de literalidade. Mas não faltaram metáforas: para a simulação absoluta se disse "*corpo sem alma, ficção, ilusão externa, fantasma, negócio vazio, véu enganador, máscara, quimera, embuste, fábula*"; e para a simulação relativa, "*invólucro, envoltura, túnica, roupagem, capa* [...]".[501]

Para a parte da doutrina que acredita na uniformidade conceitual entre direito tributário e direito civil, a simulação para fins de combate à elusão é tratada no sentido de simulação relativa, que, inclusive, é também chamada de dissimulação, termo empregado pelo Código Tributário Nacional. Assim, considera-se elusão a situação em que o contribuinte afirma ter praticado um negócio não sujeito à incidência do tributo, quando, na realidade, praticou outro sobre o qual incide tributo ou regime mais gravoso. O negócio declarado ou aparente é nulo, dando espaço para que o verdadeiro negócio apareça e, só então, possa ser aplicada a norma tributária. Assim é possível dizer que não se está fazendo interpretação analógica da lei, isto é, no lugar de dizer que a lei se aplica para uma situação por ela não prevista, afirma-se que na verdade o fato não era aquele, mas outro, que se enquadra perfeitamente à previsão normativa. O que se diz é: o fato não se enquadra na hipótese H' da norma permissiva N', mas sim na hipótese H da norma impositiva tributária N, formando-se o enquadramento típico perfeito. Analiticamente, tem-se dois negócios, um que se afirma ter ocorrido, mas não ocorreu, e outro que permaneceu oculto, mas efetivamente ocorrido.

Na estrutura argumentativa da simulação, o negócio praticado é falso, mas falso no sentido de uma mentira. "A mentira envolve uma falsidade, mas exige algo mais: trata-se de uma falsidade deliberada",[502] o que elimina a conotação de equívoco.

---

501. TORRES, Heleno. *Direito tributário e direito privado:* autonomia privada, simulação, elusão tributária. São Paulo: Revista dos Tribunais, 2003, p. 282.

502. FERRAZ JR., Tercio Sampaio. Simulação e negócio jurídico indireto no direito tributário e à luz do novo Código Civil. *Revista Fórum de Direito Tributário.* Belo Horizonte, ano 8, n. 48, 2010, p. 11.

Há três doutrinas sobre a simulação em direito civil, que tentam distinguir objetivamente verdade e aparência. Para a *doutrina voluntarista*, o critério para se definir o real e oculto negócio jurídico praticado é a vontade interna, não declarada, isto é, o sujeito afirma ter realizado determinado negócio, sendo que sua real intenção foi a realização de outro.[503] Para a *doutrina declarativista*, cética quanto à investigação de intenções psicológicas, o que caracteriza a simulação é a diferença entre a verdade declarada no negócio e outras declarações feitas em diferentes instrumentos, as quais refutam a declaração primeira, revelando a falsidade.[504] Por fim, a *doutrina causalista*, a partir de uma visão objetiva do negócio jurídico, isto é, compreendendo um negócio como um tipo econômico-social que não depende exclusivamente da vontade das partes, a simulação se caracteriza pela incompatibilidade entre a causa abstrata do negócio-tipo e a causa concreta empregada pelas partes, ou seja, trata-se de uma incompatibilidade econômico-funcional entre a previsão tipológica e a concretização prática, no sentido de que o negócio foi usado com uma finalidade que não lhe é própria.

Já para a doutrina que tenta formular um conceito de simulação exclusivo para o direito tributário, a questão é desenvolvida em termos de investigação sobre os reais propósitos para a escolha do negócio jurídico e afirmando ser inadmissível o uso da autonomia da vontade com o único propósito de economia fiscal. Assim, a simulação fiscal não consiste numa manifestação falsa de vontade, mas numa operação que enseja diferimento ou economia de tributos, por meios negociais atípicos e sem propósito econômico ou motivações não elisivas.[505] Trata-se de uma visão que se aproxima da doutrina americana do propósito negocial (*business purpose*), segundo a qual a elusão ocorre quando o negócio não possui como

---

503. FERRARA, Francesco. *A simulação dos negócios jurídicos*. São Paulo: Red Livros, 1999, p. 59-61.

504. Idem, p. 62-65.

505. FOLLONI, André. Planejamento Tributário e Norma Antielisiva no Direito Brasileiro. In: MACHADO, Hugo de Brito (Coord.). *Planejamento tributário*. São Paulo: Malheiros, 2016, p. 86.

efeito prático qualquer resultado econômico autônomo, mas apenas resultados tributários. Enxerga o propósito a partir de uma perspectiva objetiva, tal como na doutrina causalista da simulação, contudo assume que nenhum negócio pode ter propósito exclusivamente fiscal, conforme as circunstâncias de sua realização. Ou seja, o propósito negocial desempenha função semelhante à doutrina causalista, com a especificidade de que a configuração da elusão se confirmará quando inexistir propósito econômico não tributário. Em suma, somente não implica tributação o negócio jurídico que tenha motivos extratributários para existir.

Dessa forma, a dogmática brasileira recente do direito tributário evita o emprego da fraude à lei, usado com frequência em outras tradições, por considerar que levaria a interpretação extensiva ou integração analógica da lei tributária, portanto extrajurídica, e por retoricamente afirmar que ninguém pode ser obrigado à realização do fato jurídico tributário, isto é, o sujeito tem a liberdade de realizar ou não a hipótese de incidência da regra tributária, não podendo se considerar como incidente o tributo quando o sujeito escolhe simplesmente não realizar a hipótese.[506] Assim, tornou-se mais aceitável falar em simulação como característica do ato elusivo, ou seja, no lugar de aplicar a regra para fato não previsto em sua hipótese, afirma-se que o negócio não corresponde àquele que se declarou ter realizado, mas na verdade outro, sujeito à incidência tributária, assim verificado em razão da vontade interna percebida, do confronto de declarações diferentes ou da causa objetiva do negócio.

Fraude à lei e simulação são, em certo aspecto, figuras que desempenham funções semelhantes. No direito privado a simulação, por vezes, é tratada como espécie de fraude, sendo um dos meios de violação indireta à lei, o que criticado em

506. FERRAZ JR., Tercio Sampaio. Simulação e Negócio Jurídico Indireto no Direito Tributário e à Luz do Novo Código Civil. *Revista Fórum de Direito Tributário*. Belo Horizonte, ano 8, n. 48, 2010, p. 20-21.

razão da falta de depuração conceitual.[507] A doutrina se esforça em distinguir os dois conceitos em razão de sua estrutura: na fraude, pratica-se um ato acobertado por regra permissiva, mas produzindo resultado equivalente àquele vedado por regra proibitiva ou impositiva, configurando uma violação indireta; na simulação, os sujeitos afirmam praticar um negócio quando, na realidade, se está praticando outro ou nenhum. Dessa forma, na simulação os sujeitos não desejam e não realizam o negócio que dizem ter feito, enquanto que na fraude à lei os sujeitos desejam e efetivamente realizam o negócio que afirmam ter praticado, mas disso decorre um resultado ilícito.[508] Se o argumento da simulação se concentra no negócio, o argumento da fraude à lei se concentra na amplitude da lei, aplicando-a quando se concretizam resultados por ela vedados, mesmo que o fato não esteja previsto na sua literalidade. A simulação decorre da interpretação do negócio, a fraude da interpretação da lei. Mas ambos os conceitos ensejam o mesmo resultado prático, ou melhor, têm a mesma função pragmática, qual seja, aplicar a lei para uma situação em que, à primeira vista, a lei não é aplicável. Em todos os casos o que está em jogo é uma espécie de distorção do uso do negócio, que constrange aspectos finalísticos subentendidos na lei.

Com efeito, o que se pretende verificar na simulação em matéria de direito tributário é o resultado econômico almejado pelos sujeitos, considerando como ilícito esse resultado quando consiste tão somente em economia fiscal (doutrina do propósito negocial autônomo ou *business purpose*) ou quando implica a prática de outro negócio que corresponde a um fato

---

507. LIMA, Alvino. *A fraude no direito civil.* São Paulo: Saraiva, 1965, p. 79.

508. FERRAZ JR., Tercio Sampaio. Simulação e Negócio Jurídico Indireto no Direito Tributário e à Luz do Novo Código Civil. *Revista Fórum de Direito Tributário.* Belo Horizonte, ano 8, n. 48, 2010, p. 21; MELLO, Marcos Bernardes de. *Teoria do fato jurídico:* plano da validade. São Paulo: Saraiva, 2010, p. 168; BONNEMAISON, Jose Luis. *Fraude a la Ley.* Valencia: Universidad de Carabobo, 1972, p. 15; PEREIRA, Regis Fichtner. *A fraude à lei.* Rio de Janeiro: Renovar, 1994, p. 49-50; FERRARA, Francesco. *A Simulação dos negócios jurídicos.* São Paulo: Red Livros, 1999, p. 91.

jurídico tributário (doutrina da simulação civil relativa).[509] Mas a verificação do resultado ilícito é justamente a pretensão também da doutrina da fraude à lei, o que mostra que não se tratam de estruturas tão distantes entre si. Ambos os conceitos buscam a aplicação da regra para uma situação que à primeira vista não está no âmbito de aplicação, variando apenas o foco argumentativo, num caso a lei, no outro o negócio. Embora a doutrina tente estabelecer critérios diferenciadores, com forte pressuposição descritiva, como se fossem coisas em si mesmas distintas, podemos ver que ambos os conceitos desempenham a mesma função performática, isto é, tanto a simulação como a fraude buscam negar a fala, afirmando-a como falsa, para dizer que a realidade é outra, sujeita à regulação jurídica. Sobre isso, trataremos mais adiante.

3.4 Discurso pós-positivista e a doutrina dos ilícitos atípicos

Vimos que a dogmática jurídica, entre os Séculos XIX e XX, assumiu perfil formalista e se dedicou a formular conceitos com forte pretensão descritiva e de unidade semântica. A doutrina adotou um estilo de argumentar consistente em definições abstratas com validade universal, coerentes com a totalidade sistêmica do ordenamento, cuja aplicação se dá por deduções. Assim, as categorias absorvem a totalidade dos casos que pretendem resolver, bastando estarem presentes os requisitos configuradores para que se tenha tratamento uniforme em todos os casos. A pressuposição constante na dogmática é a de que o julgamento consiste num juízo racional, em que padrões gerais e abstratos são aplicáveis a todos os casos iguais. O juízo, na literatura jurídica moderna, consiste "na faculdade de pensar o particular como o sentido contido no geral",[510] isto é, o caso concreto consiste sempre numa

509. FERRAZ JR., Tercio Sampaio. Simulação e Negócio Jurídico Indireto no Direito Tributário e à Luz do Novo Código Civil. *Revista Fórum de Direito Tributário.* Belo Horizonte, ano 8, n. 48, 2010, p. 22.

510. FERRAZ JR., Tercio Sampaio. *Argumentação jurídica.* São Paulo: Manole, 2014, p. 7.

correspondente particular da categoria universal, de modo que o raciocínio jurídico ora se mostra como a busca da regra geral adequada ao caso particular, ora como o enquadramento do caso particular a uma regra geral dada.[511] A decisão jurídica, então, é a conclusão de uma operação silogística, que tem como premissa maior a categoria ou previsão legal e como premissa menor os fatos em julgamento.

Esse particular estilo de argumentar e pensar na dogmática jurídica foi posto à prova em meados do Século XX. Por fatores que não cabe aqui explorar, deu-se um movimento de crescente descrença na função legislativa e nas instâncias democrático-representativas como agentes de concretização dos direitos fundamentais do Estado Social e de outros princípios materiais constitucionalizados. Dessa forma, a função jurisdicional e a atividade jurídica, que tradicionalmente desempenhavam papel de reprodução de programas decisórios prefabricados pela vontade popular, teve de assumir função política proativa e finalisticamente orientada. Formaram-se expectativas normativas de ação do Estado, de modo que os juristas tiveram que instrumentalizar discursivamente a realização dessas expectativas, numa retórica menos formalista e aberta a aspectos ético-políticos. Fez-se necessário construir uma dogmática moralmente inclusiva, pautada por um diferente tipo de racionalidade. Na medida em que mudou a papel social dos juristas, mudaram também as práticas discursivas, suas crenças de racionalidade e sua autoimagem. Em suma, esse movimento acarretou mudanças de diversos aspectos: "o normativo ('da regra ao princípio'); o metodológico ('da subsunção à ponderação'); o axiológico ('da justiça geral à justiça particular') e o organizacional ('do Poder Legislativo ao Poder Judiciário')".[512]

A dogmática passou a criticar o modelo clássico do estudo de conceitos e estruturas formais, para se dedicar a formular

---

511. FERRAZ JR., Tercio Sampaio. *Argumentação jurídica*. São Paulo: Manole, 2014, p. 7.

512. ÁVILA, Humberto. A Doutrina e o Direito Tributário. In: ÁVILA, Humberto (Org.). *Fundamentos do direito tributário*. São Paulo: Marcial Pons, 2012, p. 229.

balizamentos para a justificação das decisões jurídicas. No lugar de raciocínio sistemático e lógico-dedutivo, um pensamento problemático e argumentativo, uma racionalidade da escolha justificada. Assim, a decisão jurídica não *demonstra* uma subsunção, mas sim *justifica* uma escolha, de modo que a metodologia jurídica adequada deveria fornecer os critérios de racionalidade da justificação. A atividade jurídica passou a ser considerada como uma esfera particular da moral, do agir prático, e a dogmática se pautaria pela razão prática.[513] Uma matriz metodológica nova, antiformalista, mas com as mesmas pretensões de controle, correção e certeza. O conjunto de doutrinas surgidas nesse contexto foram chamadas de pós-positivistas, pela crítica que fizeram aos pressupostos formalistas, entre os quais a distinção entre direito e moral, o ceticismo quanto à racionalidade prática e o raciocínio lógico-dedutivo. Os estudos sistemáticos foram perdendo espaço para teorias da moral e da justiça, teoria dos princípios, da argumentação racional etc. Os princípios jurídicos se tornaram balizas racionais de correção moral das decisões judiciais, de modo que os princípios morais, como diz Aarnio,[514] foram institucionalizados em práticas discursivas do direito, incorporados enquanto raciocínio jurídico.

Nesse contexto de reformulação das práticas discursivas, tornou-se popular a obra de Atienza e Manero, em que se dedicaram a redefinir o conceito de fraude à lei e outros, dando-lhe diferente estrutura argumentativa. Os autores tentaram expor velhos conceitos sobre uma nova perspectiva, não formalista, mas moralmente inclusiva. No lugar de formular conceitos e critérios predefinidos, expõe a fraude à lei como uma tese discursiva que envolve a consideração dos princípios envolvidos no conflito concreto, de modo a que, no lugar

513. JUST, Gustavo. *Interpretando as teorias da interpretação*. São Paulo: Saraiva, 2014, p. 78-79; NEUMANN, Ulfried. Teoria Científica do Direito. In: KAUFMANN, Arthur; HASSAMER, Winfried. *Introdução à filosofia do direito e à teoria do direito contemporâneas*. Lisboa: Fundação Calouste Gulbenkian, 2009, p. 476-477.

514. AARNIO, Aulis. *Essays on The Doctrinal Study of Law*. London: Springer, 2011, p. 57.

de uma unidade conceitual que se verifica objetivamente no caso, tem-se uma justificação racional para a escolha da decisão no caso. Sua doutrina da fraude à lei é uma doutrina da argumentação, não do conceito.

Atienza e Manero consideram a fraude à lei uma espécie de ilícito, porém uma espécie em particular, que só tem par com o abuso de direito e o desvio de poder. Fazem a distinção entre *ilícitos típicos*, quando o fato é objeto de uma tipificação legal, da qual se pode promover um raciocínio subsuntivo clássico, e os *ilícitos atípicos*, que não possuem tipificação legal e, por isso, não contrariam as regras, porém contrariam os princípios. Noutras palavras, os ilícitos típicos são aqueles que violam regras, enquanto os ilícitos atípicos violam princípios. Consequentemente, entendem que a dogmática formalista e positivista se mostra insuficiente para compreensão de ilícitos atípicos como a fraude à lei, por lhe faltar instrumental teórico e por negar importância aos princípios. Afirmam, então, que autores importantes como Austin, Kelsen e Ross falharam por não se dedicarem a estudar figuras como a fraude à lei, justamente porque o modelo positivista compartilha do "irracionalismo prático", no sentido de considerar apenas as regras como guias de conduta dos destinatários.[515]

Todos os problemas práticos do direito são questões que envolvem diferentes tipos de regras. O primeiro tipo são as *regras de ação*, definidas como *"pautas específicas de conducta"*,[516] isto é, a ação pode se pautar por diretrizes estruturadas em hipóteses e consequências, no sentido de haver um conjunto fechado de propriedades e uma correspondente implicação que torna proibida, permitida ou obrigatória determinada conduta quando identificadas essas propriedades. Os elementos da hipótese e consequência podem ser mais ou menos determinados, mas isso não desfaz a estrutura

---

515. ATIENZA, Manuel; MANERO, Juan Ruiz. *Ilícitos atípicos:* sobre el abuso del derecho, el fraude de ley y la desviación de poder, 2a. ed. Madrid: Editorial Trotta, 2006, p. 15.

516. Idem, p. 16.

hipotético-condicional, pois essa indeterminação sempre remete a classes a serem especificadas. Mas há também o segundo tipo, as *regras de fins*, que também possuem hipóteses cerradas, mas como consequência não há a qualificação de uma conduta como obrigatória, proibida ou permitida, mas um estado de coisas a ser alcançado.[517] É mantida a estrutura hipotético-condicional, mas no consequente, em lugar de uma classe, tem-se um fim, sem definição dos meios.

Ao lado das regras de ação e fins, no sistema também existem *princípios em sentido estrito* e *diretrizes programáticas*. Tais figuras possuem a função de justificar as regras, mas também a função de regular diretamente as condutas e decisões, especialmente quando inexistem regras para o caso, quando as regras existentes possuem problemas de indeterminação ou quando as regras existentes, no momento de aplicação, se mostram em conflito com os princípios que as justificam ou com outros princípios. Os princípios em sentido estrito contêm os elementos *prima facie* para a permissão, obrigação ou vedação de realizar determinada conduta, enquanto que as diretrizes programáticas orientam a realização de um estado de coisas na maior medida possível. O que caracterizam as normas-princípios, seja o princípio em sentido estrito ou o programa, é que são soluções *prima facie*, porque podem ser opostas a outros princípios. Assim, diante de situações concretas, o endereçado realizará uma ponderação entre os princípios em questão e tomará uma escolha, não sendo os princípios soluções definitivas em abstrato. Mas da ponderação sempre resulta uma regra, ainda que para o caso, ou seja, toda solução final da ponderação entre princípios é uma regra.[518] Como será sempre uma regra, a distinção entre regras

---

517. ATIENZA, Manuel; MANERO, Juan Ruiz. *Ilícitos atípicos:* sobre el abuso del derecho, el fraude de ley y la desviación de poder, 2a. ed. Madrid: Editorial Trotta, 2006, p. 17

518. A colisão entre princípios implica na formação de uma regra em que se dão por estabelecidas as condições em que determinado princípio deve prevalecer sobre outro. Trata-se do que Alexy chama de "lei de colisão", que consiste na generalização da solução individual. Diz Alexy: "As condições sob as quais um princípio tem

e princípios só é possível *prima facie*, pois, consideradas todas as circunstâncias do caso, ter-se-á apenas a aplicação de uma regra.[519] Ao fim, tem-se uma regra que nada mais é que a generalização da solução individual para o conflito entre princípios ou regras e princípios.

Em razão disso, princípios e regras estão mutuamente implicados: "*la vocación de los principios es dar lugar a reglas (legislativas o jurisprudenciales); y las reglas se justifican por su adecuación con los principios*".[520] Disso resulta que as normas possuem duas funções, quais sejam, a *função diretiva*, quando estabelecem obrigações, permissões e vedações, e a *função justificativa*, quando determinada conduta ou estado de coisas se mostra valioso (obrigação), desvalioso (proibição), ou indiferente (permissão). Com isso, Atienza e Manero estabelecem uma relação constante entre normas e valores, no sentido de instrumentalizar os valores como elementos de argumentação para a decisão. Ademais, sustentam também a primazia da função justificativa sobre a diretiva, isto é, o desvalor da ação faz dela proibida, não o fato de ser proibida que a faz desvaliosa, como sustenta Kelsen. Essa inversão possibilita que regras sejam desconsideradas quando, dadas todas as circunstâncias do caso, se verificar sua inadequação em relação aos princípios. Assim, uma conduta pode ser permitida por uma regra, mas, avaliadas as especificidades do caso e verificada a desconformidade da permissão em relação a um princípio prevalecente, a conduta pode restar proibida. Por vezes, então, é possível que a regra se mostre contrária à sua justificação, ensejando uma discussão sobre os fundamentos últimos da regra, para que se formule até mesmo uma nova regra.

---

precedência em face de outro constituem o suporte fático de uma regra que expressa a consequência jurídica do princípio que tem precedência" (ALEXY, Robert. *Teoria dos direitos fundamentais.* São Paulo: Malheiros, 2008, p. 99).

519. ATIENZA, Manuel; MANERO, Juan Ruiz. *Ilícitos atípicos:* sobre el abuso del derecho, el fraude de ley y la desviación de poder, 2a. ed. Madrid: Editorial Trotta, 2006, p. 18-20.

520. Idem, p. 20.

Esse raciocínio prático mais amplo enseja uma redefinição do ilícito, passando a se falar também em ilícitos atípicos. O raciocínio subsuntivo comporta apenas os ilícitos típicos, isto é, aquelas condutas que são contrárias a regras, mas também pode haver a violação a princípios. Os autores identificam três soluções básicas para quando princípios são violados:[521] i) aplica-se analogicamente uma regra proibitiva ou impositiva existente para tratar do caso, em procedimento classicamente chamado de *analogia legis*; ii) do conjunto de princípios do sistema se formula uma regra impositiva ou proibitiva nova para o caso, em procedimento assemelhado à *analogia iuris*; iii) ou se promove a inversão do tratamento dado pela regra, quando prima facie existe uma regra aplicável que permite a conduta, mas, em razão da oposição de princípios, se formula uma regra proibitiva ou impositiva e a conduta praticada se torna ilícita. Atienza e Manero identificam nessa terceira situação o caso dos ilícitos que a doutrina clássica denomina de fraude à lei, abuso de direito e desvio de poder, os quais, dizem os autores, possuem a mesma particularidade de inversão do comportamento, que numa primeira aproximação é tido como lícito e depois, dadas as circunstâncias do caso, passa a ser considerado ilícito.

A fraude à lei, então, na visão dos autores, caracteriza-se pelo fato de que *prima facie* a conduta está acobertada por uma regra permissiva que a qualifica como lícita, mas, consideradas todas as circunstâncias relevantes do caso, a conduta passa a ser qualificada como ilícita em razão da violação de um princípio. Isso pressupõe que existam casos em que deveriam ser regulados por uma regra e, no entanto, não são, enquanto que há casos que são regulados por uma regra quando não deveriam ser. Num caso, as justificações subjacentes às regras sugerem que determina conduta deveria estar regulada quando não está, ao passo que, noutro caso, as justificações

---

521. ATIENZA, Manuel; MANERO, Juan Ruiz. *Ilícitos atípicos:* sobre el abuso del derecho, el fraude de ley y la desviación de poder, 2a. ed. Madrid: Editorial Trotta, 2006, p. 27

sugerem que a conduta deveria ser excluída da regulação. Nesses termos, a fraude à lei ocorre quando a regra permissiva que, à primeira vista, dá cobertura à conduta praticada resulta não aplicável para o caso, em vista de sua justificação subjacente, isto é, aquela situação é tida como regulada pela regra permissiva, mas não deveria e, por isso, a regra não será aplicada.[522] Portanto, a fraude consiste em saber se os critérios de justificação de regra permissiva N devem, *in casu*, valer mais do que os critérios de justificação da regra proibitiva ou impositiva N', de modo que a questão passa ser resolvida pela ponderação das razões em conflito. Ou seja, na fraude à lei se respeita uma regra, mas se viola um princípio que, diante do caso concreto, desautoriza a aplicação da regra.[523]

Além da distinção entre regras e princípios, com as subclasses de regras de ação e regras de fim e de princípio *stricto sensu* e princípios-programa, Atienza e Manero[524] fazem a distinção também entre normas que regulam comportamentos e normas que conferem poderes, para afirmar que a fraude à lei constitui no uso injustificado das normas que conferem poderes. Normas desse tipo apenas indiretamente regulam os comportamentos, pois elas estabelecem que, dadas certas circunstâncias, alguém poderá criar certo estado de coisas institucional. São normas de competência, que não podem ser violadas, mas apenas mal-empregadas, na medida em que cumpram ou não os requisitos de validade. Elas têm como eficácia a criação de um "estado de coisas institucional", isto é, criam situações juridicamente qualificadas (ser proprietário, constituir pessoa jurídica etc.), e a deficiência na configuração de seus pressupostos de incidência não acarretam violação, mas inaptidão jurídica (nulidade da propriedade, desconsideração da pessoa jurídica etc.). São normas desse tipo, por exemplo, as que conferem

---

522. ATIENZA, Manuel; MANERO, Juan Ruiz. *Ilícitos atípicos:* sobre el abuso del derecho, el fraude de ley y la desviación de poder, 2a. ed. Madrid: Editorial Trotta, 2006, p. 28-29.

523. Idem, p. 74-78.

524. Idem, p. 73.

autorização para firmar negócios jurídicos, atribuindo efeitos normativos à vontade dos sujeitos envolvidos. Podem também ser modalizadas como obrigações (está obrigado a exercer a competência), vedações (está proibido de exercer a competência em dada situação) ou permissões (é indiferente o exercício da competência). A fraude à lei requer justamente a existência de uma norma que confere poderes em termos de permissão, autorizando o sujeito que desempenhe determinada ação para a criação de um estado de coisas institucional (contratos, reorganização societária, etc.), sendo que tal norma produz um resultado vedado ou deixa de produzir um resultado imposto por outras regras ou princípios.

Assim, Atienza e Manero resgatam o sentido de violação indireta à lei, redefinindo tal situação como ilícito atípico, em que ocorre a inversão da qualificação jurídica da conduta, isto é, *prima facie* a conduta é lícita, porém, avaliadas todas as circunstâncias, ela se mostra ilícita, em razão do confronto de justificações da norma que confere poder e da norma que avalia negativamente o resultado do exercício desse poder. Assim, ocorre o confronto entre uma norma que confere poder (norma de cobertura) e uma norma que regula a conduta (norma fraudada). A norma indiretamente violada, dizem os autores, consiste num princípio, pois, fosse uma regra, haveria violação direta e enquadramento típico da conduta. O resultado do exercício do poder não é diretamente vedado por uma regra, mas sim por um princípio, que dá justificação a regras proibitivas ou impositivas. O que caracteriza a fraude à lei é a ponderação dos princípios em jogo, quais sejam, o princípio que justifica a regra permissiva e o princípio que justifica a regra proibitiva ou impositiva fraudada, em razão da produção de um resultado conexo ao que foi proibido ou imposto. Ao fim, o que se tem é a produção de uma nova regra, produto da ponderação dos princípios em jogo. Eis o esquema analítico dos autores:

> *La acción A realizada por el sujeto S en las circunstancias X es fraudulenta si y solo si:*

> *1) Existe una regla regulativa que permite a S usar la regla que le confiere poder para producir el resultado R al realizar A en las circunstancias X.*
>
> *2) Como consecuencia de R, se produce un certo estado de cosas E que, de acuerdo con el banlance entre los principios que justifican la permisión anterior y otros principios del sistema, supone un daño injustificado o un beneficio indebido, y no hay una regla regulativa que prohíba producir R, aunque puede haber una regla dirigida a evitar E.*
>
> *3) R es un medio para E:*
>
> *3.1) bien em sentido subjetivo: dado que, al realizar A, S no perseguía otra finalidad discernible más que alcanzar, por medio de R, la consecuencia E y que R es objetivamente adequado para E;*
>
> *3.2) bien em sentido objetivo: dado que R es objetivamente adequado para E, aunque S no tuviera ese propósito al realizar A.*
>
> *4) El balance entre los principios mencionados en 2) tiene fuerza suficiente para generar una nueva regla que establece que en las circunstancias X' (X más alguna circunstancia que suponga una forma de realización de 2 y de 3.1 o 3.2) está prohibido usar la regla que confiere poder de forma que se alcance, por medio de R, la consecuencia E. Por ello, el resultado R debe considerarse como inválido (regulativamente) en la medida en que conduce a E.*[525]

Com isso, os autores pretendem envolver todas as situações em que se argumenta em termos semelhantes e tomando a forma desse mesmo esquema, inclusive em matéria de elusão fiscal. O que diferencia a fraude à lei tributária (elusão) da legítima economia fiscal (elisão) é a ponderação entre os princípios em jogo. Assim, a regra permissiva confere o poder de estruturar o negócio A, sobre o qual incide tributo, ou o negócio B, sobre o qual não incide o tributo ou incide tributo menos gravoso. Dessa forma, a escolha do negócio B consiste numa elusão apenas se as justificações para uso da regra permissiva não envolverem também a economia fiscal, isto é, o uso da regra permissiva para realizar o negócio B é injustificado, pois

525. ATIENZA, Manuel; MANERO, Juan Ruiz. *Ilícitos atípicos:* sobre el abuso del derecho, el fraude de ley y la desviación de poder, 2a. ed. Madrid: Editorial Trotta, 2006, p. 78.

os princípios em jogo não justificam o comportamento elusivo. Por inverso, se a economia fiscal estiver envolvida pelas justificações da regra permissiva, então a escolha pela prática do negócio B não implica elusão e não haverá a incidência de tributo.[526] Com isso, os autores descolocam a atenção dos conceitos formais e a priori e tornam transparente às razões práticas, também ideológicas, para o uso das regras tributárias, isto é, a qualificação de determinada ação como elusão ou não depende mais de questões conflitivas entre particulares e Estado, que propriamente aspectos conceituais.

Disso tudo, concluem os autores, decorre que a fraude à lei constitui um princípio geral dirigido aos juízes para evitar resultados injustos ou ilícitos, como também um princípio dirigido aos particulares em geral que proíbe a realização de negócios em fraude à lei.[527] A fraude à lei, então, não consiste numa mera interpretação do texto, no sentido de eliminação de vaguezas e ambiguidades pela aplicação de métodos interpretativos, mas antes numa ação de substituição de um regramento por outro, em função dos princípios que justificam as regras existentes. Por isso, afirmam, a atitude do juiz ao usar o conceito de fraude à lei é equivalente ao da integração analógica, ou seja, não se trata apenas de dizer que o fato está semanticamente previsto na regra impositiva ou proibitiva, ou mesmo de dizer que o fato não está abrangido pela regra permissiva interpretada em sentido mais restritivo, mas,

---

526. Dizem Atienza e Manero: "Supongamos que el uso de una regla A que confiere poder es más beneficioso para el contribuyente que el uso de la regla B. *Calificar la opción en favor de usar A como fraude de ley implica afirmar que no está dentro del alcance justificado del uso de la regla A – esto es, dentro del alcance justificado del principio de autonomía – el eludir las consecuencias que se derivan del uso de la regla B. Calificar, por el contrario la opción en favor de A como economía de opcíon o ahorro fiscal implica afirmar que está dentro del alcance justificado del uso de A – esto es, dentro del alcance justificado del mismo principio – el obtener una situación fiscal más beneficiosa que la que se derivaría del uso de B*" (ATIENZA, Manuel; MANERO, Juan Ruiz. *Ilícitos atípicos:* sobre el abuso del derecho, el fraude de ley y la desviación de poder, 2a. ed. Madrid: Editorial Trotta, 2006, p. 84).

527. ATIENZA, Manuel; MANERO, Juan Ruiz. *Ilícitos atípicos:* sobre el abuso del derecho, el fraude de ley y la desviación de poder, 2a. ed. Madrid: Editorial Trotta, 2006, p. 84.

sim, de criar uma regra impositiva ou proibitiva para o caso e, ao passo disso, uma exceção à regra permissiva.[528] Haverá *analogia legis* quando os princípios justificadores de outra regra existente orientam a aplicação dessa regra para o caso, enquanto que haverá *analogia juris* quando os princípios do sistema orientam a criação de uma nova regra para regular o caso. Em todo caso, o que está pressuposto é a configuração de uma lacuna axiológica,[529] pois, na situação concreta, a ocorrência de determinado resultado desvalioso se mostra incoerente com os princípios do sistema, ou seja, trata-se de uma falta de regras verificada pela ponderação dos princípios em questão.

Logo vemos que, aqui, é almejado o mesmo ideal de racionalidade jurídica da doutrina clássica. Mudam-se apenas os meios discursivos: no lugar da sistematização dos conceitos, a harmonização entre regras e princípios. Como dizem Atienza e Manero,[530] a figura dos ilícitos atípicos "*obedece a una necesidad de coherencia (de coherencia valorativa o justificativa) del sistema jurídico: se trata de que se produzca un ajuste entre la dimensión directiva y la justificativa del Derecho, entre las reglas e los principios*". Por isso, "*de lo que se trata con el fraude (con la prohibición o evitación del fraude) es de que las reglas puedan verse como formando un todo coherente con los principios que las justifican*".[531] Entendem que os ilícitos atípicos estão presentes em qualquer ordenamento, mudando-se os nomes de acordo com cada tradição, mas sempre envolvendo o rompimento com o pensamento formalista e a busca por ajuste e coerência valorativa. Trata-se de uma ação interpretativa que vai além do sentido de interpretação

528. ATIENZA, Manuel; MANERO, Juan Ruiz. *Ilícitos atípicos:* sobre el abuso del derecho, el fraude de ley y la desviación de poder, 2a. ed. Madrid: Editorial Trotta, 2006, p. 85.

529. Idem, p. 125.

530. Idem, p. 126.

531. Idem, p. 69.

como revelação da semântica do texto, mas de conformação do significado a um todo coerente.[532]

As categorias de regra e princípio, diferentemente da doutrina clássica, não são formulados como descrição objetiva de um estado de coisas preexistente, ao menos não como algo que se possa verificar e, por meio de um juízo dedutivo, concluir pela sua presença quando estiverem demonstrados certos pressupostos concretos. Princípios e regras são razões para decidir, sendo que os princípios são razões primeiras e provisórias, enquanto que as regras, razões últimas e definitivas[533] – o que não significa que as regras sejam absolutas, pois sempre é possível voltar às razões primeiras para se formular a razão última da decisão. Trata-se, portanto, de um diferente tipo de racionalidade, em que, em vez de estabelecer a correção da fala pela adequação do particular a um conceito universal, a doutrina concebe a correção por meio de critérios discursivos, de justificação racional de escolhas. A garantia da racionalidade e controle do arbítrio por regras metodológicas de justificação, tais como a *lei do sopesamento*, segundo a qual "a medida permitida de não satisfação ou de afetação de um princípio depende do grau de importância da satisfação do outro",[534] ou a *máxima da proporcionalidade*, decorrente da relativização das posições jurídicas, de modo que uma decisão deve se mostrar necessária para a satisfação de um princípio, adequada para sua concretização e proporcional em relação à restrição feita a outros princípios.[535]

Não sendo a decisão uma simples operação dedutiva do universal ao particular, regras e princípios não esgotam de antemão as possibilidades de decisão, ou seja, a decisão não está

532. ATIENZA, Manuel; MANERO, Juan Ruiz. *Ilícitos atípicos:* sobre el abuso del derecho, el fraude de ley y la desviación de poder, 2a. ed. Madrid: Editorial Trotta, 2006, p. 128.

533. ALEXY, Robert. *Teoria dos direitos fundamentais.* São Paulo: Malheiros, 2008, p. 103-ss.

534. Idem, p. 167.

535. Idem, p. 116-ss.

predefinida. Tal como ocorre na moral, as razões para decisão jurídica não se esgotam no plano abstrato, elas são avaliadas diante de todas as circunstâncias do caso, de modo que há razões *prima facie* e razões *pro tanto* de decidir, ou seja, existem razões adequadas no contexto abstrato e as razões adequadas no contexto concreto, consideradas todas as questões envolvidas.[536] As razões *prima facie* não são vinculantes, no sentido de razão final, pois no contexto pode sempre ser revista. Como diz Aarnio,[537] "*the optimal contente, all things considered, defines the contextual application of a general prima facie obligation. Thus the optimal point is a result of weighing and balancing*". Assim, a fraude à lei implica uma inversão do lícito para o ilícito justamente porque a regra abstrata é uma razão *prima facie* para se decidir, que pode ser revista quando consideradas todas as circunstâncias concretas.

Visto esse panorama da perspectiva externa de quem apenas mostra uma prática discursiva – o que temos tentado fazer até o momento – a doutrina pós-positivista e a reformulação do sentido de fraude à lei por Atienza e Manero representam uma mudança de ideologia da interpretação. Como vimos, ideologias estáticas enfatizam o contexto do legislador histórico e de elementos sistêmicos, privilegia a igualdade e aspectos formais, busca certeza, segurança e uniformidade. Neutraliza a construção concreta do sentido pela adesão a sentidos programados. Já ideologias dinâmicas enfatizam o contexto do intérprete e o discurso das consequências práticas ou do propósito concreto da lei, privilegiam a razoabilidade prática e justeza em situações concretas.[538] Na medida em que o jurista assumiu novo papel, de modo a que se firmassem diferentes expectativas sobre seu comportamento discursivo,

536. AARNIO, Aulis. *Essays on The Doctrinal Study of Law.* London: Springer, 2011, p. 60.

537. Idem.

538. FERRAZ JR., Tercio Sampaio. *Introdução ao estudo do direito.* São Paulo: Atlas, 2008, p. 247; DASCAL, Marcelo. *Interpretação e compreensão.* São Leopoldo: Editora Unisinos, 2006, p. 377-378.

passaram também a prevalecer ideologias dinâmicas da interpretação das leis. A doutrina pós-positivista é, nesse sentido, expressão da ideologia dinâmica, pois, diz Ferraz Jr.,[539] "favorece a adaptação das normas, a operacionalidade das prescrições normativas, em suma, o valor justiça".

539. FERRAZ JR., Tercio Sampaio. *Argumentação jurídica*. São Paulo: Manole, 2014, p. 20.

4. REGRA, EXCEÇÃO E HIPOCRISIA: CRÍTICA DA RACIONALIDADE JURÍDICA

4.1 As metáforas do "real" e do "aparente": uma distinção performática

Como vimos, os sujeitos em geral acreditam que quando se fala algo diretamente sobre alguma coisa, estamos nos referindo exatamente a essa coisa, isto é, que o dizer se conecta inteiramente com o que é dito e que as palavras expressam a coisa em si. Trata-se da pressuposição de literalidade do discurso, de que a fala se conecta com o referente extralinguístico a que se refere. Nesse sentido, a linguagem pode referir diretamente a coisa em si, traduzindo sua essência e verdade, não comportando qualquer refutação justificável, porque a natureza do referente se impõe na sua menção literal. De outro lado, a linguagem metafórica subverte a literalidade, porque é ficcional e não refere a realidade própria das coisas. Essa distinção entre discurso literal e discurso metafórico pressupõe a compreensão da linguagem como referência a estados objetivos de coisas, que apenas revela as coisas previamente existentes, isto é, a linguagem como um meio entre os referentes e a consciência do sujeito, de modo que ela pode revelar a verdade, quando o discurso é literal, ou escondê-la na ficção da aparência, quando é metafórico. A literalidade surge como sentido correto, que verdadeiramente descreve a realidade, enquanto que a metáfora o deturpa na sua aplicação, para retoricamente figurar coisa diversa.

A fraude à lei expressa bem essa pressuposição sobre o papel da linguagem e do conhecimento, em ao menos dois aspectos. Quanto ao primeiro aspecto, o da *perspectiva interna* do conceito de fraude à lei, o argumento é montado a partir de dicotomias características do pensamento ontológico, como verdade/falsidade, essência/aparência, realidade/ficção, literalidade/metáfora. A dogmática civilista moderna cultivou o conceito como um lícito na aparência, mas um ilícito na essência. A violação à lei ocorre de forma indireta, escondendo a natureza ilícita do fato, mas cuja essência se pode verificar pela presença de elementos objetivos, tais como a intencionalidade fraudulenta, o resultado ilícito, a causa do negócio etc. O argumento da fraude revela essa essência ilícita com pretensão de literalidade, no sentido de que o negócio realizado é apenas aparentemente lícito, porque não reflete a real qualificação jurídica do fato e a correta racionalidade da lei. A racionalidade jurídica, portanto, poderia devolver para o caso o tratamento literal que ele merece. O negócio fraudulento é aquele que não viola a literalidade da lei, mas, em certas circunstâncias, verifica-se que o relato literal era outro e que a lei foi sim violada.

Quanto ao segundo aspecto, o da *perspectiva externa*, o próprio conceito de fraude à lei tem a pretensão de descrever literalmente um estado objetivo de coisas, que é a realidade objetiva-estrutural da fraude como um universal. O pensamento ontológico, seja realista, seja nominalista, compreende que as coisas a que nos referimos possuem uma unidade essencial que se repete e está presente em todos os fenômenos com características semelhantes. Com o título de fraude à lei, a doutrina procurou descrever a real essência de todos os fatos fraudulentos, de todas as situações em que as mesmas características estão presentes. Assim é que a doutrina realiza disputas entre posições divergentes sobre os requisitos da fraude à lei, sua definição, justificação etc., de modo a que cada doutrina se apresenta como a forma correta de expressar o fenômeno da fraude à lei, estando todas as outras doutrinas superadas, por equívoco ou insuficiência descritiva. Em suma, cada formulação conceitual tem a pretensão de ser a descrição definitiva, de carregar a verdade e essência.

Ocorre que toda linguagem é, em maior ou menor medida, metafórica. A virada pragmática conduz a uma diferente percepção sobre a função da linguagem, crítica da concepção ontológico-descritiva. Nessa concepção, o referente é também signo e a verdade não está na conexão direta entre sujeito-objeto, mas na aceitação do uso da palavra em contextos de interação. Disso decorre que o conceito, mais fixado que esteja na prática discursiva, é uma metáfora morta, ou seja, trata-se de um sentido tão figurado quanto uma peça literária, mas que se institucionalizou e se naturalizou. Os conceitos jurídicos, em certa medida, são metáforas naturalizadas como realidade, agindo os juristas como se estivessem falando de objetos firmes, dotados de identidade forte. Os conceitos da cultura, tal como os conceitos jurídicos, são casos em que a literalidade é impossível, é apenas pressuposta para o fim de enunciar o que se pretende fazer pelas palavras, de modo que toda teoria dogmática tenta reduzir à literalidade as metáforas. Os conceitos surgem de contextos concretos de interação, em que foi necessário adaptar o uso da palavra à situação concreta, para que determinadas ações e relações se concretizassem. Como metáforas, os conceitos têm como base um uso criativo e adaptativo de significados previamente existentes em situações inteiramente novas, de modo que a palavra que antes era usada para fim e contexto já conhecido e reconhecido, é empregada para outro fim e contexto distinto, semelhantes entre si por alguns aspectos.

Do *ponto de vista externo*, o conceito de fraude à lei é uma metáfora porque irredutível à literalidade, ou seja, não envolve descrição objetiva de um objeto verificável. O conceito possui força apenas como prática discursiva compartilhada pelos juristas, mas não como verificação cognitiva e racional.

O sentido de fraude à lei está nos usos comuns da palavra, formas adaptativas que foram ao longo do tempo, em movimentos não lineares de adesão e refutação, tomando vários significados e funções. A questão diz menos com o sentido correto e literal, e mais com o sentido funcional e contextual da fraude à lei. Cada sentido cumpre certas funções em seu contexto e, por isso, a fraude é impossível como ente universal. Cada significado atribuído corresponde a um efeito performático esperado pela doutrina, que, aqui, como entendemos, trata-se de conferir uniformidade, neutralidade e controle às decisões, especificamente quando o regramento abstrato não se mostra mais adequado.

Do *ponto de vista interno*, a fraude à lei pressupõe que a regra proibitiva ou impositiva não é aplicável ao caso, porém, verificados certos pressupostos, o negócio passa a ser considerado ilícito, porque se violou a *ratio legis*. Ou seja, na *frau legis* o sujeito não viola a letra da lei, mas viola o seu espírito. A racionalidade jurídica cumpre o papel de corrigir a distorção do contorno da regra no caso. Está presente aqui a dicotomia aparência/essência, na medida em que a racionalidade jurídica se faz capaz de revelar uma essência ainda escondida, que é a presença da fraude. Mas esses pressupostos configuradores da *frau legis* não são mais do que signos, construções linguísticas em contextos de disputa. Quando o jurista nega a aparência de licitude, está afirmando algo distinto daquilo que nega, ou seja, ele não desvela uma verdade escondida, ela afirma uma nova versão. A negação é nova afirmação, mas no senso comum teórico a alegação da fraude desvela o real, ou seja, ocorre como uma descoberta da racionalidade implícita da lei ou da distorção inerente ao negócio. Do ponto de vista que aqui adotamos, a fraude, quando nega a aparência lícita, apenas impõe outra interpretação da lei ou versão dos fatos, justamente porque não há realidade extralinguística a ser descoberta. Aparência/essência, ficção/realidade, falsidade/verdade, são dicotomias que decorrem de um jogo de afirmações e negações contrapostas.

"A Traição das Imagens", de René Magritte, nos ajuda a ilustrar o que dissemos:

No quadro, o autor faz um jogo metalinguístico com a mensagem e seu referente. Magritte pinta a imagem para depois negá-la. Põe o desenho de um cachimbo e, logo abaixo, afirma: "isto não é um cachimbo". A negação da própria mensagem provocou desconforto: como negar o conteúdo literal da mensagem? Seria negar a natureza do cachimbo revelada pelo desenho. Na medida em que a linguagem apenas descreve a essência das coisas, negar a mensagem é negar também a própria essência da coisa, isto é, a falsidade do relato significa que a realidade é outra que não a que foi mostrada. Contudo, no quadro de Magritte, a metáfora usa da literalidade para subvertê-la, ou seja, faz uso do sentido literal para significar algo que o literal por si não diz. Ao negar a mensagem, o autor não está refutando a essência descrita, está ele mesmo denunciando que a mensagem representa signos. De fato, está desenhado o cachimbo, mas o cachimbo é só o signo, não a coisa em si, e a negação do desenho denuncia isso. A negação de Magritte não é em face da essência do objeto, mas de uma certa interpretação da mensagem. Portanto, a negação da mensagem quer dizer algo distinto do que apenas a negação, ela afirma uma outra mensagem, a que Magritte efetivamente quis transmitir no contexto da obra.

O jogo metalinguístico de Magritte tem, segundo vemos, semelhança com o discurso da fraude à lei, qual seja, a de que a negação afirma uma posição. A negação da aparência lícita não se dá propriamente em razão da descoberta de elementos de uma nova essência (propósito negocial, intenção fraudulenta, *ratio legis* etc.), mas, sim, em função da afirmação de uma outra mensagem, de outro discurso. Ao dizer que determinado sujeito operou em fraude à lei fazemos outra coisa que apenas revelar um subterfúgio. A negação afirma algo novo que não é nem a verdade nem a falsidade, mas um ponto a ser defendido, uma outra mensagem que não está em polo algum na dicotomia da ontologia. O pensamento ontológico ou a semântica clássica só admitem que o enunciado ou seja verdadeiro, ou seja falso, mas o discurso da fraude à lei, intrinsecamente metafórico, não se pauta por critérios de identidade extralinguística, mas de posições contrapostas numa situação conflitiva. Tal como no quadro de Magritte, em que a negação do desenho nada dizia sobre a coisa em si, mas consistia num manifesto crítico-semiótico, o argumento da fraude à lei nega a licitude do ato não em razão da natureza do ato em si, mas porque afirma uma posição a ser defendida.

Realidade e aparência são contraposições performáticas, são disputas de posições em que, por palavras, se exige, permite ou proíbe que alguém faça algo. Noutras palavras, a tese da fraude à lei envolve uma interação discursiva em que alguém nega a ação do outro, instaurando uma relação de poder que desautoriza a fala do orador e desonera o ouvinte de acatá-la. Com efeito, na *frau legis* o sujeito pratica negócio, que é um ato discursivo, e firma a expectativa de que sua ação será confirmada pelo seu ouvinte, no sentido de obrigar alguém às disposições do negócio, para que se pague, faça, entregue etc. Contudo, no passo adiante, o ouvinte não confirma a fala do orador, mas a nega, frustrando a expectativa e estabelecendo um estado de incerteza. Dá-se, então, uma situação conflitiva em que orador e ouvinte afirmam reflexivamente suas fundamentações, na tentativa de sustentar suas ações, uma das partes com o propósito de manter uma relação de sujeição e a outra negando essa mesma relação. Particularmente no direito tributário, a relação se desenvolve quando um orador, o Fisco, emite o chamado lançamento tributário, que é ato discursivo, e constitui uma obrigação para que o ouvinte pague o valor do tributo. No outro passo, o ouvinte desconfirma a ação e frustra a expectativa criada. Disso decorre também uma situação conflitiva em que o Fisco tenta estabilizar uma relação de sujeição, enquanto o contribuinte a nega. Essa discussão pode ter fim com a confirmação de uma das partes, reconhecendo a posição do outro e estabilizando as expectativas da relação, mas também pode se desenvolver *ad infinitum*, porque as possibilidades reflexivas da justificação são intermináveis.

Queremos aqui dizer que a fraude à lei consiste num conflito de expectativas sobre a ação do outro, em que cada parte sustenta sua posição, o que só no plano do *relato* tem a ver com questões de verdade, conceitos, regras, doutrina etc. As justificações para sustentabilidade da ação fazem uso do repertório presente nas tradições e práticas discursivas, de modo a que o adversário no discurso possa acatar a fala e a relação por ela instituída. Por vezes, esse repertório envolve a invocação da verdade e a afirmação da falsidade, mas, a nosso ver, são estratégias discursivas presentes na fala enquanto relato, pois, visto do plano do *cometimento*, trata-se efetivamente de uma disputa por espaço e reconhecimento, com todas as implicações políticas, sociais e ideológicas, envolvidas nas relações. Em suma, a fraude é empregada como justificação para desconfirmação da fala numa interação discursiva em que os sujeitos disputam sobre expectativas contrapostas de comportamento mútuo.

4.2 A fraude à lei como discussão sobre o sentido indireto

Diante do conflito de expectativas sobre o comportamento do outro, a interação discursiva pode caminhar *ad infinitum* na contraposição de justificações. A reflexividade do discurso pode levar à confirmação da ação por uma das partes, quando ocorre a adesão, para isso devendo a relação se orientar como uma discussão-com ou discussão orientada ao consenso. Mas a reflexividade da discussão pode levar a sucessivas desconfirmações, de modo a inexistir qualquer possibilidade de adesão por qualquer das partes, estando elas em posições mutuamente irredutíveis, isto é, ambas as partes querem a adesão do outro e não estão dispostas abandonar suas posições, caso em que temos uma discussão-contra ou discussão orientada à persuasão. Dá-se, então, um conflito que pode levar à violência pura, quando os sujeitos desistem das justificações e buscam a satisfação de suas expectativas pela via não discursiva. Para evitar esse grau máximo de conflitualidade, é necessária a institucionalização do conflito, em que os sujeitos envolvidos se sujeitam à autoridade de um terceiro comunicador.

Como vimos, o terceiro comunicador racionaliza o conflito ao lhe impor regras. Essa racionalidade decorre da sujeição do orador e do ouvinte à autoridade do terceiro, que passa a mediatizar o conflito, através de uma terceira linguagem, a qual não pertence nem ao orador nem ao ouvinte, mas por ambos é acatada. Assim é que a discussão assume como justificação a linguagem do terceiro, ou seja, a linguagem deixa de ser apenas um conflito sobre o que um quer e outro não quer, e passa a ser um conflito sobre o sentido da lei, o conceito de fraude, os requisitos de validade do negócio jurídico, a regra-matriz de incidência tributária etc. A linguagem do conflito se torna institucional e se distancia de sua concretude própria, ao passo em que as partes se tornam também elementos dessa institucionalidade, assumindo certos papéis (comprador/vendedor, Fisco/contribuinte, autor/réu etc.), e também falam a linguagem do terceiro. Assim, a fala do terceiro comunicador institucionaliza o conflito no sentido de firmar procedimentos discursivos regrados, cuja vigência se dá num plano social mais amplo de crenças compartilhadas. A racionalidade institucional neutraliza a potencialidade discursivas das partes, que falam a língua do terceiro.

Dessa relação institucionalizada, o terceiro comunicador irá proferir uma decisão sobre quais expectativas são legítimas e quais devem ser desconfirmadas. Mas a decisão não extingue o conflito, apenas o resolve, podendo ressurgir. Assim, se num contexto amplo, as expectativas podem se estabilizar pela previsão abstrata da lei, noutro contexto concreto de aplicação as expectativas podem se mostrar conflitantes. Assim, o estado de incerteza pode vir a se renovar, não havendo garantia de estabilidade permanente quando uma decisão é tomada. Quando a decisão ocorre e o conflito ressurge, a racionalidade institucional absorve o próprio conflito, isto é, as partes passam a discutir sobre a própria institucionalidade, sobre quais são as expectativas garantidas pela decisão da autoridade. Assim, a discussão passa a ser sobre a decodificação legítima ou correta da lei, da constituição, do regulamento, do contrato etc. Quer dizer, quando há a presença do terceiro interlocutor, o conflito é mediado em várias esferas e momentos, e as partes passam a assumir como justificação para sustentabilidade de suas ações a linguagem própria do terceiro. Assim, o conflito se desenvolve em torno de diferentes decodificações da norma, tendo em vista o que está implicado no contexto.

Nesse sentido, a inversão do lícito para o ilícito, característico da fraude à lei, decorre justamente da norma em situação, isto é, da norma em contexto conflitivo. Se em abstrato, a norma pode ter sentido estável, por inexistir conflitos de expectativas, no plano concreto, os conflitos podem se acirrar em razão das diferentes posições tomadas pelos sujeitos na relação específica. Como a lei não extingue o conflito, apenas o resolve para aquele momento, o conflito pode ressurgir de outras formas, agora no caso concreto, exigindo justificações tais como a vontade do legislador, o resultado ilícito, a intenção do sujeito, a ponderação dos princípios em jogo etc. Assim, a questão da *frau legis* se dá numa situação de conflito sobre o que a decisão quis dizer "aqui e agora", no contexto específico do conflito atual, em que estão em contraposição decodificações distintas sobre o discurso da norma.

A situação da *frau legis* ocorre quando orador e ouvinte disputam espaços numa interação discursiva, justificando suas ações em termos normativos, isto é, decodificando normas. Um sujeito A decodifica a norma N' como permissão e cria a expectativa da indiferença da autoridade da confirmação dos outros em relação à prática do ato. Ou seja, a permissão enseja a expectativa de que a ação será tratada com indiferença pela autoridade. Outro sujeito, porém, decodifica a norma N como proibição ou obrigação desconfirmada pela prática do ato, criando a expectativa de reação da autoridade normativa por meio de sanções. Dá-se, então, um conflito de decodificações em que a autoridade institucional tomará a decisão, dizendo qual das decodificações deve ser confirmada, estabilizando a relação e tornando o conflito suportável.

Mas o que caracteriza particularmente a fraude à lei é o fato de que a decodificação leva em conta não o que se disse, mas o que se quis dizer. No contexto abstrato não há problematização, mas no contexto de aplicação as expectativas entram em conflito. A questão envolve o sentido da norma no deslocamento do contexto abstrato para o contexto concreto. Esse é tipicamente um problema de interpretação pragmática, em que as partes não discordam sobre o aspecto locucionário do texto, mas sobre os aspectos ilocucionário e perlocucionário. Assim, o problema da decodificação do significado no contexto é um problema de implicatura, do sentido que está subentendido na mensagem, daquilo que, mesmo sem ter sido dito, pode ser razoavelmente compreendido. No plano abstrato, não há dúvidas quanto ao sentido do texto, mas no plano concreto o sentido é problematizado, perdendo clareza e determinação. O contexto desempenha o papel de conferir elementos para a busca do significado indireto, isto é, do significado efetivo na situação concreta.[540] Como diz Dascal, o intérprete inicia uma indagação heurística sobre se há motivos razoáveis para, naquela situação concreta, rejeitar o

540. FERRAZ JR., Tercio Sampaio. *Argumentação jurídica*. São Paulo: Manole, 2014, p. 63.

sentido *prima facie* do texto. Se a resposta for negativa, temos um significado direto, claro e consistente, de modo que não há dúvidas sobre o sentido do texto. Mas se a resposta for positiva, isto é, se houver razões para no caso não aceitar o sentido *prima facie*, a problematização contextual é reconhecida e se passa a perquirir sobre o sentido indireto e adequado para o texto.[541] Iniciam-se questionamentos sobre a intenção do autor, a finalidade da mensagem, o resultado prático das ações. Dessa forma, o problema da *ratio legis* e da interpretação teleológica em geral é um refazer discursivo de decodificação do texto para adequação à situação concreta.

Essa interpretação do sentido indireto ou inferido no contexto é, como vimos, antes uma questão de ética ou ideologia da interpretação. Trata-se de saber os limites da liberdade do intérprete de afirmar algo sobre o que o outro havia dito. Como discorremos antes, as regras da interpretação valem justamente para as situações conflituosas, em que se passa a perquirir sobre o sentido adequado para o caso, em vista da falta de clareza na situação concreta. Essa ideologia se manifesta, ora com ênfase no *contexto funcional*, quando as regras maximizam a intencionalidade da lei e sua finalidade, ora no *contexto sistêmico*, quando a maximização é da coerência do texto em relação a outros textos. Trata-se de uma pressuposição pragmática da racionalidade do texto jurídico, que reflete o paradigma ideológico da atividade dos juristas, segundo seu papel social e expectativas que lhe são colocadas. Nesse sentido também que há variações históricas entre *ideologias estáticas* e *ideologias dinâmicas* da interpretação, em que, no primeiro caso, se privilegia a segurança e uniformidade do tratamento dos conflitos e, no segundo caso, se privilegia a adequação e a razoabilidade prática. A diferentes doutrinas da fraude à lei são, inclusive, representativas de diferentes ideologias da interpretação, ora assumindo uma ideologia estática, que enfatiza o contexto sistêmico, como na doutrina

541. DASCAL, Marcelo. *Interpretação e compreensão*. São Leopoldo: Editora Unisinos, 2005, p. 360.

ponteana da verificação do resultado ilícito, ora uma ideologia dinâmica, como na teoria dos princípios e doutrina dos ilícitos atípicos de Atienza e Manero.

Mas, se se trata de um conflito de expectativas sobre o sentido indireto ou contextual, outras soluções discursivas poderiam surgir. Quer dizer, muitas teorias da interpretação e doutrinas cuidam de justificar a interpretação sobre o sentido indireto do texto e a adequação à situação concreta. Por que, então, a fraude à lei? Podemos dizer que a *frau legis*, com toda a conotação carregada de valores e heranças históricas que o termo fraude possui, implica efeitos performativos específicos e desejados pelo orador. A fraude desconstrói o discurso adversário com o poderoso argumento da verdade e da razão. Ao alegar a falsidade, negando a afirmação e colocando outra coisa no lugar, a fraude inverte o ônus da argumentação para o outro, que terá de dizer agora que sua fala é aceitável, que não se trata de uma falsidade. Como diz Ferraz Jr.,[542] "quem tem expectativas normativas contra a instituição, tem o peso de uma presumida evidência contra si", e o que o orador faz é justamente lançar esse peso sobre seu adversário. Aquele que age no campo da permissividade não tem o que justificar, apenas quem nega a permissão é que deve apresentar os motivos. Mas aquele que age no campo da ilicitude, contrariando regra impositiva ou proibitiva, tem necessariamente o dever de justificar a desconfirmação da regra. O argumento da fraude, portanto, faz com o que o sujeito que, pelo sentido *prima facie*, estava no campo da permissividade, tenha que justificar sua ação, passando a ter o ônus da prova. Afirmando que o fato se trata de uma recusa ao regramento da lei, a regra do dever de prova passa a recair sobre o autor da ação. O endereçado que estava isento de justificar, porque se via sob o manto da regra permissiva, agora deve apresentar justificativas da ação, como se se tratasse de uma violação direta e frontal.[543]

---

542. FERRAZ JR., Tercio Sampaio. *Função social da dogmática jurídica*. São Paulo: Max Limonad, 1998, p. 110.

543. Diz Ferraz Jr.: "O discurso normativo se caracteriza como forma de controle de

4.3 Esforço de generalidade e exceções regradas

Na última sessão, tentamos mostrar em que consiste a situação de uso da fraude à lei, que se dá quando há conflito mediado pela linguagem normativa, em que os interlocutores se colocam em posições contrapostas e divergem sobre o sentido indireto da lei no contexto de aplicação. Agora é o momento de tratarmos da função pragmática da fraude à lei enquanto conceito dogmático.

A dogmática jurídica, como antes dissemos, é também uma instância discursiva, situada entre o discurso abstrato da norma e o discurso concreto da decisão. A doutrina consiste numa esfera discursiva dos juristas, distanciada do conflito e que produz elementos retóricos de justificação e controle das decisões, permitindo que as incertezas dos conflitos sejam decidíveis. A dogmática faz problematizações num campo controlado, no espaço entre "a vinculação a normas e a pressão para decidir em caso de um conflito dado".[544] O jurista dogmático estabelece uma discussão especulativa sobre incertezas que são tidas como resolvidas pela disposição normativa, mas que eventualmente são retomadas no contexto de aplicação. Ao trabalhar sua doutrina, o jurista permite que os conflitos sejam suportáveis, decidíveis. A função da dogmática, então,

---

reações do ouvinte discursivo pelo orador no sentido de que a regra geral do dever de prova, segundo a qual, quem afirma, responde pelo que diz, é invertida, jogando-se o ônus da prova para quem recusa ou questiona". E mais a frente segue: "Assim, se o endereçado não pode provar com fundamentos normativos a sua recusa, segue uma contrarresposta do editor, em termos de ameaça de sanção. O caso das normas permissivas é um pouco diferente, pois, através delas, a autoridade impõe uma relação de simetria, desqualificando a possibilidade, quer de confirmação, quer de rejeição. Mas, como a simetria é imposta – pseudossimetria – a mensagem da autoridade não é transmitida por um silêncio, mas por uma norma que isenta o endereçado do ônus da prova" (FERRAZ JR., Tercio Sampaio. *Teoria da norma jurídica:* ensaio de pragmática da comunicação normativa. Rio de Janeiro: Forense, 2009, p. 75-78). Mas o que o orador faz ao alegar a fraude à lei é justamente negar a condição de permissividade, transportando o ônus da prova para aquele que, a princípio, estava isento dele.

544. FERRAZ JR., Tercio Sampaio. *Função social da dogmática jurídica.* São Paulo: Max Limonad, 1998, p. 98.

reside "no controle de consistência de decisões tendo em vista outras decisões; em outras palavras, no controle de consistência de decidibilidade, sendo, então, a partir dela que se torna viável definir as condições do juridicamente possível".[545] Tal como a decisão na relação conflitiva, a dogmática também seleciona expectativas, mas o faz num plano distanciado das interações concretas, "permitindo um controle dos motivos conflitantes sem neles interferir".[546] Nesse sentido é que a linguagem da dogmática é também prescritiva, isto é, também consiste em formulações sobre o que se deve fazer em casos de conflito, dando os tópicos argumentativos aceitáveis. Por isso, como diz Ferraz Jr., a dogmática é uma *técnica de decidibilidade*, ou seja, as teorias doutrinárias não são teorias no sentido de ciência ou modelos cognitivos, são "fórmulas persuasivas que influem no comportamento dos destinatários, mas sem vinculá-los, salvo pelo apelo à razoabilidade e à justiça, tendo em vista a decidibilidade de possíveis conflitos".[547]

Nesse sentido, a dogmática jurídica contribui para institucionalizar o conflito, racionalizando a ação dos interlocutores, inclusive do juiz, que terão de justificar sua ação nas formulas doutrinárias. O que se segue da institucionalização é que a justificação das decisões ocorre conforme uma linguagem específica, intersubjetivamente testável, que todos conhecem e compartilham. Como vimos antes, a autoridade do terceiro somente se faz presente quando age institucionalmente, segundo crenças e práticas compartilhadas entre os diversos interlocutores. Nesse sentido, a dogmática realiza também poder de violência simbólica, na medida em que neutraliza os interlocutores através da crítica e do controle da fala. A dogmática compreende a decisão como um poder juridicamente vinculado, institucionalmente criticável, e, por

545. FERRAZ JR., Tercio Sampaio. *Função social da dogmática jurídica*. São Paulo: Max Limonad, 1998, p. 100.

546. Idem, p. 131.

547. FERRAZ JR., Tercio Sampaio. *Introdução ao estudo do direito*. São Paulo: Atlas, 2008, p. 59.

isso, “falará preferencialmente em poder-jurídico como uma espécie de arbítrio castrado e esvaziado da brutalidade da força, um exercício de controle que se deve confundir com a obediência e a conformidade às leis”.[548] Assim, o trabalho dogmático não é apenas uma organização racional, é também uma conformação ideológica e social.

Ocorre que o conceito de racionalidade que está na base do direito moderno, pressuposto na doutrina da fraude à lei, é o de que cada decisão consiste num juízo de conformação do caso concreto a um enunciado abstrato. Assim, a razão inibe a arbitrariedade porque a decisão está vinculada e predeterminada na generalidade da lei, tornando-se previsível e controlável. Diz Eros Grau:[549] “o direito moderno, posto pelo Estado, é racional porque cada decisão jurídica é aplicação de uma proposição abstrata munida de generalidade a uma situação de fato concreta, em coerência com determinadas regras legais”. A razão jurídica, portanto, implica normalidade e constância, conformidade aos padrões legais e dogmáticos. O raciocínio jurídico, portanto, não pode comportar exceções, flexibilidades, adequações concretas. A decisão deve se conformar aos critérios gerais. A ciência do direito teria a função expor sistematicamente esses critérios, ensinando a decisão correta e eliminando vaguezas, contradições e lacunas. Assim, a dogmática clássica se desenvolveu a partir da perspectiva de um juiz neutro, que decide com base na ciência e que está vinculado pela razão. A dogmática, então, se mostra como um saber que conduz à decisão correta, ensinando o direito como ordem de conceitos, princípios e métodos, de modo a que “todos os partícipes da função jurisdicional vissem o direito da mesma forma”.[550]

---

548. FERRAZ JR., Tercio Sampaio. *Introdução ao estudo do direito.* São Paulo: Atlas, 2008, p. 289.

549. GRAU, Eros Roberto. *Ensaio e discurso sobre a interpretação/aplicação do direito.* São Paulo: Malheiros, 2009, p. 288.

550. FERRAZ JR., Tercio Sampaio. *Função social da dogmática jurídica.* São Paulo: Max Limonad, 1998, p. 84.

Dessa forma, a doutrina clássica realiza uma específica forma de controle que dissimula os fatores ideológicos e situacionais da comunicação. O raciocínio subsuntivo reduz as possibilidades de decisão em apenas duas: ou o fato pertence ou não pertence ao gênero da proposição geral. A situação particular deve ser metodicamente encaixada a um conceito geral e, assim, a doutrina realiza um esforço de uniformização da linguagem e do comportamento dos interlocutores. A generalização dos significados, tal como no conceito de fraude à lei, consiste numa tentativa de neutralizar os interesses concretos[551] e controlar a decisão como conforme padrões preestabelecidos. Com isso, o interlocutor concreto nada tem a dizer sobre o caso, a solução está metodicamente estabelecida em formulações abstratas, o que garante imparcialidade e inibe variações de opiniões sobre a interpretação da lei no conflito. Em suma, a generalização dos significados por meio dos conceitos doutrinários conduz ao controle da liberdade dos interlocutores sobre as decodificações adequadas, neutralizando-os.

A neutralização dos interlocutores concretos pode se dar de três formas, quais sejam: i) pelo *poder-autoridade*, com a uniformização sintática da língua, fazendo parecer que o uso correto independe do comunicador ou da situação; ii) pelo *poder-liderança*, com a suposição de consenso quanto aos significados, uniformizando a semântica na comunidade dos usuários da língua; iii) e, por fim, pelo *poder-reputação*, em que se atribui precisão conotativa e denotativa ao símbolo, ignorando suas variações semânticas.[552] Essas três formas de neutralização dos interlocutores concretos são formas de exercício do poder de violência simbólica, formas de conceber o uso competente da fala, no caso da decisão, que depende intrinsecamente das pressuposições ideológicas da doutrina. Assim, a generalização dos sentidos consiste numa concepção ideológica sobre o papel dos juízes, no sentido de que não possuem eles poder de

551. FERRAZ JR., Tercio Sampaio. *Função social da dogmática jurídica*. São Paulo: Max Limonad, 1998, p. 75.

552. FERRAZ JR., Tercio Sampaio. *Introdução ao estudo do direito*. São Paulo: Atlas, 2008, p. 242.

decidir arbitrariamente, de que suas decisões são vinculadas. Prevalece uma *ideologia estática* da interpretação, na medida em que o controle da fala concreta conduz, pretensamente, a maior segurança, previsibilidade e estabilidade.

Assim, compreendemos que a doutrina da fraude à lei, no lugar de produto da racionalidade da ciência jurídica, consiste num discurso tecnológico para o controle da decisão, que se distancia do conflito concreto e neutraliza os interlocutores. Na dogmática civilista da fraude à lei, como também na doutrina do planejamento tributário, o que vemos é a tentativa de generalização do sentido da violação indireta à norma jurídica, por meio de critérios uniformizantes, sobre os quais tratamos no último capítulo. A crença da racionalidade jurídica é a de que a situação da violação indireta pode ser metodicamente verificada na presença dos requisitos configuradores, em processo de verificação lógico-dedutiva, como se todos os casos de violação indireta contivessem exatamente os mesmos elementos básicos intrínsecos. O discurso da fraude à lei especula sobre certas e eventuais situações concretas de conflito para selecionar entre as possíveis alternativas de decisão, mas a ideologia estática da doutrina clássica levou os juristas a adotarem como estratégia de controle a generalização do uso da palavra em conceitos e critérios abstratos.

O curioso é que, como vimos na seção passada, a situação conflitiva de uso do conceito de *frau legis* envolve justamente a circunstância em que não se mostra suficiente o sentido *prima facie* da norma jurídica, divergindo as partes sobre o sentido indireto e contexto, sobre o que se quis dizer aqui e agora, dadas todas as particularidades do caso. Ou seja, o conceito da fraude é trabalhado para uniformizar os casos em que não basta a uniformidade da lei e é preciso uma solução de contingência, e esse é seu paradoxo: tentar neutralizar soluções contingentes numa situação de contingência. Como admite Paulo de Barros Carvalho,[553] o conceito serve para os casos de insuficiência do sistema, quando, a partir de então, "os juristas

553. CARVALHO, Paulo de Barros. *Curso de direito tributário*. São Paulo: Saraiva, 2011.

formulam propostas para sua correção mediante mecanismos específicos, nem sempre regidos por regras claras e uniformes, ainda que baseados em exigências racionais (coerência, completude e independência)". Assim, o conceito de fraude à lei generaliza para conter o arbítrio, transformando a decisão do caso particular num juízo racional.

Com efeito, o conceito de *frau legis* entre os romanos surgiu como uma forma de ensinar o jurista sobre a resolver um conflito com equidade, mas sem pretender que esse ensinamento se tornasse um balizamento racional unificador, o que seria o contrário do julgamento de equidade. O que se ensinava era uma prática prudencial, de adequação do edito romano a uma situação particular, mas sem qualquer pretensão de estabelecer critérios formais. Mas o jurista moderno resgatou a fraude à lei do direito romano para lhe dar um novo uso, metodicamente estruturado, como um gênero que abarca todas as espécies possíveis de violação indireta à lei, negando que se trate de um julgamento de equidade. Assim, as diversas teorias doutrinárias sobre a definição de fraude à lei tiveram a finalidade de esgotar a totalidade do fenômeno, visto como unidade identificável, daí surgindo constantes divergências acadêmicas, pois cada doutrina estaria apresentando a descrição correta, perfeita e acabada, irredutível a todas as outras. Cada trabalho, não obstante, reflete uma possibilidade contingente distinta, dentre tantas possíveis. As definições de fraude à lei são tópicos argumentativos, válidos em maior ou menor medida, mais ou menos adequados, à medida que se aproximam das situações concretas de sentido indireto da lei, cujas possibilidades nunca se esgotam e, por isso, não podem ser *a priori* racionalizadas e metodicamente enquadradas.

Portanto, a função pragmática do conceito de fraude à lei, enquanto discurso doutrinário, é a de dissimular a criatividade do intérprete e o julgamento de exceção. A doutrina racionaliza o conceito para lhe conferir aspecto de generalidade, mas, do ponto de vista pragmático, esse enquadramento racional não é possível, ele se mostra apenas como um controle da fala, no sentido de que o discurso deve se apresentar de um certo modo para ser confirmado. Como a racionalidade jurídica não admite exceções, apenas admite padrões, a exceção também deve ser padronizada. Assim, o julgamento de exceção, que cria regra proibitiva ou impositiva que não estava prevista para o caso e ressalva a permissão *prima facie* existente, se apresenta também como uma regra predefinida, como se não se tratasse propriamente de uma exceção, de um julgamento de equidade. Como diz Ricouer,[554] a "tentativa de explicar exceções seria uma homenagem prestada à universalidade da regra; é preciso uma regra para justificar a exceção à regra, uma espécie de regra suspensiva, investida da mesma exigência de legitimidade e validade que a regra básica". A exceção se racionaliza em regra, e não mais o jurista estará criando a partir de sua avaliação prudencial, estará se conformando aos critérios gerais do conceito da fraude à lei.[555] Assim, no lugar de uma insuficiência do sistema, temos o seu reforço; no lugar de inobservância da lei, temos a ratificação de sua vigência. A exceção se mostra regrada, discursivamente controlada, porque suscetível à crítica, mas nunca eliminada.

Como diz Agamben, a respeito do estado de exceção, ordem jurídica e exceção formam uma articulação paradoxal, pois se pretende que a exceção esteja dentro da ordem e, por isso, que seja regulado aquilo que na verdade está fora de qualquer regulação racional. O conceito jurídico do estado de exceção pretende regular a suspensão de qualquer regulação, sob o pretexto de garantir a continuidade da ordem jurídica, separando o que está dentro do direito, âmbito do vinculado e não arbitrário, e o que está fora, âmbito do agir soberano e totalmente

554. RICOUER, Paul. *O justo*. Vol. 1. São Paulo: Martins Fontes, 2008, p. 203.

555. Diz Posner: "As decisões que se exige que os juízes tomem para aplicar as regras aos fatos podem ser descritas quer como interpretação, quer como criação de exceções e ajustes *ad hoc* – na verdade, uma contínua reformulação das regras. Estas são praticamente as mesmas, mas os juízes preferem a primeira formulação, a interpretativa, que lhes atribui um papel menos criativo e, portanto, aparentemente menos usurpador. (POSNER, Richard. *Problemas de filosofia do direito*. São Paulo: Martins Fontes, 2007, p. 62).

arbitrário, contudo, diz Agamben, a soberania que se pretende tirar do direito na verdade pertence a ele, pois a decisão sobre a suspensão da ordem jurídica, por mais que se pretenda regulada, é, ela mesma, exercício de soberania.[556] Na medida em que a soberania consiste no poder de criar exceções, por isso estando alheia a qualquer regulação, como já havia digo Schmitt,[557] o estado de exceção implica também soberania, de modo que o arbitrário expulso da ordem jurídica volta a ela na figura do estado de exceção, numa espécie de exceção regulada. O estado de exceção corresponde a um "espaço vazio de direito" que o direito quer regular e se fazer presente, que os juristas tentam captar constantemente, por meio de "ficções através das quais o direito tenta incluir em si a sua própria ausência e apropriar-se do estado de exceção ou, pelo menos, assegurar-se de uma relação com ele".[558] Mesmo sob regras, o estado de exceção é essencialmente ação política, pois "para aplicar uma norma, é preciso, em última análise, suspender a sua aplicação, produzir uma exceção",[559] mas essa operação se mostra como um exercício lógico, metodicamente vinculado, uma exceção sob regras e a pretexto de regras.

Acreditamos que a articulação paradoxal do estado de exceção com a ordem jurídica é semelhante ao do conceito de fraude à lei, em que a exceção do caso se apresenta como solução geral, derivada de um juízo racional de enquadramento do particular a uma regra ou categoria preeestabelecida. Tal como o estado de exceção, a fraude à lei consiste numa ficção que tenta negar a presença da exceção do julgamento, o fato da insuficiência prática da regra geral, a necessidade de ação política inovadora em contextos de conflito. Assim, a fraude à lei invoca a legalidade para, sob o pretexto de reforçar sua vigência, ir além da própria legalidade, decidindo sobre o que

---

556. AGAMBEN, Giorgio. *Estado de exceção*. Lisboa: Edições 70, 2015, p. 59.

557. SCHMITT, Carl. *Teologia política*. Belo Horizonte: Del Rey, 2006, p. 7.

558. AGAMBEN, Giorgio. *Estado de exceção*. Lisboa: Edições 70, 2015, p. 81.

559. Idem, p. 66.

ainda não tem decisão estabilizada, em razão das especificidades do conflito em concreto. Nesse sentido, o conceito de fraude à lei mostra que a dogmática trabalha com a crença na vinculação racional por normas e categorias gerais, negando a possibilidade de exceções, mas, como conclui Eros Grau, a exceção está necessariamente presente no direito, ainda que de forma dissimulada, pois "não é a exceção que se subtrai à norma, mas ela [a norma] que, suspendendo-se, dá lugar à exceção – somente desse modo ela se constitui como regra, mantendo-se em relação com a exceção".[560] No conceito de fraude à lei, a doutrina sustenta a relação da regra com a exceção, apresentando a decisão jurídica como juízo racional.

Ao lado disso, e ao fim, podemos dizer que o conceito de fraude à lei exerce uma função legitimadora da decisão, em razão da forma como ela se apresenta, negando-se como arbítrio e afirmando-se como procedimento institucionalizado. Do ponto de vista externo, a decisão deve se mostrar como correta, verdadeira e conforme à racionalidade jurídica. É preciso interpretar e motivar a interpretação, justificar a decodificação, para conferir legitimidade também à própria relação de autoridade daquele que decide, uma vez que "há sempre a potencialidade de erupção da questão sobre a legitimidade do sentido da própria codificação e, portanto, da própria relação de autoridade, o que leva à questão da racionalização da comunicação e do seu estatuto lógico-analítico".[561] Essa adesão à racionalidade, contudo, não se trata de um imperativo cognitivo que se apresenta a todos, mas de um controle intersubjetivo da fala. É menos uma questão de verificação cognitiva, do que é de legitimidade retórica da decisão. Assim, num contexto em que só se admite o julgamento com base em padrões racionais, até mesmo as exceções precisam ser justificadas como regras.

560. GRAU, Eros Roberto. *Ensaio e discurso sobre a interpretação/aplicação do direito.* São Paulo: Malheiros, 2009, p. 294.

561. FERRAZ JR., Tercio Sampaio. Lógica da Motivação e Lógica da Convicção na Decisão Judicial. In: CARVALHO, Paulo de Barros; BRITTO, Lucas Galvão (Orgs.). *Lógica e direito.* São Paulo: Noeses, 2016, p. 279.

4.4 A irrefutável inventividade das decisões judiciais: convicção e senso de justiça

As decisões, muito embora possam se apresentar como juízos metodicamente orientados, envolvem antes uma escolha entre muitos sentidos possíveis no contexto conflitivo. A passagem do geral ao particular não se dá de maneira linear, mas sim marcada pelas incertezas da relação conflitiva, em meio a um jogo de interesses contrapostos. Particularmente na situação de uso da *frau legis*, há um conflito de expectativas sobre diferentes decodificações da lei, quando, de um lado, um sujeito A interpreta a lei em *código forte*, invocando seu rigor semântico, literalidade, certeza, invariabilidade etc., e, de outro lado, um sujeito B interpreta a lei em *código fraco*, argumentando sua vagueza, teleologia, seu sentido indireto no contexto. Assim, no jogo de poder que marca a aplicação do direito, há aqueles que pedem pelo rigor da lei e pelo sentido literal da norma, como o contribuinte que apela ao princípio da legalidade para evitar a autuação, mas também há aqueles que clamam por sua flexibilidade e adequação à situação concreta, interpretando o sentido indireto da norma, como o Fisco que justifica a autuação pelo caráter elusivo do negócio praticado. A decisão sobre um conflito dessa natureza não se esgota na demonstração do juízo, existindo outro passo, por vezes oculto, para a tomada de decisão.

A tradição jurídica romano-germânica compreende a decisão como decorrência de um processo cognitivo de verificação, cujos fundamentos podem ser demonstrados em termos de evidência. Assim, "a teoria da demonstração funda-se na ideia de *evidência*, concebida como a força diante da qual todo pensamento do homem normal tem de ceder".[562] Nesse sentido, bastaria demonstrar que o fato concreto é uma espécie do sentido abstrato da lei para se aplicá-la, e ter-se-ia a conclusão por um processo silogístico. A evidência demonstrável apela para o universal e, por isso, os interlocutores são

562. FERRAZ JR., Tercio Sampaio. *Introdução ao estudo do direito*. São Paulo: Atlas, 2008, p. 300.

ignorados, isto é, a força da conclusão está na sua evidência e não na adesão do ouvinte,[563] na sua ideologia, suas idiossincrasias etc. Contudo, ainda que a justificação se mostre como uma demonstração, o conflito está justamente nas premissas, isto é, a problematização se dá quanto à interpretação do fato e quanto ao sentido da lei no contexto concreto. O que a doutrina clássica pretende é dizer que as premissas do silogismo estão predefinidas, não são problematizadas, quando, na verdade, são as premissas que estão em jogo. Assim, o sentido da lei não está já pronto e acabado, ele é atualizado para a situação de conflito, o que importa uma escolha entre diferentes formas de decodificar a mesma mensagem.

A escolha entre os diferentes sentidos possíveis não se trata de uma operação lógica ou racional, advém de um raciocínio prático, ético por assim dizer. A decisão é um ato de fala e, como todo ato de fala, é regrada pelos jogos de linguagem dos juristas, pela institucionalidade jurídica. Mas os jogos de linguagem não coagem o orador num sentido forte, isto é, o orador não apenas reproduz sentidos estáticos da língua, ele também é um agente que atualiza o sentido, cria de acordo com o contexto, de modo que ato de fala comporta algo de novo também. Daí Wittgenstein ter dito que cada fala é um lance no jogo de linguagem, que ratifica a vigência das regras, mas também que constitui o próprio jogo enquanto é jogado. A decisão é um lance, como qualquer uso da palavra, que contém sempre algo de inovador e arbitrário, que nunca é somente reprodução do previamente existe. Assim, "no correr do jogo as 'jogadas' ou atos de 'jogar' são decodificações, fortes ou fracas, que admitem variedades e composições nem sempre universalizáveis no tempo e no espaço".[564] O conflito jurídico, por mais que se queira controlar e prever, é, por vezes, um jogo que não se sabe com certeza de antemão como vai acabar.

---

563. PERELMAN, Chaïm; OLBRECHTS-TYTECA, Lucie. *Tratado da argumentação:* a nova retórica. São Paulo: Martins Fontes, 2014, p. 36.

564. FERRAZ JR., Tercio Sampaio. *Introdução ao estudo do direito.* São Paulo: Atlas, 2008, p. 301.

Dessa forma, a decodificação também envolve um senso de justiça, que convive ao lado da apresentação metódica. Diz Ricouer,[565] "o julgamento não tem apenas um teor lógico como ato de discurso, mas um teor moral". No lugar de compreender o ato de julgar como juízo de dedução da universalidade da lei à particularidade do caso, compreendemos como atualização do *logos* na condição de senso de justiça, enquanto atividade política.[566] Assim, a decisão envolve dois aspectos distintos, de um lado a apresentação como discurso institucionalmente orientado, de outro a íntima escolha moral entre formas discursivas sustentáveis. Estão igualmente presentes no julgamento a *motivação* e a *convicção*. A racionalidade das razões se apresenta na *motivação*, enquanto "memória e organização conceitual",[567] a partir de tradições e padrões de fundamentação que possibilitam o próprio controle. Já a escolha ética dentre vias possíveis diz respeito à *convicção*, que para muitos permanece escondida, no campo do não dito. Assim, cada decisão comporta algum grau de equidade, assim entendida como a adequação de soluções abstratas e universais a situações conflitivas concretas, sendo que o lugar da equidade não é na racionalidade da motivação, mas no sentimento de convicção.[568] Assim, duas teses podem ser igualmente sustentáveis, o que caracteriza a decisão é a prudência ou convicção sobre uma das duas.

Assim, ao selecionar as expectativas em conflito, o juiz realiza também uma escolha entre possibilidades de decodificação da mensagem normativa, de acordo com um senso de justiça e pautas morais. Os critérios formais de justiça, a igualdade formal por assim dizer, compõe o *código forte de justiça*, caso em que o juiz escolhe o sentido que confere mais estabilidade, previsibilidade e correção semântica. O código forte pressupõe

565. RICOUER, Paul. *O justo*. Vol. 1. São Paulo: Martins Fontes, 2008, p. 19.

566. FERRAZ JR., Tercio Sampaio. Lógica da Motivação e Lógica da Convicção na Decisão Judicial. In: CARVALHO, Paulo de Barros; BRITTO, Lucas Galvão (Orgs.). *Lógica e direito*. São Paulo: Noeses, 2016, p. 274.

567. Idem, p. 276.

568. RICOUER, Paul. *O justo*. Vol. 1. São Paulo: Martins Fontes, 2008, p. 208.

a possibilidade de generalização do sentido, isto é, "em seu aspecto formal, o princípio da igualdade permite ver a justiça como um código racional, capaz de generalização".[569] Já os critérios materiais de justiça, dos mais variados que sejam, representam o *código fraco de justiça*, caso em que o juiz escolhe o sentido que confere maior justeza e equidade, levando em conta particularidades não generalizáveis do caso, sendo, então, uma decodificação flexível e difusa.[570] No ato de decidir, o código forte é posto em face do código fraco, que aparece como possibilidade de desconfirmação do código forte. O código fraco implica tolerância com certo grau de indeterminabilidade, em função de decisão adequada para o caso. É a através do código fraco que a equidade surge na decisão do caso, baseando a convicção e contrapondo-se aos esquemas racionais.

Assim, como dissemos, a decisão a ser tomada em situações de uso da fraude à lei envolve, de um lado, a motivação apresentada como uma exceção regrada e, de outro, a convicção sobre a justiça do caso. O sentido da norma é compreendido pela doutrina clássica como se estivesse sempre lá, nas entrelinhas da fala do legislador. Contudo, o sentido indireto é necessariamente contextual, porque decorrente da atualização do sentido abstrato à situação concreta. Decorre do conflito de expectativas no contexto específico, quando não é aceita a interpretação *prima facie* do texto, e os sujeitos divergem sobre a decodificação da norma, um para decodificar como código forte, outro como código fraco. Logo, a escolha do sentido indireto da norma só é possível em função do senso de justiça, do aspecto de convicção presente em cada decisão, que avalia em termos éticos a solução adequada para a situação. Dessa forma, a convicção corresponde ao momento pragmático da interpretação, quando os sujeitos começam a se perguntar o que o legislador quis dizer aqui e agora. A busca por esse sentido implícito da norma não decorre de inferências lógicas, mas da

---

569. FERRAZ JR., Tercio Sampaio. *Introdução ao estudo do direito*. São Paulo: Atlas, 2008, p. 330.

570. Idem.

convicção. Esse processo, diz Ferraz Jr.,[571] "não pode ser reduzido ao raciocínio interpretativo ordinário (motivação, argumentos motivadores), podendo-se falar efetivamente também de uma 'lógica da justiça' (*ratio* da convicção)". A intenção do legislador ou a finalidade da lei não são mais que a "reconstrução do intérprete a partir de regras de uso e pautas morais ou de políticas públicas compartilhadas na comunidade".[572]

A doutrina clássica da fraude à lei acredita numa razão orientadora, que aponta o caminho a ser seguido. Sendo que, na maioria dos casos, as ações práticas envolvem razões conflitantes igualmente consistentes. Devemos aplicar a permissão *prima facie* ou a proibição indiretamente violada? Quais são os critérios? A *ratio legis*? O resultado ilícito? A ausência de substância econômica? Os critérios são tópicos argumentativos que compõem a motivação, mas, no engajamento próprio do processo decisório, os sujeitos estão diante de duas ou mais decodificações sustentáveis, valendo sua convicção sobre a justiça do caso. Nesse sentido, toda decisão é uma escolha entre tantas "racionais", que se realiza num campo de expressão da vontade relativamente livre, que normalmente os juristas refutam existir, porque seria o reconhecimento do necessário elemento de arbitrariedade presente em toda decisão, e a racionalidade é, no discurso comum dos juristas, a oposição da arbitrariedade e a exclusão da convicção. O jurista acredita que as convicções já foram tomadas pelas instâncias políticas, que o seu fazer não é político, mas racional e cognitivo. Contudo, as amarras da racionalidade teórica acabam por ser insuficientes na incerteza do conflito. Como disse Ricouer,[573] aquilo que foi "expulso pela porta volta pela janela", isto é, a convicção estará presente, por maior que sejam as constrições da motivação.

---

571. FERRAZ JR., Tercio Sampaio. Lógica da Motivação e Lógica da Convicção na Decisão Judicial. In: CARVALHO, Paulo de Barros; BRITTO, Lucas Galvão (Orgs.). *Lógica e direito*. São Paulo: Noeses, 2016, p. 280.

572. Idem, p. 285.

573. RICOUER, Paul. *O justo*. Vol. 1. São Paulo: Martins Fontes, 2008, p. 209.

CONCLUSÃO

Nosso objetivo neste trabalho foi realizar uma reflexão crítico-filosófica sobre o conceito de fraude à lei no discurso da dogmática jurídica. Propomos falar da linguagem dos juristas, mas sem tocá-la, sem ingressar no seu jogo interno em busca de teses corretas. Cuidamos de mostrar como a dogmática jurídica usa o conceito, na tentativa de perceber as suas funções e as pressuposições envolvidas, de modo que o trabalho tomou a forma de um estudo crítico sobre a crença numa forma de racionalidade que constrange pela verdade e pela essência das coisas. Tomando a filosofia pragmática da linguagem como referencial teórico, sobretudo a partir das ferramentas de Tercio Sampaio Ferraz Jr., realizamos uma abordagem crítico-dialética do discurso da doutrina, no que podemos apontar algumas conclusões parciais, até chegarmos a uma conclusão final.

A primeira conclusão parcial que tomamos é que o conceito de fraude à lei pressupõe o pensamento ontológico e a função referencial da linguagem, no sentido de que o conhecimento consiste na correta compreensão sobre a unidade ontológica do ser e que a linguagem tem como função descrever essa unidade preexistente, de modo que os enunciados podem ser avaliados em termos de verdade e falsidade, à medida que se aproximam ou se distanciam dessa unidade ontológica. Essa pressuposição se mostra tanto do ponto de vista interno quanto do externo. Do ponto de vista interno, a ontologia está articulada na própria estrutura argumentativa da fraude à lei, que opõe aparência e realidade, que afasta o sentido imediato da norma porque se afirma que, naquele caso, a realidade é outra, ainda não revelada. Do ponto de vista externo, o próprio conceito de fraude à lei é objeto de divergências doutrinárias sobre sua correta descrição, como se houvesse um estado objetivo de coisas da fraude à lei a ser descrito em termos universais e científicos. Acreditamos, contudo, que tanto do ponto de vista interno quanto do externo, a verdade decorre de formações discursivas assentadas nos usos da linguagem, continuamente praticadas, confirmadas e reinventadas pelos interlocutores em cada situação concreta, de que aparência e realidade se confundem enquanto discurso. Dessa forma, a distinção entre verdade e aparência na estrutura interna do conceito de fraude à lei envolve antes a aceitação de determinadas estratégias retóricas, o mesmo ocorrendo com o próprio conceito de fraude à lei, que não é mais do que ficção institucionalizada em práticas discursivas, conforme as necessidades e crenças ideológicas do contexto.

A segunda conclusão parcial é a de que essa crença na unidade ontológica e na função referencial da linguagem possui a função de controle racional da decisão, para mostrá-la como juízo de enquadramento do geral ao particular, de modo que a decisão esteja sempre vinculada a uma categoria geral predefinida. Acreditamos, contudo, que o conceito consiste num constrangimento pragmático ou controle intersubjetivo, no sentido de que a decisão, por mais específico que seja o caso, deve se mostrar como metodicamente vinculada, negando a existência de exceções e dissimulando o arbítrio, sob pena de sofrer a negação dos receptores. Assim, para a linguagem da decisão ser efetiva, ela não deve explicitar sua inventividade, apresentando-se como operação lógica de descrição e revelação de coisas que já estavam lá, preexistentes e indiferentes ao sujeito julgador, seja quanto ao sentido da lei, seja quanto à natureza dos fatos. Assim, o conceito de fraude à lei, como muitos outros semelhantes (elusão fiscal, simulação, abuso de direito etc.), consiste na tentativa de estabelecer regras para estados de exceção, de enquadrar abstratamente o julgamento de um caso prático, de fazer da decisão um juízo, que volta para o passado e análise de critérios previamente dados.

A terceira conclusão parcial é a de que a situação de uso do conceito de fraude à lei não se compreende pela presença de requisitos configuradores abstratos, mas pelo conflito sobre expectativas mútuas de ação e reação dos interlocutores, em que, de um lado, um sujeito espera pela confirmação ou indiferença de seu ato, enquanto outro reage com negação, para exigir o respeito a uma proibição ou imposição. Esse conflito toma feição institucional e é mediado pela linguagem normativa, de modo que a discussão sobre as diferentes expectativas toma como parâmetro de justificações o sentido da norma jurídica, fazendo retomar *in concreto* a complexidade suspensa quando da enunciação da lei. Dessa forma, os interlocutores passam a debater sobre o sentido da norma no contexto do conflito, isto é, as expectativas são construídas em torno da seleção normativa e o debate passa a ser justamente sobre qual expectativa deve ser selecionada e qual descartada. Assim, entram em jogo duas decodificações diferentes da mesma mensagem, uma afirmando o sentido *prima facie*, outra o sentido indireto ou contextual.

Por fim, tomamos como quarta conclusão parcial o fato de que a seleção entre as diferentes decodificações, antes de ser predefinida por critérios racionais, é formada por diferentes ideologias da interpretação, na medida em que implica também uma definição de papéis institucionais. A situação de fraude à lei requer a possibilidade de ao menos duas opções: ou o sentido *prima facie* e descontextualizado da norma ou o sentido indireto e envolvidos todos os aspectos do contexto conflitivo. A seleção pelo sentido *prima facie* se aproxima de ideologias estáticas, porque consiste num código forte, em termos de certeza, segurança, previsibilidade e autocontenção do julgador. Já a seleção pelo sentido indireto se aproxima de ideologias dinâmicas, porque consiste num código fraco, em termos de equidade, adequação, justeza e assunção de responsabilidade pelo julgador. Dessa forma, a escolha pelos diferentes critérios e teses levantados pela doutrina sobre o conceito de fraude à lei tem o condão de apresentar e justificar a decisão, mas não eliminam a presença da opinião, da convicção sobre o justo e da posição político-ideológica por determinadas formas de distribuição dos papéis sociais.

Em suma, temos como conclusão final deste trabalho, consideradas as conclusões parciais levantadas, que as teorias da fraude à lei e da violação indireta das normas possuem a função pragmática de neutralizar ideologicamente o discurso jurídico decisório na forma como ele se apresenta, dissimulando o poder judicial de criar exceções aos limites lei, limites não do texto, mas decorrentes de hábitos e consensos existentes. As fronteiras do lícito e do ilícito não estão nos conceitos e sentidos abstratos da norma, mas na disputa dos casos práticos, em que estão em jogo interesses e opiniões. A dogmática dissimula esses aspectos concretos do conflito, por objetivar controle e previsibilidade da função jurisdicional, sendo exatamente essa a pretensão que do conceito de fraude à lei, que se mostra como uma exceção regrada ou arbítrio controlado. Para que a exceção tenha legitimidade, é preciso que ela se apresente como regra, daí a construção de esquemas conceituais, mas, em termos pragmáticos, argumentar sobre a ocorrência de fraude à lei é discutir sobre como o relato da norma deve ser compreendido tomadas todas as circunstâncias especiais da situação comunicativa, numa disputa entre diferentes expectativas geradas, em que entra em cena não apenas conceitos, mas estruturas de ação e poder. Ou seja, o próprio relato da norma é dialogicamente construído, levando-se em conta o contexto e a posição dos sujeitos envolvidos, e por trás do debate sobre conceitos e significados *a priori*, estão em jogo a liberdade, a distribuição de papéis sociais, concepções sobre princípios e diretrizes políticas, que estão dissimuladas, mas não eliminadas. Dessa forma, a ocorrência ou não da fraude à lei não mostra o engano ou desvela a realidade escondida na aparência, ela é sintoma de uma conquista sobre determinadas posições sociais. Enfim, nossa conclusão: o conceito de fraude à lei dissimula a criatividade e as escolhas éticas do julgamento, necessariamente presentes no contexto concreto do conflito.

REFERÊNCIAS

AARNIO, Aulis. *Essays on the doctrinal study of law.* London: Springer, 2011.

ADEODATO, João Maurício. *Uma teoria retórica da norma jurídica e do direito subjetivo.* São Paulo: Noeses, 2011.

______. *Filosofia do direito.* São Paulo: Saraiva, 2013.

______. História das Ideias Jurídicas no Brasil: metodologia de estudo. In: BRANDÃO, Cláudio; SALDANHA, Nelson; FREITAS, Ricardo (Coord.). *História do direito e do pensamento jurídico em perspectiva.* Rio de Janeiro: Atlas, 2012.

AFTALIÓN, Enrique R.; VILANOVA, José; RAFFO, Julio. *Introducción al derecho.* 5 ed. Buenos Aires: AbeledoPerrot, 2009.

AGAMBEN, Giorgio. *Estado de exceção.* Lisboa: Edições 70, 2015.

ALEXY, Robert. *Teoria dos direitos fundamentais.* São Paulo: Malheiros, 2008.

ALLAND, Denis; RIALS, Stéphane (Orgs.). *Dicionário de cultura jurídica.* São Paulo: Martins Fontes, 2012.

AMARAL, Francisco. *Direito civil:* uma introdução. Rio de Janeiro: Renovar, 2008.

ARENDT, Hannah. *The Life of Mind.* New York: A Harvest Book, 1978.

ARMENGAUD, Françoise. *A Pragmática.* São Paulo: Parábola, 2006.

ATALIBA, Geraldo. *Hipótese de incidência tributária.* São Paulo: Malheiros, 2009.

ATIENZA, Manuel; MANERO, Juan Ruiz. *Ilícitos atípicos:* sobre el abuso del derecho, el fraude de ley y la desviación de poder, 2a. ed. Madrid: Editorial Trotta, 2006.

AUDIT, Bernard. Fraude. *In*: ALLAND, Denis; RIALS, Stéphane. *Dicionário da cultura jurídica.* São Paulo: Editora WMF Martins Fontes, 2012.

AUSTIN, John Langshaw. *How To Do Things With Words.* Cambridge: Havard University Press, 1975.

ÁVILA, Humberto. *Teoria dos princípios.* São Paulo: Malheiros, 2010.

______. A Doutrina e o Direito Tributário. In: ÁVILA, Humberto (Org.). *Fundamentos do direito tributário.* São Paulo: Marcial Pons, 2012.

BAKHTIN, Mikhal. *Marxismo e filosofia da linguagem.* São Paulo: Hucitec, 2010.

BARRETO, Paulo Ayres. *Planejamento tributário:* limites normativos. São Paulo: Noeses, 2016.

BECKER, Alfredo Augusto. *Teoria geral do direito tributário.* São Paulo: Noeses, 2007.

BLUMENBERG, Hans. *Teoria da não conceitualidade.* Belo Horizonte: Editora UFMG, 2013.

BOZZA, Fábio Piovesan. *Planejamento tributário e autonomia privada.* São Paulo: Quartier Latin, 2015.

BOBBIO, Norberto. *Da estrutura à função*. Barueri: Manole, 2007.

_____. *Teoria geral do direito*. São Paulo: Martins Fontes, 2008.

_____. *Positivismo jurídico*. São Paulo: Ícone, 2006.

BONNEMAISON, Jose Luis. *Fraude a la ley*. Valencia: Universidad de Carabobo, 1972.

BOURDIEU, Pierre. *O poder simbólico*. Lisboa: Edições 70, 2011.

CANARIS, Claus-Wilhelm. *Pensamento sistemático e conceito de sistema na ciência do direito*. Lisboa: Calouste Gulbenkian, 2012.

CARVALHO, Paulo de Barros. *Curso de direito tributário*. São Paulo: Saraiva, 2011.

_____. *Direito tributário:* linguagem e método. São Paulo: Noeses, 2011.

_____. Planejamento Tributário e a Doutrina da Prevalência da Substância Sobre a Forma na Definição dos Efeitos Tributários de um Negócio Jurídico. In: MACHADO, Hugo de Brito (Coord.). *Planejamento tributário*. São Paulo: Malheiros, 2016.

_____. *Direito tributário:* fundamentos jurídicos da incidência. São Paulo: Saraiva, 2012

CARRAZA, Roque Antonio. *Curso de direito constitucional tributário*. São Paulo: Malheiros, 2012.

CASTRO, Marcus Faro de. *Formas jurídicas e mudança social*. São Paulo: Saraiva, 2012.

CASTRO JR., Torquato. *A pragmática das nulidades e a teoria do ato jurídico inexistente:* reflexões sobre paradoxos e metáforas do discurso privatista. São Paulo: Noeses, 2009.

______. Metáforas de Letras em Culturas Jurídicas da Escrita: como se é fiel à vontade da lei? In: BRANDÃO, Cláudio; CAVALCANTI, Francisco; ADEODATO, João Maurício (Coord.). *Princípio da legalidade:* da dogmática jurídica à teoria do direito. Rio de Janeiro: Forense, 2009.

______. A Bola do Jogo: uma metáfora "performativa" para o "desafio" da pragmática da norma jurídica. In: ADEODATO, João Maurício; BITTAR, Eduardo (Orgs.). *Filosofia e teoria geral do direito:* homenagem a Tercio Sampaio Ferraz Jr. São Paulo: Quartier Latin, 2011.

______. Metáforas na Teoria do Fato Jurídico. In: DIDIER JR., Fredie; EHRHARDT JR., Marcos. *Revisitando a teoria do fato jurídico:* homenagem a Marcos Bernardes de Mello. São Paulo: Saraiva, 2010.

CATÃO, Adrualdo de Lima. *Teoria do fato jurídico:* uma abordagem lógica da decisão judicial. Curitiba: Juruá, 2013.

CORDEIRO, A. Barreto Menezes. *Do trust no direito civil.* Lisboa: Almedina, 2014.

DASCAL, Marcelo. *Interpretação e compreensão.* São Leopoldo: Editora Unisinos, 2005.

DIMOULIS, Dimitri. Sentidos, Vantagens Cognitivas e Problemas Teóricos do Formalismo Jurídico. In: MACEDO JR., Ronaldo Porto; BARBIERI, Catarina Helena Cortada (Orgs.). *Direito e interpretação:* racionalidades e instituições. São Paulo: Saraiva, 2011.

DÓRIA, Antônio Roberto Sampaio. *Elisão e evasão fiscal.* São Paulo: Buschatsky, 1977.

DWORKIN, Ronald. *Levando os direitos a sério.* São Paulo: Martins Fontes, 2011.

ECO, Umberto. *Semiótica e filosofia da linguagem.* Porto Alegre: Instituto Piaget, 2001.

ECO, Umberto. *As formas do conteúdo*. São Paulo: Perspectiva, 2010.

FALCÃO, Amílcar de Araújo. *Fato gerador da obrigação tributária*. São Paulo: Noeses, 2013.

FERRARA, Francesco. *A simulação dos negócios jurídicos*. São Paulo: Red Livros, 1999.

FERRAZ JR., Tercio Sampaio. *Teoria da norma jurídica:* ensaio de pragmática da comunicação normativa. Rio de Janeiro: Forense, 2009.

______. *Direito, retórica e comunicação:* subsídios para uma pragmática do discurso jurídico. São Paulo: Atlas, 2015.

______. Direito, Linguagem e Interpretação. In: MACEDO JR., Ronaldo Porto; BARBIERI, Catarina Helena Cortada (Orgs.). *Direito e interpretação:* racionalidades e instituições. São Paulo: Saraiva, 2011.

______. Filosofia do Direito: do perguntador infantil ao neurótico filosofante. In: ALVES, Alaôr Caffé. *O que é a filosofia do direito*. São Paulo: Manole, 2004.

______. *Introdução ao estudo do direito*. São Paulo: Atlas, 2008.

______. *Ciência do direito*. São Paulo: Atlas, 2010.

______. *Função social da dogmática jurídica*. São Paulo: Max Limonad, 1998.

______. Lógica da Motivação e Lógica da Convicção na Decisão Judicial. In: CARVALHO, Paulo de Barros; BRITTO, Lucas Galvão (Orgs.). *Lógica e Direito*. São Paulo: Noeses, 2016.

______. Interpretação Jurídica: interpretação que comunica ou comunicação que se interpreta? In: HARET, Florence; CARNEIRO, Jerson. *Vilém Flusser e Juristas:* comemoração dos 25 anos do grupo de estudos de Paulo de Barros Carvalho. São Paulo: Noeses, 2009.

______. Simulação e Negócio Jurídico Indireto no Direito Tributário e à Luz do Novo Código Civil. *Revista Fórum de Direito Tributário*. Belo Horizonte, ano 8, n. 48, 2010.

______. *Argumentação jurídica*. São Paulo: Manole, 2014.

FOLLONI, André. Planejamento Tributário e Norma Antielisiva no Direito Brasileiro. In: MACHADO, Hugo de Brito (Coord.). *Planejamento tributário*. São Paulo: Malheiros, 2016.

FOUCALT, Michel. *A ordem do discurso*. São Paulo: Edições Loyola, 2014.

______. *A verdade e as formas jurídicas*. Rio de Janeiro: Nau Editora, 2003.

FLUSSER, Vilém. *Philosophy of language*. Minneapolis: Univocal Plublishing, 2016.

GODOI, Marciano Seabra de; FERRAZ, Andréa Karla. *Planejamento tributário e simulação:* estudo e análise dos casos Rexnord e Josapar. Revista Direito GV. São Paulo: Jan-Jun, 2012.

______. O Quê e o Porquê da Tipicidade Tributária. In: RIBEIRO, Ricardo Lodi; ROCHA, Sergio André (Coord.). *Legalidade e tipicidade no direito tributário*. São Paulo: Quartier Latin, 2008

GOYARD-FABRE, Simone. *Os fundamentos da ordem jurídica*. São Paulo: Martins Fontes, 2007.

GRANDO, Felipe Esteves. *A tipicidade em matéria tributária*. Porto Alegre: Livraria do Advogado, 2013.

GRAU, Eros Roberto. *Ensaio e discurso sobre a interpretação/aplicação do direito*. São Paulo: Malheiros, 2009.

GRECO, Marco Aurélio. *Planejamento tributário*. São Paulo: Dialética, 2011.

______. Crise do Formalismo no Direito Tributário Brasileiro. In: RODRIGUEZ, José Rodrigo; COSTA, Carlos Eduardo

Batalha da Silva e; BARBOSA, Samuel Rodrigues (Orgs). *Nas fronteiras do formalismo:* a função social da dogmática jurídica hoje. São Paulo: Saraiva, 2010.

GUIBOURG, Ricardo A.; GHIGLIANI, Alejandro M.; GUARINONI, Ricardo V. *Introducción al conocimiento científico.* Buenos Aires: EUDEBA, 1994.

HABERMAS, Jürgen. *A ética da discussão e a questão da verdade.* São Paulo: Martins Fontes, 2013.

_____. *Pensamento Pós-Metafísico.* Rio de Janeiro: Tempo Brasileiro, 2002.

HACKER, P. M. S. *Wittgenstein:* sobre a natureza humana. São Paulo: UNESP, 2000.

HADOT, Pierre. *Wittegenstein e os limites da linguagem.* São Paulo: Realizações, 2014.

HART, Herbert. *O conceito de direito.* Lisboa: Fundação Calouste Gulbenkian, 2011.

HEIDEGGER, Martin. *Introdução à filosofia.* São Paulo: Martins Fontes, 2009.

JAKOBSON, Roman. *Linguística e comunicação.* São Paulo: Cultrix, 2010.

JARACH, Dino. *O fato imponível:* teoria geral do direito substantivo tributário. São Paulo: Revista dos Tribunais, 1989.

JASMIN, Marcelo Gantus; FERES JÚNIOR, João. História dos Conceitos: dois momentos de um encontro intelectual. In.: JASMIN, Marcelo Gantus; FERES JÚNIOR, João (Orgs.). *História dos Conceitos*: debates e perspectivas. Rio de Janeiro: Editora PUC-Rio, 2006.

JUST, Gustavo. *Interpretando as teorias da interpretação.* São Paulo: Saraiva, 2014.

______. O Princípio da Legalidade Administrativa: o problema da interpretação e os ideais do direito público. In: BRANDÃO, Cláudio; CAVALCANTI, Francisco; ADEODATO, João Maurício (Coord.). *Princípio da legalidade:* da dogmática jurídica à teoria do direito. Rio de Janeiro: Forense, 2009.

______. Guinada Interpretativa. In.: BARRETTO, Vicente Paulo. *Dicionário de filosofia do direito.* Rio de Janeiro: Renovar, 2009.

KASER, Max. *Direito privado romano.* Lisboa: Calouste Gulbenkian, 2011.

KELSEN, Hans. *Teoria pura do direito.* São Paulo: Martins Fontes, 2009.

LAFER, Celso. *A reconstrução dos direitos humanos:* um diálogo com o pensamento de Hannah Arendt. São Paulo: Companhia das Letras, 1998.

LAKOFF, George; JOHNSON, Mark. *Metaphors We Live By.* Chicago: University of Chicago Press, 1980.

LEVINSON, Stephen. *Pragmática.* São Paulo: Martins Fontes, 2007.

LIMA, Alvino. *A fraude no direito civil.* São Paulo: Saraiva, 1965.

LIMA, Luiz Costa. Introdução. In: BLUMENBERG, Hans. *Teoria da não conceitualidade.* Belo Horizonte: Editora UFMG, 2013.

LÔBO, Paulo. *Direito civil:* parte geral. São Paulo: Saraiva, 2009.

LOPES, José Reinaldo de Lima. *Naturalismo no pensamento jurídico brasileiro.* São Paulo: Saraiva, 2014.

______. *As palavras e a lei:* direito, ordem e justiça na história do pensamento jurídico moderno. São Paulo: Editora 34, 2004.

______. Entre a Teoria da Norma e a Teoria da Ação. *In:* STORCK, Alfredo Carlos; LISBOA, Wladimir Barreto. *Norma, moralidade e interpretação:* temas de filosofia política e do direito. Porto Alegre: Linus, 2009.

MARCONDES, Danilo. *A pragmática na filosofia contemporânea.* Rio de Janeiro: Jorge Zahar Editores, 2005.

MARANHÃO, Juliano Souza de Albuquerque. O Discurso da Dogmática Jurídica. In: RODRIGUEZ, José Rodrigo; COSTA, Carlos Eduardo Batalha da Silva e; BARBOSA, Samuel Rodrigues (Orgs). *Nas fronteiras do formalismo:* a função social da dogmática jurídica hoje. São Paulo: Saraiva, 2010.

______. Por que Teorizar Sobre a Teoria do Direito? In: RAZ, Joseph; ALEXY, Robert; BULYGIN, Eugenio. *Uma discussão sobre a teoria do direito.* São Paulo: Marcial Pons, 2013.

MARTINICH, A. P. Introduction. MARTINICH, A. P. (Org.). *The philosophy of language.* Oxford: Oxford University Press, 1996.

MCNAUGHTON, Charles William. *Elisão e norma antielisiva:* completabilidade e sistema tributário. São Paulo: Noeses, 2014.

MELLO, Marcos Bernardes de. *Teoria do fato jurídico:* plano da validade. São Paulo: Saraiva, 2010.

MIRANDA, Pontes de. *Tratado de direito privado.* Tomo I. Campinas: Bookseller, 2009.

MORENO, Arley. *Introdução a uma pragmática filosófica.* São Paulo: Editora Unicamp, 2005.

MORRISON, Wayne. *Filosofia do direito.* São Paulo: Martins Fontes, 2012.

NEUMANN, Ulfried. Teoria Científica do Direito. In: KAUFMANN, Arthur; HASSAMER, Winfried. *Introdução à filosofia do direito e à teoria do direito contemporâneas.* Lisboa: Fundação Calouste Gulbenkian, 2009.

NOGUEIRA, Johnson Barbosa. *A interpretação econômica no direito tributário.* São Paulo: Editora Resenha Tributária, 1982.

OLIVEIRA, Manfredo Araújo de. *Reviravolta linguístico-pragmática na filosofia contemporânea.* São Paulo: Loyola, 2006.

ORTEGA Y GASSET, José. *A rebelião das massas.* Lisboa: Relógio D´Água Editores, 1998.

PEIRCE, Charles Sanders. *Semiótica.* São Paulo: Perspectiva, 2012.

PEREIRA, Regis Fichtner. *A fraude à lei.* Rio de Janeiro: Renovar, 1994.

PERELMAN, Chaïm; OLBRECHTS-TYTECA, Lucie. *Tratado da argumentação:* a nova retórica. São Paulo: Martins Fontes, 2014.

PESSOA, Fernando. *Livro do desassossego.* São Paulo: Companhia das Letras, 2006.

POCOCK, J. G. A. *Linguagens do ideário político.* São Paulo: Editora da Universidade de São Paulo, 2003.

PONZIO, Augusto; CALEFATO, Patrizia; PETRILLI, Susan. *Fundamentos da filosofia da linguagem.* Petrópolis: Vozes, 2007.

POSNER, Richard. *Problemas de filosofia do direito.* São Paulo: Martins Fontes, 2007.

RAMOS, Graciliano. *Vidas secas.* Rio de Janeiro: Record, 2011.

REALE, Miguel. *Filosofia do direito.* São Paulo: Saraiva, 2002.

RICOUER, Paul. *Teoria da interpretação:* o discurso e o excesso de significação. Lisboa: Edições 70, 2005.

______. *O si-mesmo como outro.* São Paulo: Martins Fontes, 2014.

______. *O justo.* Vol. 1. São Paulo: Martins Fontes, 2008.

______. *O justo.* Vol. 2. São Paulo: Martins Fontes, 2008.

ROBLES, Gregorio. *O direito como texto:* quatro estudos de teoria comunicacional do direito. Trad. Roberto Barbosa Alves. Barueri: Manole, 2005.

ROCHA, Leonel Severo. Semiótica e Pragmática em Tercio Sampaio Ferraz Jr. In: ADEODATO, João Maurício; BITTAR, Eduardo C. B. *Filosofia e teoria geral do direito:* homenagem a Tercio Sampaio Ferraz Jr. São Paulo: Quartier Latin, 2011.

ROSS, Alf. *Direito e justiça.* Bauru: Edipro, 2007.

SANTOS, José Beleza. *A simulação no direito civil.* Coimbra: Coimbra Editora, 1955.

SARAMAGO, José. *O homem duplicado.* São Paulo: Companhia das Letras, 2002.

SCHMITT, Carl. *Teologia política.* Belo Horizonte: Del Rey, 2006.

SCAVINO, Dardo. *A filosofia atual:* pensar sem certezas. São Paulo: Noeses, 2014.

SEARLE, John. *Expressão e significado.* São Paulo: Martins Fontes, 2002.

______. *Rationality in Action.* Cambridge: The MIT Press, 2001.

______. *The construction of social reality.* New York: Free Press, 1995.

SOUZA, Luiz Sergio Fernandes. *Abuso de direito processual:* uma teoria pragmática. São Paulo: Revista dos Tribunais, 2005.

SOUZA, Rubens Gomes de. *Compêndio de legislação tributária.* Rio de Janeiro: Edições Financeiras, 1964.

STRECK, Lenio Luiz. *Hermenêutica jurídica e(m) crise.* Porto Alegre: Livraria do Advogado, 2009.

TEIXEIRA, João Paulo Allain. Crise Moderna e Racionalidade Argumentativa no Direito: o modelo de Aulis Aarnio. *Revista de Informação Legislativa.* Brasília, ano 39, n. 154, 2002.

TORRES, Heleno. *Direito tributário e direito privado:* autonomia privada, simulação, elusão tributária. São Paulo: Revista dos Tribunais, 2003.

WARAT, Luiz Alberto. *O direito e sua linguagem*. Porto Alegre: Sergio Antonio Fabris Editor, 1995.

______. *Introdução geral ao direito*. Vol. 1. Porto Alegre: Sergio Antonio Fabris Editor, 1994

WATZLAWICK, Paul; BEAVIN, Janet Helmick; JACKSON, Don. *Pragmática da comunicação humana*. São Paulo: Cultrix, 2007.

WITTGENSTEIN, Ludwig. *Investigações filosóficas*. Petrópolis: Vozes, 2009.

______. *Tractatus logico-philosophicus*. São Paulo: Editora da Universidade de São Paulo, 2010.

WRÓBLEWSKI, Jerzy. *Constituición y teoría general de la interpretación*. Madrid: Editorial Civitas, 1988.

VESTING, Thomas. *Teoria do direito*. São Paulo: Saraiva, 2015.

VIEHWEG, Theodor. *Tópica e jurisprudência:* contribuição à investigação dos fundamentos jurídico-científicos. Porto Alegre: Sergio Antonio Fabris Editor, 2008.

VILANOVA, Lourival. *Causalidade e relação no direito*. São Paulo: Noeses, 2015.

VOGT, Carlos. *Linguagem pragmática e ideologia*. São Paulo: Unicamp, 2015.

XAVIER, Alberto. *Tipicidade da tributação, simulação e norma antielisiva*. São Paulo: Dialética, 2001.

ZIMMERMAN, Reinhard. *The Law of Obligations:* roman foundations of the civilian tradition. Johannesburg: Juta & Co, 1990.

Impressão e acabamento
psi7 psi7.com.br | book7 book7.com.br